软硬不均地层盾构法隧道施工技术

吴 波 著

中国建筑工业出版社

图书在版编目（CIP）数据

软硬不均地层盾构法隧道施工技术/吴波著. — 北京：中国建筑工业出版社，2021.9
ISBN 978-7-112-26431-5

Ⅰ.①软… Ⅱ.①吴… Ⅲ.①地层-隧道施工-盾构法-研究 Ⅳ.①U455.43

中国版本图书馆CIP数据核字（2021）第162222号

本书通过数值分析与监测数据分析结合，对施工方法进行及时修改，采取科学合理的施工关键技术措施，使盾构施工技术更安全、效率、经济，具有重要的现实意义和学术价值，对盾构法在隧道中的应用有一定的参考价值。

全书共分为10章，第1章介绍软硬不均地层盾构法隧道工程概述；第2章介绍盾构机选型和优化；第3章介绍盾构工作井加固技术；第4章介绍盾构吊装上、下井及组装调试施工关键技术；第5章介绍区间小曲线半径始发与接收新技术；第6章介绍盾构施工遇球状风化体施工技术措施；第7章介绍盾构穿越对邻近建（构）筑物的影响；第8章、第9章介绍盾构掘进关键技术；第10章为本研究的成果和主要结论。

责任编辑：王砾瑶
责任校对：刘梦然

软硬不均地层盾构法隧道施工技术

吴 波 著

*

中国建筑工业出版社出版、发行（北京海淀三里河路9号）
各地新华书店、建筑书店经销
北京鸿文瀚海文化传媒有限公司制版
北京建筑工业印刷厂印刷

*

开本：787毫米×1092毫米 1/16 印张：14¾ 字数：365千字
2021年10月第一版 2021年10月第一次印刷
定价：65.00元
ISBN 978-7-112-26431-5
（37942）

版权所有 翻印必究

如有印装质量问题，可寄本社图书出版中心退换
（邮政编码 100037）

前　言

　　21世纪以来，城市建设密集度的提高使得地下空间大力开发，现代城市轨道交通工程迅速发展。轨道交通车站间设计的大量地下隧道工程，呈现出"长、深、紧、近"等特点，本书针对盾构掘进技术进行研究，对推动我国地下工程施工技术进步具有重要意义。

　　厦门市轨道交通一号线一期工程起自镇海路站终于厦门北站北广场，全长 30.3km，共设 24 座车站。深圳地区 5 号线盾构区间从民治站始发，五和站接收，全长 4.062km。两处隧道工程地质复杂，盾构需穿越多种土层，本书以这两种具有典型代表性的轨道交通隧道作为工程载体，系统地研究了盾构施工遇球状风化体施工措施、盾构区间机械设备选型、区间端头加固范围优化、区间小半径始发与接收新技术以及盾构小半径掘进关键技术等重要的技术难点。由于隧道线路周边通常存在建筑、管线及交通要道等各种建（构）筑物，因此工程施工首先考虑现有建（构）筑物的安全问题。故本书通过数值分析与监测数据分析相结合，对施工方法进行及时修改，采取科学合理的施工关键技术措施，使盾构施工技术更安全、高效、经济，具有重要的工程意义和学术价值。

　　全书共分为 10 章，第 1 章介绍软硬不均地层盾构法隧道工程概述；第 2 章介绍盾构机选型和优化；第 3 章介绍盾构工作井加固技术；第 4 章介绍盾构吊装上、下井及组装调试施工关键技术；第 5 章介绍区间小曲线半径始发与接收新技术；第 6 章介绍盾构施工遇球状风化体施工技术措施；第 7 章介绍盾构穿越对邻近建（构）筑物的影响；第 8 章、第 9 章介绍盾构掘进关键技术；第 10 章为本研究的成果和主要结论。

　　本书参阅了大量相关文献和研究成果，在此谨向这些文献和成果的作者表示感谢。

　　《软硬不均地层盾构法隧道施工技术》一书中涉及的研究内容，尽管形成了很多创新成果，但由于我国缺乏类似工程经验，许多问题还需要在实践中进一步探索和深化研究，加之时间和水平有限，疏漏与不足之处在所难免，恳请大家批评指正。

2021 年 8 月

目 录

第1章 软硬不均地层盾构法隧道工程概述 ··· 1
  1.1 工程简介 ·· 1
    1.1.1 工程背景 ·· 1
    1.1.2 厦门地铁隧道简介 ·· 1
    1.1.3 深圳地铁隧道简介 ·· 9
  1.2 工程技术特点和难点 ·· 10
  1.3 国内外研究现状 ·· 12
  1.4 研究内容和方法 ·· 13
    1.4.1 研究内容 ·· 13
    1.4.2 研究方法 ·· 14

第2章 软硬不均地层盾构机选型与优化研究 ·· 16
  2.1 研究目的及意义 ·· 16
  2.2 盾构施工法 ·· 16
    2.2.1 盾构施工法的优点 ·· 16
    2.2.2 盾构机分类 ·· 17
  2.3 盾构机选型 ·· 20
    2.3.1 上软下硬地层工程特点与难点 ·· 20
    2.3.2 深圳民五区间隧道盾构机选型 ·· 20
  2.4 盾构机选型及优化 ·· 22
    2.4.1 方案确定 ·· 22
    2.4.2 理论分析和计算 ·· 32
    2.4.3 工后分析 ·· 37
    2.4.4 小结 ·· 37

第3章 软硬不均地层盾构工作井加固技术研究 ·· 39
  3.1 研究背景与意义 ·· 39
  3.2 复杂地势条件下冷冻法洞门加固设计 ·· 39
    3.2.1 施工方案比选 ·· 39
    3.2.2 冻结设计 ·· 40
  3.3 冷冻法冻结温度场数值模拟计算 ·· 45

3.3.1	有限元程序简介	45
3.3.2	温度场有限元数值模拟原理	46
3.3.3	模型的建立	47
3.3.4	计算结果及其分析	48

3.4 冻结施工 ·· 49
   3.4.1 钻孔施工 ·· 49
   3.4.2 冻结系统安装施工 ··· 50
   3.4.3 冻结站运转状况 ·· 52
   3.4.4 冻结效果分析 ··· 53

3.5 冻结管拔除施工及保证措施 ·· 57
   3.5.1 冻结管拔除施工 ·· 57
   3.5.2 破壁及盾构穿越冻结区的保证措施 ····························· 58

3.6 盾构区间端头高压旋喷桩加固地层法及优化分析 ····················· 59
   3.6.1 原端头加固方案 ·· 59
   3.6.2 端头加固方案优化 ··· 60

3.7 端头加固优化理论分析与计算 ·· 60
   3.7.1 基本假定 ··· 61
   3.7.2 有限元计算模型的建立 ··· 61
   3.7.3 数值模拟计算结果分析 ··· 64

3.8 经济分析及监测结果反馈 ·· 68
   3.8.1 经济分析 ··· 68
   3.8.2 监测结果反馈 ··· 68

3.9 本章小结 ·· 69

第4章 软硬不均地层盾构机进出工作井研究 ······························ 71

4.1 盾构吊装施工原则 ·· 71
4.2 盾构吊装施工参数 ·· 71
4.3 吊装施工工艺流程 ·· 72
   4.3.1 试吊装 ·· 72
   4.3.2 盾构机下井吊装 ·· 72
   4.3.3 盾构机上井吊装 ·· 75

4.4 吊装场地布置 ·· 77
   4.4.1 地面荷载承载力计算 ·· 77
   4.4.2 场地布置 ··· 78

4.5 下井吊装技术 ·· 78
   4.5.1 主机下井 ··· 78
   4.5.2 后部配套台车设备下井 ··· 80

4.6 上井吊装技术 ·· 81
   4.6.1 主机上井 ··· 81

  4.6.2　后部配套台车设备上井 ·· 82
 4.7　盾构机组装施工工艺流程 ·· 83
 4.8　盾构机后部配套设备组装 ·· 83
 4.9　盾构机主机组装 ··· 86
 4.10　调试 ··· 91
 4.11　应急措施 ·· 91

第5章　软硬不均地层盾构始发与接收技术研究 ·································· 93
 5.1　研究背景与意义 ··· 93
 5.2　小曲线半径始发与接收技术方案设计 ·· 93
  5.2.1　始发方案设计 ·· 93
  5.2.2　接收方案设计 ·· 94
 5.3　理论分析与计算 ··· 95
  5.3.1　始发分析与计算 ··· 95
  5.3.2　到达分析与计算 ··· 97
 5.4　施工技术要点 ·· 98
  5.4.1　施工准备 ·· 98
  5.4.2　盾构机始发 ··· 104
  5.4.3　盾构机接收 ··· 105
 5.5　小结 ·· 107

第6章　软硬不均地层盾构遇球状风化体处置技术研究 ······················· 108
 6.1　研究目的与意义 ··· 108
 6.2　球状风化体探测技术研究 ·· 108
  6.2.1　概述 ·· 108
  6.2.2　不同探测方法比较 ·· 108
  6.2.3　探地雷达技术研究现状 ·· 109
  6.2.4　探地雷达方法技术 ·· 111
 6.3　球状风化体处理关键技术研究 ·· 115
  6.3.1　研究目的及意义 ··· 115
  6.3.2　风化球处理的施工工艺 ·· 116
  6.3.3　质量控制 ·· 121
  6.3.4　小结 ·· 121
 6.4　盾构施工遇球状风化体施工技术措施研究 ································ 121
  6.4.1　概述 ·· 121
  6.4.2　方案设计 ·· 122
  6.4.3　施工工艺原理 ·· 122
  6.4.4　关键施工技术分析 ·· 124
  6.4.5　小结 ·· 139

第7章 软硬不均地层盾构施工环境风险防控技术研究 … 141
7.1 研究目的及意义 … 141
7.2 下穿杏林桥关键施工技术 … 141
7.2.1 建筑物加固措施 … 141
7.2.2 盾构掘进通过前 … 142
7.2.3 盾构掘进通过时 … 142
7.2.4 盾构掘进通过后 … 144
7.3 穿越江头桥及筼筜湖关键施工技术 … 144
7.3.1 盾构穿越江头桥、筼筜湖 … 144
7.3.2 盾构穿越江头桥下管线 … 147
7.3.3 穿越段质量控制 … 148
7.4 小结 … 148

第8章 软硬不均复杂地层盾构掘进风险控制技术研究 … 150
8.1 盾构施工数值模拟 … 150
8.1.1 数值模型的建立 … 150
8.1.2 盾构施工模拟结果分析 … 155
8.1.3 盾构施工影响因素分析 … 160
8.2 地铁隧道下穿平南铁路施工数值模拟 … 163
8.2.1 数值模型的建立 … 163
8.2.2 围岩竖向位移分析 … 163
8.2.3 地表沉降分析 … 165
8.2.4 围岩应力分析 … 166
8.2.5 管片内力分析 … 168
8.2.6 平南铁路轨道变形分析 … 169
8.2.7 平南铁路轨道受力分析 … 169
8.3 地铁隧道邻近建筑物施工变形控制标准与风险评估 … 171
8.3.1 地铁下穿平南铁路变形控制标准及变形安全性分析 … 171
8.3.2 地铁隧道邻近建筑物的风险评估过程 … 173
8.3.3 地铁隧道过平南铁路的风险评估实例 … 182
8.3.4 地铁隧道过平南铁路的风险应对措施 … 183
8.4 小结 … 183

第9章 软硬不均地层盾构施工风险防控技术研究 … 185
9.1 研究背景及意义 … 185
9.2 盾构掘进关键技术研究 … 185
9.2.1 上软下硬不均匀地层分布情况 … 185
9.2.2 民五隧道盾构施工关键技术 … 187
9.3 盾构掘进施工方法 … 199

  9.3.1 概述 ··· 199
  9.3.2 盾构掘进总体施工工序 ·· 199
  9.3.3 盾构掘进施工方法 ·· 199
  9.3.4 出土方案及土方运输 ··· 205
 9.4 小半径曲线盾构掘进关键施工技术 ·· 207
 9.5 盾构管片缺陷治理 ·· 211
  9.5.1 圆环管片环面不平整 ··· 211
  9.5.2 管片环面与隧道设计轴线不垂直 ·· 211
  9.5.3 纵缝质量不符合要求 ··· 212
  9.5.4 圆环整环旋转 ··· 213
  9.5.5 连接螺栓拧紧程度未达到要求 ··· 213
  9.5.6 管片碎裂 ·· 214
  9.5.7 管片错台过大 ··· 214
 9.6 应急措施 ·· 215
  9.6.1 建筑物（房屋等）变形过大 ·· 215
  9.6.2 管线变形过大 ··· 215
  9.6.3 突发盾构机进出洞事故 ·· 216
  9.6.4 突发隧道进水事故 ·· 217
  9.6.5 高架桩基或承台变形过大 ··· 217
  9.6.6 区间隧道有害气体中毒 ·· 218

第10章 总结与展望 ·· 220
 10.1 结论 ·· 220
  10.1.1 厦门隧道 ·· 220
  10.1.2 深圳隧道 ·· 221
 10.2 经济社会效益 ··· 222
  10.2.1 经济效益 ·· 222
  10.2.2 社会效益 ·· 225
 10.3 展望 ·· 225

参考文献 ·· 226

第 1 章 软硬不均地层盾构法隧道工程概述

1.1 工程简介

1.1.1 工程背景

21世纪以来，世界经济的迅猛发展极大地加速了城市化建设，使得城市建筑的密集度显著提高，用于城市建设的地面空间越来越少，从而促成地下空间的大力开发，大深度、长距离及狭空间隧道开挖技术的开发成为现代都市发展的重要因素，城市地下隧道开挖技术也逐渐走向成熟，隧道开挖技术主要有明挖法、暗挖法和盾构法等形式。随着现代城市轨道工程的迅速发展，车站之间的区间设计大量的地下隧道工程，隧道工程呈现出"长、深、紧、近"等特点，各种新型开挖形式、施工工艺不断涌现，其中又因盾构法具备经济、技术、安全等优越性越来越受到业界重视。

对于城市轨道盾构工程而言，必然面临的问题是隧道线路周边存在建筑、管线及交通要道等各种建（构）筑物，因此工程施工首要考虑的是现有建（构）筑物的安全问题。实际施工过程中，不可预见的因素导致实际施工与设计工况产生偏差是常有之事。为了保证隧道周边现有建（构）筑物的安全，施工前制定符合实际、科学可行的施工方案，施工过程中切实重视监控量测，严密掌握现场实际发生状况并采取相应措施，即为关键施工技术的实施过程。

因此，通过数值分析与监测数据分析相结合，对施工方法进行及时修改，采取科学合理的施工关键技术措施，从而保证工程的安全、质量及邻近建（构）筑物的安全，方便施工、降低成本、提高施工效率，使得盾构工程的设计、施工水平有较大的提高。

1.1.2 厦门地铁隧道简介

厦门市轨道交通1号线一期工程起自镇海路站终于厦门北站北广场，全长30.3km，共设24座车站。选用标准B型空调车辆，6辆编组，全程通行时间约为50min。1号线是厦门市轨道交通线网中的骨干线路，沿厦门市南北向发展轴敷设，是构建本岛与集美片区的快速跨海连接通道，覆盖镇海路、嘉禾路、湖滨南路等主要交通走廊，有利于加强中山路片区、莲坂、SM城市广场等成熟商业、住宅区的交通联系，带动集美新城、厦门北站等城市新区发展，进一步完善厦门市城市综合交通体系、促进城市交通一体化发展。

厦门地铁1号线除跨海段为高架车站外，其余均为地下车站。平均站间距离1.3km。其中，岛内设置车站14座，平均站间距离1.0km；跨海段设置车站1座，平均站间距离

3.3km；岛外设置车站9座，平均站间距离1.4km。全部车站中共有7座换乘车站。线路在本岛北部设置高崎停车场，在集美新城以北设置琦沟综合维修基地。全线设置主变电所2座，控制中心1座。

厦门地铁1号线一期行经站点设置：镇海路站、中山公园站、将军祠站、文灶站（换乘BRT）、湖滨东路站（换乘3号线）、莲坂站（换乘BRT）、莲花路口站、吕厝站（换乘2号线）、乌石浦站、塘边站、火炬园站（换乘3号线）、殿前、高崎站（换乘8号线）、集美学村站、园博苑站、杏林村站、杏锦路站、官任站（换乘6号线）、诚毅广场站、集美软件园站、集美大道站、天水路站、厦门北站（换乘4号线）、岩内站。

由中交一公局承建的厦门轨道交通1号线项目主要为TJ03-3工区和TJ03-4工区，工程范围包括3站4区间，TJ03-3工区：园博苑站～杏锦路站～董任站（不含车站）；TJ03-4工区：吕厝站（不含）～城市广场站～塘边站（不含）。其中园博苑站～杏锦路站区间、吕厝站～城市广场站区间采用盾构法施工，园博苑站—杏锦路站区间总长664.282（左664.351）m，最大纵坡为4.1‰，为盾构隧道，外径6.2m，内径5.5m。区间设1座联络通道，联络通道采用矿山法施工。吕厝站—城市广场站区间总长593.743（左593.736）m，如图1-1所示。

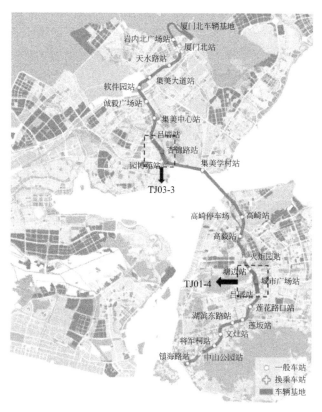

图1-1　厦门市轨道交通1号线平面示意图

园博苑站～杏锦路站区间自出了园博苑站后，下穿园博苑站西侧，逐渐侧穿北环高架桥基北行进入杏锦路，到达杏锦路站。东侧主要为园博佳苑既有地块和在建园博1号住宅区，西侧为杏林村和学校。杏锦路规划宽度约50m，是厦门市连通沈海高速公路（厦漳高速公路）的主要通道之一，车流量大。区间含 2 段平面曲线，曲线半径分别为 330/350m、380m，线间距从 13.6m 变化 10.0m 再变到 15.0m。纵断面为单面坡，最大坡度 4.01‰。隧道的埋深范围为 9.6～13.8m。区间起讫里程为 YDK20+565.620（ZDK20+568.773）～YDK21+229.902（ZDK21+229.902）区间在 YDK20+700.902 处设 1 座联络通道，如图 1-2 所示。

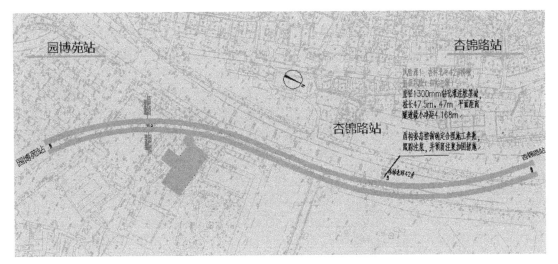

图 1-2　园博苑站～杏锦路站区间平面示意图

吕厝站—城市广场站区间从吕厝站始发，沿嘉禾路下穿江头桥盖板涵前行至城市广场站。周边建筑物离区间隧道的距离均在 20m 以上，区间影响范围内的构筑物有江头桥，管线有 $d300/400/600$ 排水管，$DN500$ 煤气管。区间左线为直线，右线出吕厝站后以两个 $R=3000m$ 曲线向左，再以直线进入吕厝站，区间纵剖面采用人字坡，最大坡度为 7.01‰，区间隧道埋深 8.6～11.2m。区间左右线均采用盾构法施工。区间不设置联络通道及废水泵站。区间起讫里程为 YDK8+370.406～YDK8+964.249（ZDK8+370.406～ZDK8+964.242），如图 1-3 所示。

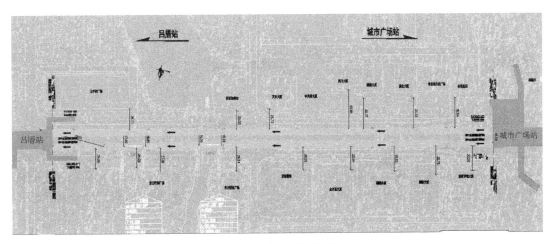

图 1-3　吕厝站～城市广场站区间平面示意图

1.1.2.1 园博苑站～杏锦路站区间

1. 地形地貌与地层岩性

本段地形平缓，为残积台地地貌，地势为单面坡，由园博苑车站向杏锦路站车站地势逐渐升高，地面高程 2.4～4.2m。现多为低矮住宅区及交通道路。

本工程地质条件按岩土地层层序，由上至下依次描述为：

＜1-1＞杂填土（Qs）

棕红色等杂色，潮湿～饱和，松散。不均匀，主要由黏性土、块石、砖块、混凝土块等建筑垃圾在修建草坪时填成。勘察期间仅在 M1Z2B2-TYX-04 号孔揭示该层，厚度为 5.8m。

＜1-2-1＞黏土质素填土（Qs）

灰、棕褐、紫红、黄褐色等，松散，稍湿～饱和，主要以黏性土为主，成分不均，含少量砂粒及碎石。回填时间 1～15 年不等。呈层状分布于该段地表，层厚 0.8～6.0m。该层共进行 6 次标贯，标贯实测击数平均值 $N=4.3$ 击/30cm，标贯修正击数平均值 $N'=3.8$ 击/30cm。

＜3-1-2＞可塑粉质黏土（Q_4^{al-pl}）

灰黑、黄褐、灰褐夹灰白色，可塑状，以黏、粉粒为主。局部含中、细砂，岩芯呈土柱状，黏性好，韧性中等。呈透镜状分布在该段冲洪积沟槽内，厚度为 1.1～3.2m。该层共进行 17 次标贯，标贯实测击数平均值 $N=11.8$ 击/30cm，标贯修正击数平均值 $N'=10.0$ 击/30cm。

＜4-2＞淤泥质土（Q_4^m）

灰黑色，软塑—流塑，成分以黏粉粒为主，土质均匀，含少量有机质，稍有腥臭味，韧性低。勘察期间仅在 M1Z3B-TYX-24 号孔揭示该层，厚度为 1.2m，透镜状零星分布。该层共进行 9 次标贯，标贯实测击数平均值 $N=3.1$ 击/30cm，标贯修正击数平均值 $N'=2.6$ 击/30cm。

＜4-4-1＞中砂（Q_4^m）

深灰色，稍密，饱和，成分易石英、长石为主，混合约 25%～30% 黏粒，级配中等，局部黏粒含量稍高。勘察期间仅在 M1Z3B-TYX-24 号孔揭示该层，厚度为 1.3m，透镜状零星分布。

＜4-6＞淤泥质砂（Q_4^m）

灰黑色，松散，潮湿～饱和，成分以石英、长石为主，含约 30%～40% 黏粒，分选性一般。勘察期间仅在 M1Z3B-TYX-14 号孔揭示该层，厚度为 4.8m，透镜状零星分布。该层共进行 6 次标贯，标贯实测击数平均值 $N=3.0$ 击/30cm，标贯修正击数平均值 $N'=2.6$ 击/30cm。

＜11-1-2＞可塑残积砂质黏性土（Q^{el}）

灰黄、褐红、紫红夹灰白色。可塑状，岩芯呈土柱状，黏性较差，为花岗岩风化残积而成。广泛分布于该段人工筑土、可塑状粉质黏土及淤泥质砂之下，硬塑状砂质黏性土之上，厚度为 1.3～9.1m。该层共进行 29 次标贯，标贯实测击数平均值 $N=13.9$ 击/30cm，标贯修正击数平均值 $N'=11.5$ 击/30cm。

＜11-1-3＞硬塑残积砂质黏性土（Q^{el}）

黄褐、灰黄、青灰夹灰白色。硬塑状。黏性较差，韧性较低，无摇震反应，切面粗糙，为花岗岩风化残积而成，广泛分布于该段可塑状残积砂质黏性土之下，全风化花岗岩之上，厚度为 2.6~16.3m。该层共进行 89 次标贯，标贯实测击数平均值 $N=22.8$ 击/30cm，标贯修正击数平均值 $N'=17.6$ 击/30cm。

<17-1> 全风化花岗岩 $[\eta\gamma_5^{3(1)b}]$

黄褐、灰黄、灰白色等，原岩结构已基本破坏，局部可辨，矿物成分除石英颗粒外其他均已风化呈土状，稍具残余结构强度，岩芯呈土柱状，广泛分布于该段残积砂质黏性土之下，强风化花岗岩之上，厚度为 2.0~15.2m，局部未揭穿。该层共进行 64 次标贯，标贯实测击数平均值 $N=37.5$ 击/30cm，标贯修正击数平均值 $N'=26.3$ 击/30cm。

<17-2> 散体状强风化花岗岩 $[\eta\gamma_5^{3(1)b}]$

灰黄、灰白、褐黑色，岩芯呈土柱状。中粗粒花岗结构，散体状结构，原岩结构清晰可辨，但岩石矿物组织结构已破坏，风化强烈，裂隙发育。大部分长石等易风化矿物已风化成次生黏土矿物，仅残留少量长石矿物硬核。场地范围内广泛分布该层，厚度为 5.2~18.3m，工程范围大多未揭穿。该层共进行 42 次标贯，标贯实测击数平均值 $N=59.1$ 击/30cm，标贯修正击数平均值 $N'=40.4$ 击/30cm。

2. 水文地质

（1）地表水、地下水的赋存及类型

该段范围内地表水主要为杏林湾水库水，由于其距离工程较远，对工程影响有限。地下水主要有第四系孔隙水、基岩裂隙水。

第四系孔隙潜水主要赋存于残积黏性土中。以孔隙潜水为主，人工填土层中存在上层滞水，地下水位埋深 2~7m，标高 0~4m。水位随季节性变化不大，主要由大气降水补给。人工填土层（杂填土及黏土质素填土）中存在上层滞水，残积土孔隙水含水层性质为砂质黏性土，透水性和富水性均弱。基岩裂隙水主要赋存于基岩强、中等风化带中。基岩的含水性、透水性受岩体的结构、构造、裂隙发育程度等控制，由于岩体的各向异性，加上局部岩体破碎、节理裂隙发育，导致岩体富水程度与渗透性也不尽相同。岩体的节理、裂隙发育地带，地下水相对富集，透水性也相对较好，反之不然。总体上，基岩裂隙水发育具有非均一性。

（2）地下水的补给、径流、排泄及动态特征

地表水、松散岩类孔隙水相互间的水力联系比较密切，相互补给，二者同基岩裂隙水联系较弱，同时还受大气降水、蒸发、植物蒸腾的影响。通常丰水期由地表水补给地下水，相反，在枯水期地下水补给地表水。

地下水的渗流方向由相对较高水头处向相对较低水头处渗流，流速低，流量小。主要受地形控制，从地下水位反映的形态看，地势高则地下水水位高，反之则地下水水位低。抗浮设计水位标高采用地面标高。

（3）水化学特征

根据《岩土工程勘察规范（2009年版）》GB 50021—2001，地下水按Ⅰ类环境类型判定对混凝土结构具有微腐蚀，B 类条件下判定对混凝土结构具有微腐蚀，地下水对混凝土结构中的钢筋长期浸水及干湿交替环境下具有微腐蚀性。

按照《混凝土结构耐久性设计标准》GB/T 50476—2019 判定，一般环境对混凝土结构环境作用等级为Ⅰ-C，在化学腐蚀环境中，地下水对混凝土结构构件水中酸碱度作用等

级为V-C，侵蚀性CO_2作用等级为V-C。

3. 岩土工程设计参数值（表1-1）

园博苑站～杏锦路站区间地层设计参数表　　表1-1

地层代号	岩土名称	土的状态	天然密度	天然含水量	抗剪强度（直接剪切）C	抗剪强度（直接剪切）φ	变形模量	泊松比	静止侧压力系数	基床系数 水平 K_h	基床系数 垂直 K_v	渗透系数
			g/cm³	%	kPa	°	MPa	—	—			m/d
<1-1>	杂填土	松散	1.83	—	—	—	—	—	—	—	—	—
<1-2-1>	黏土质素填土	稍密	1.84	—	10	8	—	—	—	—	—	—
<3-1-2>	粉质黏土	可塑	1.90	25.3	34	13	—	0.30	0.43	18	17	0
<4-2>	淤泥质土	流塑	1.70	52.59	8	6	—	0.42	0.72	10	10	0
<4-4-1>	中砂	中密	1.86	—	—	—	11	0.29	0.40	10	12	10.0
<4-6>	淤泥质砂	中密	1.69	—	—	—	5	0.30	0.43	6	10	3.0
<11-1-2>	残积砂质黏性土/残积黏性土	可塑	1.82	27.04	28	17	13	0.30	0.43	38	37	0.5
<11-1-3>	残积砂质黏性土/残积黏性土	硬塑	1.82	26.57	29	19	20	0.29	0.41	46	48	0.5
<17-1>	全风化花岗石	土柱状	1.83	24.20	34	20	35	0.26	0.35	65	60	0.5
<17-2>	散体状强风化花岗石	坚硬土状	1.90	20.83	38	24	55	0.25	0.35	100	92	1.0

1.1.2.2　吕厝站～城市广场站区间

1. 地形地貌与地层岩性

本段区间地处繁华地段，地面为主要交通要道，地面平缓，地面高程在3.67～4.67m，本段岩体风化带比较明显，一般随着深度的增加，自上而下岩体的风化程度由全风化带向中风化带过渡，但风化带的均匀程度差，风化界面复杂。本段23个钻孔，共有6个钻孔揭示球状风化体（孤石），残余体主要为中等风化或微风化岩体，芯样高度在0.5～3.9m。

本工程地质条件按岩土地层层序，由上至下依次描述为：

<1-1>杂填土（Qs）

棕红色等杂色，稍湿，饱和，稍密。不均匀，主要为黏性土、碎石和建筑垃圾。

<1-2>素填土（Qs）

灰、棕褐、紫红、黄褐色等，稍密，稍湿—湿，主要以黏性土和中砂为主，成分不均，含少量碎石。

<3-1>粉质黏土（Q_4^{al-pl}）

灰黑色，硬塑状，局部软塑，土质不均，局部含砂量较高，该层分布于场地浅部，厚度不均。

<3-4-1>中砂（Q_4^{al-pl}）

灰黑，饱和，砂纸不均，局部黏性土含量较高。

<4-2>淤泥质土（Q_4^m）

灰色，软塑—流塑，成分以黏粉粒为主，土质均匀，含少量有机质，局部含少量砂粒。

<11-1>可塑残积砂质黏性土（Q^{el}）

灰黄、褐红、紫红夹灰白色。可塑状，岩芯呈土柱状，黏性较差，为花岗石风化残积而成。原岩矿物除石英外均已风化成次生黏土矿物，大于2mm的颗粒含量约占15%，岩芯呈含砂砾黏性土状，可捏成团状，遇水强度急剧降低。

<11-2>可塑残积砾质黏性土（Q^{el}）

黄褐、灰黄、青灰夹灰白色。硬塑状。黏性较差，韧性较低，无摇振反应，切面粗糙，为花岗石风化残积而成，结构完全破坏，除石英外其余矿物均已风化成黏土矿物，大于2mm的颗粒约占21%，干钻易钻进。

<17-1>全风化花岗石［$\eta\gamma_5^{3(1)b}$］

灰白色，密实。岩体风化严重，结构破坏，除石英外其余矿物均已风化成黏土矿物，干钻易钻进，取出岩芯呈砂土状。

<17-2>散体状强风化花岗石［$\eta\gamma_5^{3(1)b}$］

灰黄、褐黄色，密实，岩体结构大部分破坏，局部尚可辨认，除石英外其余矿物大部分已风化变异成粉末状，部分段可见残留钾长石矿物，矿物联结力散失，干钻可钻进，取出芯样成密实沙砾含黏粒状。

<17-3>碎裂状强风化花岗石［$\eta\gamma_5^{3(1)b}$］

褐黄色，极软岩，粗粒结构，岩体节理发育，岩体较破碎，风化严重，呈碎石混砂砾状，钻进响声大，岩芯多被搅碎，取芯困难，取出岩芯多呈碎块状，岩芯表面粗糙，质软，锤击易碎。

<17-4>中风化花岗石［$\eta\gamma_5^{3(1)b}$］

黄褐色，软硬不均，中粗粒结构，块状构造，风化裂隙较发育，岩芯多呈15~30cm柱状，岩质较新鲜、较硬，岩体基本质量等级为Ⅲ~Ⅳ级。

<17-5>微风化花岗石［$\eta\gamma_5^{3(1)b}$］

灰白色杂肉红色，坚硬岩，中粗粒结构，块状构造，节理较发育，岩体较完整，岩芯多呈20~150cm柱状，个别岩质新鲜，坚硬，岩体基本质量等级Ⅱ~Ⅲ级。

<19>中风化辉绿岩［$\eta\gamma_5^{3(1)b}$］

灰绿色，较硬岩，灰绿色，微晶结构，块状构造；节理裂隙发育，岩石沿裂隙风化强烈，裂隙面呈褐黄色，岩芯呈块状、半柱状，岩质较硬，岩体基本质量等级为Ⅲ~Ⅳ级。

2. 水文地质

（1）地表水及地下水的类型及赋存环境

本段YDK8+555~YDK8+589处有筼筜湖分支横穿设计轨道，该分支宽约35m，水深约1.50m，以江头公园为末端，与筼筜湖贯通，地表水相对丰富。按赋存介质，地下水分为三类：赋存于第四系海积层及冲洪积地层中的第四系松散岩类孔隙水；赋存于残积层及基因全风化带中的风化残积岩孔隙裂隙水；赋存于基岩中的基岩裂隙水。

(2) 地下水补给、径流、排泄及动态特征

松散岩类孔隙水、基岩裂隙水及风化残积岩孔隙裂隙水均直接或间接地依靠大气降水补给，但补给程度有一定差异。出露高程较大的裸露基岩区完全接受大气降水补给，大气降水沿基岩裂隙下渗，汇集形成基岩裂隙水；延伸至沟谷洼地及台地覆盖层下的基岩构造带中的裂隙水，由于补给区位置高，地下水多具有承压性质。

基岩风化残积层孔隙裂隙水除接受大气降水补给外，尚有基岩裂隙水的侧向补给或托顶上渗补给。

松散岩类孔隙水则主要接受上述两类地下水侧向补给，大气降水直接补给则变为次要，因为松散岩类孔隙水含水岩组上部通常具有一层渗透性能较差的黏性土、黏性素填土或混凝土地面，局部可能接受植物灌溉或生活用水渗漏补给。

地下水的运动主要受地形、地貌的控制，基岩裂隙水及风化孔隙裂隙水向低处汇流。第四系松散岩类孔隙水向筼筜湖方向汇流。地下水的动态变化受年降水量变化规律的控制，地下水位一般3月开始上升，9月逐渐下降，5～6月为最高水位，12月至翌年2月为最低水位，其变化幅度又因地形、含水层的不同有差异，总体上基岩裂隙水和风化残积孔隙裂隙水水位随降雨变化较大，勘察期间地下水稳定水位高程0.38～2.96m，埋深1～3m，第四系松散层地下水变幅较小。

3. 岩土工程设计参数值（表1-2）

吕厝站～城市广场站区间地层设计参数表　　　　表1-2

地层代号	岩土名称	土的状态	天然密度 g/cm³	抗剪强度（直接剪切）		承载力特征值 MPa	侧压力系数	基床系数		渗透系数 m/d
				C kPa	φ °			水平 K_h	垂直 K_v	
<1-1>	杂填土	稍密	—	—	—	100	—	—	—	2
<1-2>	素填土	稍密	—	—	—	140	—	—	—	1.5
<3-1>	粉质黏土	硬塑	1.87	25	18	180	0.239	15	10	0.03
<3-4-1>	中砂	饱和	—	—	—	180	—	15	15	25
<4-2>	淤泥质土	软塑—流塑	1.78	10	3	70	0.633	3	5	0.01
<11-1>	残积砂质黏性土	可塑	1.85	25	23	200	0.225	30	35	0.3
<11-2>	残积砾质黏性土	可塑	1.88	25	23	220	0.195	40	45	0.03
<17-1>	全风化花岗石	密实	1.88	26	25	250	0.230	60	70	0.3
<17-2>	散体状强风化花岗石	密实	1.90	27	26	300	—	80	90	0.4
<17-3>	碎裂状强风化花岗石	极软岩	—	—	40	800	—	200	200	5.0
<17-4>	中风化花岗石	软硬不均	26.7	—	55	2000	—	500	500	3.0
<17-5>	微风化花岗石	坚硬岩	26.9	—	70	4000	—	1000	1000	0.8
<19>	中风化辉绿岩	较硬岩	—	—	50	1500	—	400	400	1.0

1.1.3 深圳地铁隧道简介

深圳地铁 5 号线盾构区间左线里程为 DK21+822.591～DK23+819.487，总长度为 2003.962m，右线里程为 DK21+761.391～DK23+819.487，总长度为 2057.628m，左右线合计 4061.59m。从民治站始发，五和站接收。盾构穿越地层分布极不均匀，主要穿越砾质黏土、全风化、中风化、微风化花岗石和球状风化体，其中微风化花岗石总长度约 300m，局部为全断面岩层。隧道上覆地层厚度变化大，为 11.5～33.0m。一般覆土薄的洞身地层比较软弱，覆土厚的洞身地层比较硬。本场地地下水按赋存条件主要为孔隙水，孔隙水主要赋存在残积层中。地下水位埋深 1.2～8.0m，地下水总的径流方向为由南向北，地下水的排泄途径主要是蒸发，主要补给来源为大气降水。管井降水难于疏干上层滞水，地层软弱、含水量大，地质条件极其复杂。

工程环境极其复杂，区间隧道沿线地面交通繁忙、车流量大、建筑物林立、地下管线众多，且隧道 2 次下穿平南铁路，穿越梅观高速跨平南铁路桥基础，对地表沉降要求高，保证建（构）筑物的安全控制尤为重要。

球状风化是深圳地层的一个重要特征，对于盾构掘进，球状风化体周围岩土层主要为花岗石强、全风化层，强度差异大，地层稳定性差，为Ⅱ～Ⅲ类围岩，掘进困难，在土质软硬相差大的情况下，极其容易造成盾构刀具异常甚至是刀盘的损坏，最终导致盾构机无法掘进，整体掘进速度降低，无法保证工期，故必须带压开舱，人工更换刀具。因此，盾构掘进的最大风险之一为穿越球状风化体。

为确保盾构机安全始发，防止土体坍塌及地下水涌入工作井，控制地面沉降。使洞口土体在洞门凿除时不坍塌，必须对洞口土体进行加固。因左线距始发端头井连续墙外侧 3m 处有排水涵洞，所以左线始发土体加固设计采用冷冻法进行加固。盾构始发冻结加固工程主要存在以下技术风险：冻土墙与盾构始发口周围地下连续墙冻结不好，引起冻土墙与地下连续墙之间导水，严重威胁盾构始发安全；盾构始发时，由于隧道端部应力复杂，难以做好压力平衡，容易引起盾构上仰、覆土失稳、地表隆沉等问题；由于冻土墙承载力不足，或者冻土墙厚度和温度没有达到设计要求，在打开洞门时引起冻土墙严重变形甚至破坏。

深圳地铁 5 号线民治站～五和站区间位于宝安区民治村，两端车站均为地下两层岛式车站，线路整体呈东西走向，区间起点布置于民治大道东侧、平南铁路南侧的既有道路下方，线路出了民治站后与平南铁路平行前进，在下穿梅观高速立交桥、近距离经过坂田火车站后线路向东南方向偏转，进入布龙公路，在布龙路与五和南路交界处进入五和站，区间终点位于五和南路。

左线里程为 DK21+822.6～DK23+819.5，长链 7.066m，长度 2004m，右线里程为 DK21+761.4～DK23+819.5，短链 0.468m，长度 2058m，左右线合计 4062m。隧道采用盾构法施工，为单圆盾构，盾构机外径 6.28m，隧道采用 6 块管片错缝拼装而成，管片环宽 1.5m，外径 6.0m，厚度 0.3m，隧道内径 5.4m，隧道顶部覆土厚度 7.5～27.3m。

左线盾构出洞段采用冻结法加固。以盾构出洞方向为轴心，把其周围的土临时加固成一个 3m 长、12.7m 宽、12.7m 高的冻土墙，能承受一定的水土压力，保证盾构机顺利通过洞门。

本区地质构造主要表现为燕山期花岗石岩浆侵入作用，花岗石在风化作用下形成残积层，其上为坡积层、冲洪积层、地表为人工填土层。本场地地质构造简单，勘察未发现断层，基岩中发育有构造节理，构造稳定性较好。

拟建区间范围内上覆第四系人工堆积层（Q_4^{ml}）、冲洪积层（Q_4^{al+pl}）、坡积层（Q_3^{dl}）、残积层（Q^{el}），下伏燕山期花岗石（γ_5^3），主要地层概述为：

（1）第四系人工堆积素填土，杂填土，冲洪积淤泥质黏土，黏土，粉质黏土，粉砂，砾砂，圆砾，坡积黏土，残积砾质黏性土、砂质黏性土。

（2）燕山期花岗岩：中粗粒结构，块状构造，主要成分为石英、长石、云母，按风化程度可分为全风化岩、强风化岩、中等风化岩、微风化岩。

本场地内无地表河流经过，在DK21+830处存在一地下箱涵横穿过线路，宽6m，深4m，顶板埋深1.5m。

1.2 工程技术特点和难点

厦门地铁和深圳地铁位于不同地区，两座地铁隧道所处的环境条件、地质条件、设计特点、工程要求等不同，决定其具有不同的特点和难点。

相较于其他盾构区间，由中交一公局承建的厦门轨道交通1号线盾构区间有以下特点和难点：

（1）小曲线半径：园博苑站～杏锦路站区间由园博苑站始发，以$R=330m$（左线$R=350m$）右拐穿越园博佳苑地段，之后以$R=380m$左拐进入杏锦路站，盾构掘进期间拐弯幅度大，所需超前量大，施工难度较高。

（2）周边建（构）筑物距离近：园博苑站～杏锦路站（以下简称园杏）区间线路范围内主要建（构）筑物为园博佳苑既有地块（左线净距11.636m，右线净距1.357m，见图1-4）和杏林北环桥（左线净距4.168m，右线净距17.105m，见图1-5）；吕厝站～城市广场站（以下简称吕城）区间线路影响范围内主要建（构）筑物为江头桥及筼筜内湖，管线有$d300/400/600$排水管，$DN500$煤气管。盾构掘进施工时如何确保建（构）筑物及地下管线的安全是重点。

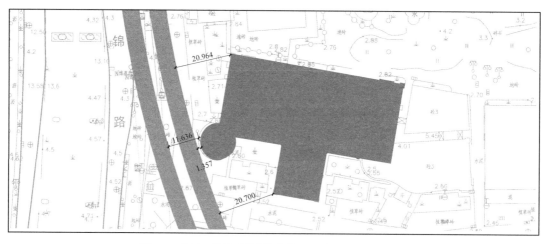

图1-4 园杏区间与园博佳苑位置示意图（单位：m）

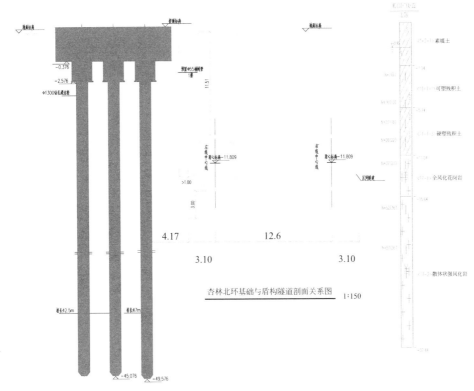

图 1-5 园杏区间与杏林北环桥桩基位置示意图（单位：m）

（3）地质条件复杂：吕厝站～城市广场站区间存在强风化岩体囊状风化带特征，风化带的均匀性差，风化界面复杂，增加了工程勘察和地下工程施工的难度，地质勘查情况与实际情况存在一定差异。区间范围内存在孤石群，本段 23 个钻孔，共有 6 个钻孔揭示了球状风化体（孤石），残余体主要为中等风化或微风化岩体，垂直高度 0.5～3.9m，钻孔遇残余体比例 26.1%，残余体厚度占残积土、全强风化层总厚度的比例为 2.8%。如何在复杂的地质条件下保证施工的安全及质量是重中之重。

而深圳地铁隧道盾构始发区间存在以下特点和难点：

（1）地下水活动量大，不易冻结

始发洞门处地层属砂质黏性土，其渗透系数 0.5m/d，地下水位埋深 2.00～3.40m。另外，距离盾构始发 3m 处有排水箱涵，管径为（2×3.5m）。由于排水箱涵水量常年较大，是排水的主干流，此处地下水丰富，故不易冻结。

（2）冻结范围、冻结帷幕形式和厚度的设计确定

盾构直径大，地面荷载相应就大，对于结构设计时要求冻结帷幕具有一定的厚度和强度，以抵抗上覆土层的水土压力和活荷载，由于盾构始发的特殊性，采取何种形式的帷幕也是工程成败的一个关键问题，冻结帷幕的有效厚度能不能保证，是关系到加固结构是否安全的前提。为确保冻结帷幕厚度以及采取合理的帷幕形式，需要对冻土结构进行科学的理论计算。目前，国内还没有关于该土层的相关试验及实际测试数据，这给冻结范围和冻结强度的确定带来很大难度。

(3) 大面积暴露垂直冻结施工

冻结帷幕前大面积混凝土相对于土层散热量大，会严重影响混凝土附近土层的冻结速度，甚至影响冻土帷幕的整体稳定性和封水性，地下连续墙打开后，如果封水效果不好，或者是局部冻土帷幕厚度不够，将会产生严重的涌砂涌水现象。

(4) 冻土的冻胀和融沉控制

含水土体的冻结伴随着复杂的物理、物理化学、物理力学过程。因冻结时土中所含自由水、毛细水及一部分弱结合水随温度降低相继变成冰，生成许多冰晶体、冰夹层、透镜体等冰侵入物，从而引起土颗粒的相对位移，使得土体体积膨胀，外观上表现为土层的均匀或不均匀隆起、鼓包、开裂等，即所谓"冻胀"现象。

当冰冻土融化时，伴随冰侵入物的消融，冻土将产生融化沉降和压密沉降，土体结构被破坏，物理力学性质大大改变，承载能力降低，引起结构物不均匀沉降，造成破坏。融化后的土体由于冰变成水体积减小产生融化性沉降，同时由于在融化区域发生排水固结，引起土层的压密沉降。通常融沉要大于冻胀，有时候融沉会变为突陷。融沉的不均匀性及突陷往往导致结构的破坏。盾构始发采取冻结法施工不可避免地产生冻胀融沉，由于龙门吊基础在洞门冷冻区地层斜上方，将会对龙门吊的基础产生影响。

上述难点给施工带来很大的风险，必须找出可靠的技术措施以确保工程安全、优质地进行。

1.3 国内外研究现状

盾构机施工是一个复杂的系统工程，如何在保证临边建（构）筑物安全的情况下保持系统的稳定性，且从中找到提高施工效率的方法，是盾构关键施工技术研究的重点。文献[1~5]提出各类理论用于模拟施工情况下隧道对周边建（构）筑物的影响，文献[6、7]则通过模拟试验的方法研究隧道开挖对地层位移的影响，二者为盾构施工队城市建（构）筑物的影响研究提供了一种思路，由于岩土体本身的不均匀性及相对不确定性，无论是三维数值模拟、理论模拟还是试验模拟均难以完全模拟现实施工中的实际情况。因此需要通过监控量测对现场进行监测并及时反馈数据，大量学者在原有的岩土力学公式的基础上，探索了一些新的理论方法[8~14]。

国内外就软硬不均地层盾构施工技术进行了很多研究，但成功的案例比较少。新加坡地铁CCL1线曾遇到软硬不均不稳定地层，发生地层坍塌事故，一再拖延工期。日本青木公司采用土压和泥水盾构施工的广州地铁1号线，遇到部分软硬不均地层，曾发生地层坍塌、地面4层楼倒塌的事故。葡萄牙Oporto地铁采用盾构施工的C线2.3km隧道和S线2.7km区间隧道，也曾遇到软硬不均地层，最终导致刀盘、刀具磨损、损坏。周文波[15]总结了日本盾构隧道的新技术，并给出各类不同地层条件下适用的盾构机类型。张成总结了上海市、广州市、南京市、深圳市等地的地质特点，给出土压平衡盾构对各类地层的适应条件，以及相应的刀盘、刀具的结构形式，并给出适应各类地层的刀盘的大小。文献也提出了通过机械化、智能化、信息化、设计规范化、新材料和新工艺的采用实现盾构施工的经济性。

地铁隧道施工多是在软弱土体中进行，土体是一种成因复杂的天然散粒体，在静力场作用及地质构造作用下处于一种平衡状态。隧道的掘进、开挖不可避免地对土体产生扰动，破坏了这种相对平衡状态，一段时间后隧道所在周边土体又相继处于另一平衡状态。由于土体一般为非连续介质，因此难以用连续的力学观点精确计算出施工对周边环境的扰动程度。随着计算机技术和相关理论知识的发展，计算机数值模拟手段已广泛应用于工程实践中。它结合经验与理论能更直观地再现地铁隧道整个施工过程，是对地铁隧道风险源分析较可行的手段。

1.4 研究内容和方法

1.4.1 研究内容

随着城市密集度的提高，地面可利用空间越来越小，而地下又布满各种用途的管线。如何更有效地利用地下空间进行城市轨道交通工程的建设已经成为一项重要课题，盾构法无疑是一种最佳选择。目前就国内而言，盾构施工还处于探索阶段，相关研究成果距离工程实践的要求尚有一定的差距。

本书紧密结合厦门轨道交通1号线TJ03-4工区、TJ03-3工区盾构区间隧道工程及深圳地铁5号线盾构区间的具体工程情况，对盾构法在隧道中的应用有一定的参考价值。

对于厦门轨道交通1号线TJ03-4工区、TJ03-3工区盾构区间隧道工程，研究盾构选型、掘进施工及监控量测关键施工技术，在考虑盾构施工安全和质量的同时，将重点研究盾构施工遇球状风化体施工措施研究、盾构区间机械设备的选型、区间端头加固范围优化、区间小半径始发与接收新技术以及盾构小半径掘进关键技术。本书主要内容包括：

（1）盾构机配套设备选型优化分析

结合厦门轨道交通1号线盾构法区间隧道工程，针对厦门市典型地层，考虑孤石、上软下硬等复杂地质，对盾构机进行选型，包括盾构机主机选型、刀盘选型、后部配套设备选型。

（2）盾构区间端头加固优化分析

借助TJ03-3工区园博苑站～杏锦路站盾构区间端头加固施工实际情况，结合现场勘查、三维有限元计算、监控量测，提出行之有效的端头加固范围优化方案，为端头加固研究做出大量的补充，获得较高的经济效益。

（3）盾构施工遇球状风化体施工措施研究

针对孤石问题，提出复合式孤石探测及处理施工技术，保证盾构施工的顺利进行。结合TJ03-4工区吕厝站～城市广场站区间的实际情况，以现场施工的角度，就盾构施工遇球状风化体施工处理措施做大量补充，取得了极大的经济效益及社会效益。

（4）区间小半径始发与接收新技术

结合TJ03-3工区园博苑站～杏锦路站区间小半径曲线盾构始发及接收，以现场实际情况提出割线始发以应对小半径曲线始发的难点。对盾构小半径曲线始发中始发点和始发方向的选择以及盾构小半径曲线始发中需要注意的技术难点进行分析总结。

（5）盾构吊装上、下井及组装调试施工关键技术研究

结合现场实际工况，阐述盾构机吊装调试相关施工流程，包括吊装机械选型、盾构机

上下井、设备组装及调试等，结合施工遇到的问题，提出具体的安全措施。

(6) 盾构掘进关键技术

结合现场实际工况，阐述盾构掘进的相关施工流程，包括掘进施工、出土方案、复合地层盾构掘进、小半径曲线盾构掘进、管片缺陷治理等，重点研究复合地层盾构掘进及小半径曲线盾构掘进，具有较高的工程实践意义。

(7) 盾构穿越对临近建（构）筑物的影响研究

结合 TJ03-3 工区园博苑站～杏锦路站区间侧穿园博佳苑、下穿杏林桥；TJ03-4 工区吕厝站—城市广场站区间下穿江头桥及筼筜内湖的实际情况，以现场施工角度，就盾构法施工对建（构）筑物的影响做出补充，具有重要的现实意义。

针对深圳地铁 5 号线盾构区间的具体工程情况，本书主要进行以下研究：

(1) 研究地铁区间隧道浅埋暗挖法施工技术国内外现状和发展，分析其适应性和关键性技术控制环节，为合理确定施工方案和施工机具提供参考依据。

(2) 结合民治站～五和站区间隧道的地质条件，针对深圳地区球状风化体离散性特性，开展风化球勘探技术研究，以提高勘探的准确性。根据球状风化体的位置、大小、强度，开展处理技术（包括挖孔法、冲击法、爆破法等）适应性研究，确保技术方案的合理性、安全性和经济性。

(3) 试验研究民治站～五和站区间典型土层物理力学特性参数，建立土体本构关系模型，为数值模拟和理论分析提供可靠的计算参数。

(4) 开展深圳地区冷冻法加固洞门的施工参数室内试验研究，包括冷冻范围、孔距、冷冻时间等。评价处理方案的安全性、适应性和经济性，并对其进行敏感分析和综合评价，确保盾构机安全始发，防止土体坍塌，控制地面沉降。

(5) 针对穿越地层分布极不均匀、土层上软下硬和球状风化体众多等复杂地质条件，开展盾构掘进参数研究，包括推进模式、盾构推力、盾构推进速度、刀盘扭矩、刀盘转速和贯入度等。确保盾构施工过程控制地表过量沉降，减小周边土体扰动，保障周围建筑物和地下管线的安全。

(6) 开展洞内掌子面加固开舱换刀技术研究，分析洞内掌子面加固方法（包括挖孔桩、钻孔桩、旋喷桩和洞内灌浆法等），研究论证不同加固方法的适应性，实现安全快速换刀作业。

(7) 开展复杂地质条件下盾构施工安全风险研究，以民治站～五和站区间隧道为工程背景，以施工安全为研究目标，以数值风险、安全监测、地质预报和理论计算为手段，确保民治站～五和站区盾构施工过程中周围建筑物和地下管线的安全。

1.4.2 研究方法

本项目将采取原位和室内试验、理论分析、数值模拟相结合的研究方法，以试验数据为基础，以理论分析和数值模拟为先导，确保地铁区间隧道盾构法快速、安全施工，形成其设计与施工共性理论与技术。

研究技术路线采用对比分析研究、理论分析、数值模拟、原位监测等多种研究方法相结合、相互验证的技术路线，详见技术路线流程图（图 1-6）。

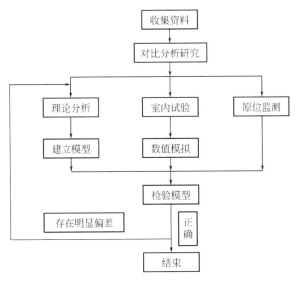

图 1-6 技术路线流程图

第 2 章　软硬不均地层盾构机选型与优化研究

2.1　研究目的及意义

盾构机是集合机械、液压、电控等于一体的自动化程度较高的地下隧道施工机械。主要由盾体、刀盘、刀盘驱动、螺旋输送系统、管片拼装系统等组成，配备了机电一体化的液压驱动系统、同步注浆系统、工业空气系统、电控系统、泡沫设备、膨润土注入设备及激光导向设备等。作为城市地铁盾构法的专用机械设备，盾构选型的合理与否不仅关系着工程施工的成本效益，还与施工安全质量及技术水平息息相关。

一般而言，地质土层的分布具有不均匀性特点，这意味着使用盾构法进行施工的地层都是复杂多变的，因此如何依据复杂的施工地层选择科学、经济的盾构型号是当前盾构法施工的一大难题。在实际选择盾构时，不仅要考虑地质情况，还要考虑盾构外径、隧道长度、线路走向、工程施工工序、劳动力情况等，同时还要综合考虑施工环境、施工场地面积、施工时对周围环境的影响程度等。因此选择盾构的类型一般要求掌握不同盾构的特征。

2.2　盾构施工法

2.2.1　盾构施工法的优点

1. 安全性

盾构施工法除竖井以外，几乎没有地面上的作业，不受地面交通、建筑物、河流等条件的影响，可实现全天候施工。盾构施工是在钢壳的支护下进行，因此可安全地进行开挖和衬砌等作业。盾构推进、管片拼装、衬背灌浆等作业都是重复循环进行，因此施工管理简单。

2. 环保性

施工中对地面的交通无影响，噪声、振动等危害小，对周围环境干扰少。横穿河底或在掘进中与地下设施、障碍物及地上建筑物的地下基础等交叉时，并不妨碍盾构的机能，同时也完全不影响航道的通行和地面建筑物的正常使用。

3. 经济性

隧道工程费用与覆盖土层深浅无关，适合埋深、长隧道施工。在确保掘进面安定的情况下，即使地质条件恶劣以及遇到地下设施等障碍，也比明挖工法经济。

4. 效率高

盾构的推进出土、拼装管片、衬背注浆及推进中的监控等全部实现了机械化。自动化控制，劳动强度低，施工精度高，掘进速度快。

2.2.2 盾构机分类

盾构机能够适用于各种复杂的工程地质和水文地质条件。盾构机既可以用来修建小断面的区间隧道，也可以用来修建大断面的地下铁路隧道。

盾构可以按照断面形状、开挖方式和有无隔墙进行分类。按盾构断面形状可以分为圆形、矩形、马蹄形、半圆形、多圆形、椭圆形和球体形等。按开挖方式可以分为人工挖掘式、半机械式和机械式。按隔墙有无可以分为全敞开式、部分敞开式和密封式。

全敞开式、部分敞开式和密封式，主要区别是在盾构机内部是否设置隔墙。隔墙是指在盾构机内，将切削刀盘和盾构机内部的设备分离的钢制隔板结构。全敞开式是指盾构机内部无隔墙，开挖面的全部或大部分呈裸露状态形成盾构机。这种形式的盾构机适用前提条件是开挖面具有自稳性土层。如果开挖面没有自稳土层时，则需要使用辅助工法以达到开挖面的自稳。这种形式的盾构机有人工挖掘式盾构、半机械式盾构和机械式盾构。

部分敞开式盾构机是在开挖面的后方设置隔墙。在隔墙上设有能够调节排土量的孔口。盾构机前部贯入土中向前推进，同时将贯入的土砂变成塑性流动状态，然后将土砂由排出口排出。开挖面的稳定依靠调节口大小和排出阻力实现。这种形式的盾构机有挤压式盾构机。

密封式盾构机是在切削刀盘的后部设置隔墙，在开挖面与隔墙之间形成泥土室。在盾构机推进的过程中泥土室内充满土砂和泥水，给泥土或泥水加以有效的约束力，以使开挖面保持自稳。密封式盾构机是机械挖掘式盾构，这类盾构机包括土压盾构机、泥土压盾构机及泥水式盾构机。

1. 人工挖掘式盾构机

人工挖掘式盾构机是使用人工挖掘隧道的机械。正面是全敞开式，从盾构机内可以直接看到开挖面。盾构机由前端切口环、中部支撑环和后部盾尾组成。挖掘时为防止顶面坍塌，在切口环部设置活动前檐及活动前檐用千斤顶；为防止开挖面坍塌，在盾构机内设置挡土机构及挡土液压缸，以抵抗开挖面的土压力。挡土液压缸不能抵挡土压和水压时，采用压气工法保持开挖面自稳。出现地下水时，则采用降水法或注入药物法等进行施工。这种形式的盾构机适用于开挖面自稳性强的土层，价格便宜，且对掘进中出现的障碍物（基础桩等）处理容易。

2. 半机械式盾构机

半机械式盾构机是在人工挖掘式盾构机的基础上发展起来的。它保留了人工挖掘式盾构机的优点，克服了劳动强度大、效率低的缺点。

盾构机装有不同形式的开挖设备，如反铲工作装置、悬臂式旋转切削装置等，并配置皮带输送机等出渣装置。为防止开挖面顶面坍塌，盾构机配置活动前檐及千斤顶。反铲挖掘装置多用于沙砾层，而旋转切削装置多用于硬黏土层。半机械式盾构机主要用于开挖面基本能自稳的土层。盾构机直径一般在 4m 内不设置作业平台，在 5m 以上的盾构机因设置作业平台而将动力装置布置在下部。使用开挖设备进行开挖面挖掘，而开挖面左右未挖掘部分仍由人工挖掘。

3. 机械式盾构机

机械式盾构机的前面配置旋转式的切削刀盘。在切削土壤的过程中由于切削刀盘始终与开挖面紧密地接触，因此与人工式挖掘及半机械式盾构相比，开挖面具有一定的安定性。机械式盾构机切削刀盘的形式有轮辐式和面板式，使用哪种形式应根据土质及地下水状况确定。机械式盾构机最大的优点是提高挖掘能力。敞开式可能看到开挖面状态，便于开挖管理，便于更换切削刀盘的切削刀头。

4. 挤压式盾构机

挤压式盾构机是在人工挖掘式盾构机的前部即开挖面后方设置隔墙，盾构机在推进的过程中由隔墙的开口处向外排出膏状的土砂。根据土质的变化，开口部设有可以用作几个阶段的开启调节板，有的使用液压缸进行无级调节以保持开挖面的稳定。排土机构采用螺旋输送机方式。施工前如果勘测到施工地段会发生土质变化及地上建筑物的基础等障碍物的影响时，可以事前卸下隔墙进行施工。这种盾构机适用于自稳性差、流动性大的软黏土和粉砂质土层。

5. 土压式盾构机

土压式盾构机包括使开挖面稳定的切削机构、搅拌切削土的混合搅拌机构、排出切削土的排土机构和给切削土一定压力的控制机构。

土压式盾构机切削机构与机械式相同，具有切削刀盘和在切削刀盘前面安装的切削刀头。混合搅拌机构设置的目的是使切削的土砂产生相对运动，防止切削土的附着和沉淀。混合搅拌机构包括切削刀盘（刀头、轮辐、中间横梁）、铣刀背面搅拌叶片、设置在螺旋搅拌机轴上的搅拌叶片、在隔墙上或在泥土室的隔墙上设置的搅拌叶片和单独驱动的搅拌叶片等。

排土机构和控制机构设置的目的是使切削土的排土量与盾构机掘进速度相平衡。排土机构主要是螺旋输送器，而控制排土量的机构有闸门方式、排土口加压装置方式、旋转送料方式、压送方式和泥浆泵方式等。在选择以上机构形式时，除考虑土质、粒径及地下水压力等山体条件以外，还需要考虑隧道的断面及坑道内的各种因素，以选择最合适的设备。

在盾构机隔墙上安装土压计，用以测量土室内土压力，控制和保持泥土室内土压。这种土压式盾构机因切削土泥土化方法不同分为土压式盾构机和泥土加压式盾构机。

（1）土压式盾构机

土压式盾构机的切削刀盘在回转过程中切削岩土体，被切削的岩土体土砂充满开挖面与盾构隔墙间的泥土室内。盾构机在推进过程中用其推进力给予加压，使土压力作用于全部开挖面上，以使开挖面得到稳定，同时在切削过程中用螺旋输送机排土。

土压式盾构机的搅拌机构将切削的土砂搅拌成流动状态以便排土。这种盾构机适用于开挖含砂量小的塑性流动性软黏土。

（2）泥土加压式盾构机

泥土加压式盾构机是在加入添加剂、膨润土、黏土及发泡剂等使切削土塑性液化的同时，将用切削刀盘切削下来的土砂用搅拌机构搅拌成泥土状，使其充满开挖面与盾构隔墙间的泥土室内，用盾构的推进力加压，将其泥土全部压于开挖面，使其开挖面稳定。采用螺旋输送机排土，添加剂注入装置是由添加剂注入泵及设置在切削刀盘或泥土室内的添加剂注入口等组成。注入装置、注入口径个数应根据土质、盾构直径和机械构造等考虑选择。添加剂的注入量、注入压力应根据切削刀盘扭矩的变化、向山体内浸透量、排土出渣状态以及泥土室内的泥土压等状况进行控制。

切削刀盘的正面形状有两种。一是面板形式（图2-1），这种形式的盾构机是以泥土压面板以维持开挖面的稳定；二是不设面板的轮辐形（图2-2），这种形式的盾构机是以泥土压和轮辐结合以保持开挖面的稳定。面板形的盾构机，在面板上设有切口开闭装置。盾构在停止作业时关闭切口，以防止开挖面的坍塌，同时切口可以用来调节土砂的排出量。轮辐形可以减轻铣刀的实际负荷扭矩，增大排出开挖土砂的效果。选择哪一种形式需要考虑开挖面的安定性、泥土室内的维修保养、切削刀头的更换难易程度以及排除障碍物作业的安定性等因素。这种形式的盾构机适用范围较广，如地下水压力高、细粒、流动性差的砂层、砂砾层等。

图2-1　轮辐形刀盘

图2-2　面板形刀盘

6. 泥水式盾构机

泥水式盾构机是在机械式盾构机的前部设置隔板，其形式是在刀盘切削山体时给泥水施加一定的压力，在使开挖面保持稳定的同时，将切削土以流体的方式输送出去。这种形式的盾构机构造包括开挖山体的切削机构、对切削土搅拌的搅拌机构、循环泥水用的排送泥水机构、给泥水施加一定压力的控制机构、将切削输送的泥水分离的泥水处理机构以及将一定性质的泥水输送到开挖面上的配泥机构等。切削机构与机械式盾构机相同，由切削刀盘和安装在前端的切削刀头构成。搅拌机构设置在泥土室内，以防止泥土室吸入口的堵塞及稳定开挖面。搅拌机构包括切削刀盘（刀头、轮辐、中间横梁）、在泥土室下方的排泥口及入口附近设置的搅拌装置和铣刀背面搅拌叶片。

排送泥水机构及控制机构由以下几部分组成：①将配制的泥水由设置在泥土室上方的送泥管输送到开挖面，控制开挖面水压的送泥管路。②将切削的土砂由设置在泥土室下部的排泥管向处理设备输送的排泥管路，作业停止或管路接长时等使用旁通管路。③停止时，控制开挖面水压的开挖面水压保持管路，根据施工条件还设有循环管路。在送泥、排泥的各管路中设置几个泵和阀门，在管道中为控制开挖面水压和土压稳定而设有压力计、流量计及密度计等仪器设备，为了不使泥土在管内沉淀而设置控制流速机构。

在切削砾石层时，被切削下来的石渣中会夹杂大块砾石，因此应根据排泥设备（泥浆泵、排泥管）的能力，设置砾石处理装置。砾石处理装置分为设置在泥土室内和设置在排泥管中两种方式，根据机能的不同有破碎方式和筛分级方式。因此在选择砾石处理装置时，应根据砾石粒径大小、砾石数量、盾构直径和砾石处理能力等因素考虑确定。泥水处理装置的功能是将排送到地面上的泥水经一次分离装置分离后，把砾石、砂等分离出去，再将凝集剂加入剩余淤泥、黏土等土砂中形成团块，然后经机械或其他强制方法进行脱水分离出去。配泥机构的功能是在分离土砂后遗留下来的泥水里加入泥土、添加剂等，并调整为适当相对密度、浓度、黏性等，然后再将配置好的泥水输送到开挖面，形成再循环使用。

切削刀盘的长条切口处设有开启装置，根据土质的不同调节其开口幅度（即开口大小），当作业停止时将长条切口全部关闭。泥水式盾构机主要适用于砂层、砂卵层、淤泥、黏土层及黏土交错层。

2.3　盾构机选型

2.3.1　上软下硬地层工程特点与难点

（1）软弱不均地层是一种特殊的地质，既有软岩地层的不稳定性，又有硬岩的强度。在推进过程中，土压及出土量不宜控制，易造成地面塌陷。

（2）硬岩地层强度大，刀具由软岩过渡到硬岩的过程中容易磕碰岩石，极易造成刀具不正常磨损现象。

（3）软岩和硬岩分界位置，水系丰富，在制作换刀加固区的过程中，不容易确保加固区的加固质量。

（4）上软下硬地层地质掘进时盾构姿态不易控制，同时千斤顶受力不均，易造成管片破碎。

2.3.2　深圳民五区间隧道盾构机选型

盾构机选型主要根据工程及水文地质、区间隧道设计及施工条件、施工标准等。根据本工程地质及水文特点对盾构结构形式、驱动方式、主要技术参数、后配套的配置要求等进行调查研究，借鉴国内外先进技术，从经济实用、安全可靠及技术先进性进行综合考虑。

针对民五区间隧道盾构穿越地层分布不均匀，土层软硬交互和球状风化体多等复杂地质条件，决定采用土压平衡盾构机，其施工工艺见图2-3。土压平衡盾构主要适用于土层广，由刀盘切削下来的土体进入土仓后，在渣土仓经改良后由螺旋机输出，渣土在螺旋机内运动形成压力递降，仍保持土仓压力稳定，使开挖面土层处于稳定状态，土压平衡对盾构掘进流程见图2-4。土压平衡盾构施工的渣土易堆放处理且可占用较小的渣土场地，掘进示意图见图2-5。

盾构机的选型对于地铁工程的顺利完成将是一个非常重要的因素。对于我国多数城市的大多数地段的复合地层而言，选用土压平衡盾构机，特殊情况下再辅以出碴的泥浆泵管

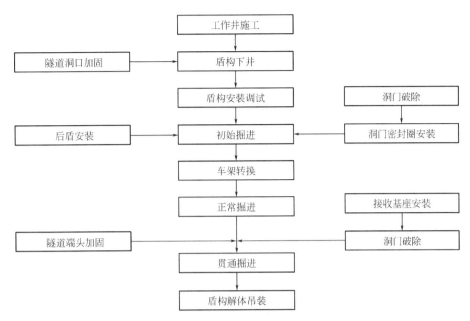

图 2-3　盾构施工工艺流程

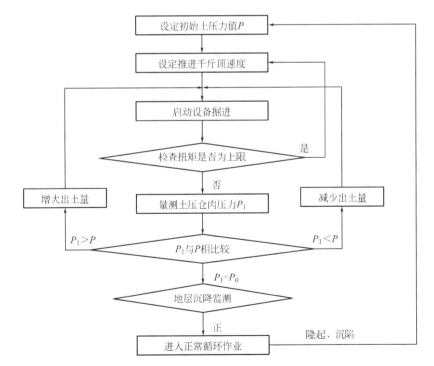

图 2-4　土压平衡对盾构掘进流程

系统,基本上都能满足施工的需要。选用的土压平衡盾构机须具备以下功能:

(1) 刀盘设计必须考虑本工程的土压、水压、土质的物理性能及掘进距离等施工条件。

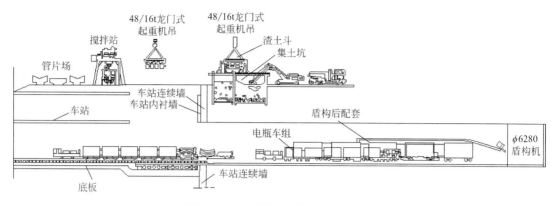

图 2-5　土压平衡对盾构掘进示意图

（2）刀盘的驱动应为中间支撑驱动方式，轴承须采用耐负荷、长寿命的高性能滚动轴承，将径向及轴向的负荷传给壳体。为防止砂土和泥水进入轴承和机体内，刀盘应密封，并采用双速电机控制方式。

（3）采用高强度和刚度的刀盘结，能较好地避免在不均匀地层中刀盘结构变形。

（4）采用盘形滚刀、羊角刀和刮刀相结合的复合式刀具布置，可以同时挖掘软土和硬岩，各种刀具的高度经充分研究和精确计算。

（5）考虑掘进过程中需要经常更换刀具，各种刀具都设计成背装式，即刀具的拆装都在刀盘后面的土仓内进行，非常方便和安全。

（6）刀盘的开口率在满足刀盘结构强度和刀具布置要求的前提下尽量大，并且特别注意刀盘中心部分的开口量，以满足在黏土地层中切割下来的土能畅通地进入土仓。

（7）采用泡沫注入系统，通过向刀盘前注入泡沫可起到降低温度、减小阻力和刀盘扭矩、防止黏土结饼现象等作用。

（8）采用盾尾同步注浆可以更有效地防止地面沉降，降低劳动强度，提高掘进速度，改善隧道质量。

（9）采用同步自动导向系统，可以减少人工测量工作量，大大提高掘进速度及精度。

2.4　盾构机选型及优化

2.4.1　方案确定

针对上述问题，如何正确选择符合相应地层的盾构机型号及相应设备参数是研究的重点。本书结合由中交一公局承建的厦门轨道交通1号线盾构法区间隧道工程，针对厦门市典型地层，考虑孤石、上软下硬等复杂地质，对盾构机进行选型，包括盾构机主机选型、刀盘选型、后部配套设备选型。针对现场施工条件，提出如何对后部配套设备进行优化设计，以顺利进行施工，为盾构机选型及盾构机设备优化技术做了大量补充，具有重要的现实意义。

结合盾构掘进机的特性及选型依据，盾构掘进机选型的一般程序见图2-6。

通过多次研讨后，本工程盾构机选型如表2-1所示。

第2章 软硬不均地层盾构机选型与优化研究

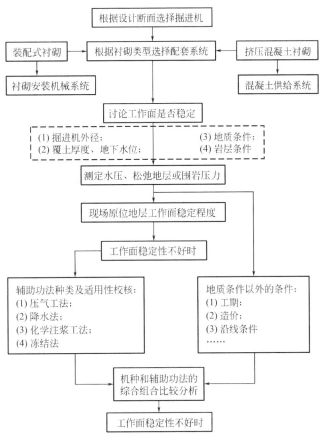

图 2-6 盾构掘进机选型流程图

盾构掘进机参数表   表 2-1

设备名称	选型结果	备注
盾构机形式	复合式土压盾构机	
盾构机开挖直径	6480mm	
刀盘驱动	液压式驱动	
螺旋输送机形式	轴式	
推进系统	16 组油缸	共 22 根
刀盘形式	面板式平面圆角刀盘	开口率 35%，中心开口率 38%
刀具选型	滚刀＋刮刀＋超挖刀	
盾构铰接系统	主动式铰接	
渣土改良系统	传统设计基础进行改良	
开仓设备	并联双仓结构	位于盾构机横断面顶部
注浆系统	同步注浆；内嵌式；二次注浆；二次注浆泵	
盾尾密封系统	2 道钢丝刷＋1 道钢板刷	
测量导向系统	VMT 导向系统	

1. 首先确定盾构机类型

盾构机有密闭型、泥水平衡型、土压平衡型、半机械等类型。园博苑站—杏锦路站区间及吕厝站—城市广场站区间地质主要以残积砂质黏性土及全风化花岗石为主,对于黏性土而言,土压平衡盾构机更有利于掌子面维稳,因此盾构机类型选用土压平衡型。由于前期地质勘察揭示吕厝站—城市广场站区间存在大量的孤石群、穿越地层亦有砂层,单纯采用一种刀具不能满足含砂层、黏土层及孤石的复杂地质盾构掘进施工,因此采用复合型土压平衡盾构机进行区间的盾构掘进。

2. 盾构机主要尺寸

厦门地铁管片衬砌外径采用6200mm,该类型盾构机直径主要有6340mm、6390mm及6480mm,考虑同步注浆管的布置形式、盾尾盾体厚度、超挖间隙等因素,选用6480mm的开挖直径。盾构机筒体有同直径和锥形两种形式,本工程采用锥形形式以保证盾构机盾尾的密封性。

3. 驱动形式

目前刀盘的驱动方式常用的有液压驱动和电驱动两种,差异如表2-2所示。

液压驱动与电驱动的比较表　　　　表2-2

项目	液压驱动	电驱动	备注
振动及噪声	较大	小	噪声相差5~8dB
体积	小	大	液压驱动体积小,约是电机的20%
重量	轻	重	液压驱动与同功率电机相对密度量仅是其1/10
比功率	大	小	功率与体积之比
传动效率	低	高	相差约30%
惯性	小,液压电机启动可达8次/s,液压缸7~17次/s	大,启动需时1~2s	
调速范围	大	小	液压驱动速比可达$i=5000$
转速控制	通过改变流量实现转速连续可调	通过逆变器改变频率控制	逆变器控制需注意谐波
发热情况	设备周围的温度高,在低温、高温下工作不稳定	环境温升低	相差约10℃
后续设备	复杂	简单	较大的后部拖车
环境污染	存在漏油等污染	清洁,对电源的能力有一定要求,影响电源的功率因数,需要增加电容补偿柜	
抗冲击	好	不好	

目前半导体功率器件的性价比越来越高,使得交流变频调速技术得以推广,因此电驱动刀盘的盾构机越来越多。一般来说,液压驱动能够轻易实现大变速比的机械传动,低速启动扭矩大,转速控制特性好,液压驱动电机体积小,可以为盾构机前部腾出相对较大的空间。而电动机变频调速驱动的能量转换效率高、噪声小、环境温升低,因为不需要驱动液压电机的液压站,所以可以简化盾构机后配套的动力设备台车。两种驱动方式各有特

点，在地铁施工中均有应用。

由于区间地层的复杂性，本段盾构掘进施工中对刀盘转速的控制要求尤其高，因此综合考虑技术及成本，本段采用液压驱动式盾构。

4. 螺旋输送机

螺旋输送机螺带主要有带式和轴式两种形式（图2-7），带式螺旋输送机没有中心轴，因为轴心空出，所以容易通过较大的石块，避免堵塞；同时螺带相对较轻，末端容易在渣土中悬浮，改善螺带轴承的受力条件。轴式螺旋输送机有中心轴，螺带的中心用轴封闭，容易形成堵塞，相对不易过水。

本段区间存在大量的孤石，单纯从过石粒径上考虑，选用带式螺旋输送机更合适，但是考虑到地下水位较高，掘进地层存在砂层，容易产生喷涌现象，计算螺旋机的强度和防喷涌能力，采用轴式螺旋输送机。

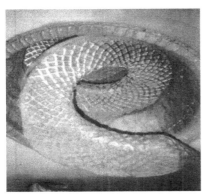

图2-7 带式螺旋输送机（左）与轴式螺旋输送机（右）

5. 推进千斤顶

液压油缸是盾构机向前推进的关键部件。一般情况下，盾构外壳与周围地层的摩阻力和盾构机推进时的正面推进阻力占总推力的95%~99%，考虑到地质变化等因素引起的推力起伏，以及遇到地下障碍物时的推进和盾构机脱困等推力需求，应该确保盾构机有足够大的推力，以保证掘进的顺利进行。比较几种复合地层盾构机的千斤顶推力如表2-3所示。

不同品牌盾构机推力表　　　　表2-3

品牌	海瑞克	三菱	小松	维尔特	罗瓦特	中铁装备
设计推力(kN)	34210	36000	38500	36100	37800	36000

根据实际施工情况，本段区间主要以土层为主，表2-3中设计总推力基本可以满足复合地层掘进需求。

由于本段盾构区间管片采用通用环管片设计，油缸（千斤顶）的行程应全部采用长行程。考虑到管片拼装的需要，其最大行程应大于1900mm。

考虑以上几点要求，本工程盾构机共16组油缸，22根，每组油缸点位与管片拼装点位一致，以保证油缸顶住管片时避开管片块与块间的纵缝上。

6. 刀盘选型

刀盘的主要形式有面板式和辐条式两种形状，优缺点如表2-4所示。

面板式刀盘与辐条式刀盘比较表　　　　　　　　　表 2-4

刀盘形状	优点	缺点
面板式	① 通过刀盘的开口限制进入土仓的岩体粒径； ② 面板对掌子面有一定的支护作用，掌子面不易发生大面积坍塌； ③ 刀盘上可以安装更多的刀具，便于掌子面的切削	① 由于受到刀盘面板的影响，开挖面土压不等于测量土压，因而土压管理困难； ② 由于受面板开口率的影响，渣土进入土仓不顺畅，容易粘结和堵塞，发生刀盘面板结泥饼和仓内结泥饼现象，而且刀具负荷大，使用寿命短
辐条式	① 土和砂流动顺畅，有利于防止黏土附着，不易粘结和堵塞； ② 由于没有面板的阻挡，渣土从开挖面进入土仓时没有土压力的衰减，开挖面土压等于测量土压，因而能对土压进行有效的管理，能有效地控制地面沉降； ③ 刀具负荷小，寿命长	① 可以安装的刀具数量少，一旦渣土的强度较高，容易对土仓背板造成较严重磨损； ② 开仓检查的安全性低

根据广州市、深圳市、东莞市等地区的盾构施工经验，选择面板式盾构机刀盘。

面板式刀盘又分为平面直角和平面圆（斜）角形（图 2-8）。岩层中切削半径是由安装在刀盘周边的刀具的超挖实现，根据厦门复合地层考虑，刀盘边缘应有一定的角度，选用平面圆（斜）角形刀盘。

图 2-8　平面直角刀盘和平面圆角刀盘

刀盘开口率越大，则越不容易结泥饼，但刀盘的刚度也就越小，根据复合地层盾构施工经验，刀盘开口率在 20%～40%。本段地层主要为残积黏性土层及全风化土层，容易发生结泥饼现象，且吕厝站～城市广场站区间存在大量的孤石，因此刀盘开口率选择时考虑以下因素：

（1）满足刀盘的刚度及刀具配置，开口率增大，宜大于 30%。

（2）整个刀盘的开口率均匀。

综合以上因素，盾构机刀盘开口率选为 35%，中心开口率为 38%。

7. 刀具选型

在复合地层中，欧洲系盾构机一般采用滚刀、刮刀的组合；日本系盾构机一般采用滚刀、先行刀和刮刀的组合。根据本段区间的地质特点，这两种类型的组合均适合。本段区间采用滚刀、刮刀的刀具组合形式（图2-9），滚刀选用盘形刀圈为主，由于吕城区间存在大量的球状风化体，因此选用重型刀圈以保证滚刀的弹性及伸缩量。园杏区间最小转弯半径为 $R=330\mathrm{m}$，计算盾构机线路纠偏，配置超挖刀。

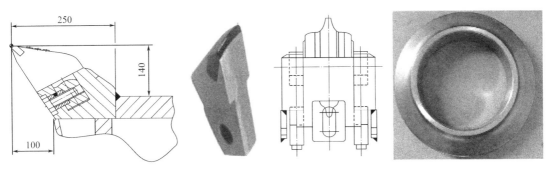

图 2-9 刮刀和滚刀（单位：mm）

8. 盾构铰接系统选型

盾构铰接形式主要有推进后盾式和推进前盾式两种，两种形式的特点如表2-5所示。

铰接装置的种类和特点表　　　表 2-5

	推进后盾式(日本系多用)	推进前盾式(盾尾牵引)(欧洲系多用)
定义	利用推进油缸顶住盾尾,利用铰接油缸顶住前盾(安装有刀盘)往前推进	利用推进油缸顶住前盾往前掘进。利用铰接油缸牵引盾尾
特点	盾构机的弯曲角度可以根据铰接油缸的行程设置任意进行弯曲	盾构机的弯曲角度无法任意设置
	盾构机的方向控制除通过选择推进油缸编组(数量)、设定最大推力以外,还可以通过设定铰接油缸的行程实现	盾构机的方向控制只有通过设置推进油缸的编组(数量)和最大推力实现
	掘进推力过大时,先用铰接油缸让前盾往前推进,然后用推进油缸让盾尾往前推进,可以实现脱困	盾尾的阻力很大时,铰接油缸会自然伸出(有时会导致托架损坏)
	因为铰接角度处于受控状态,张开角不会过大,铰接密封不易受到破坏,密封性能较好	铰接角度容易失控,张开角过大时,铰接密封受到破坏,密封性能较差
	管片受力较好,管片端面与千斤顶轴向垂直,降低了发生管片破碎的概率	管片受力较好,管片端面与千斤顶轴向垂直,降低了发生管片破碎的概率
	铰接油缸的推力较大,盾尾结构需要加强,价格相对较高	铰接油缸较小,盾尾结构比较简单,价格相对便宜
形式示意图		

欧系盾构针对推进前盾式铰接结构的特点，采用双唇式重载铰接密封和紧急膨胀密封设计，部分降低了铰接密封失效的风险。但在实际应用中其局限性依然存在，故在盾构铰接选型选择主动铰接型。

9. 渣土改良系统

（1）传统盾构机设计，泡沫剂注入口一般设置在刀盘中心部位、刀盘面板以及土仓和排土器内等位置。注入管路一般通过盾构机中心回转接头引入，见图2-10。

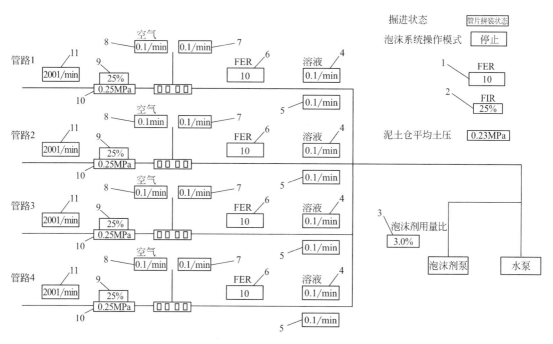

图2-10 泡沫管路布设的可视化界面（左方为注入口）

针对厦门复合地层，对于泡沫剂管路布设及注入口位置有以下要求：

① 在传统设计的基础上，可以对搅拌棒进行改造后增加一条内置的泡沫注入管，以改善在沙砾层中掘进时土仓内可能会发生的闭塞、起拱，以及在残积粉质黏土中掘进时，土仓内可能会发生的固结、结泥饼等问题；

② 在刀盘中心部位的辐条内侧（即刀盘厚度范围内），增设一道水、气的出口，且可以与泡沫系统共用管路与泵，以防止从刀盘前方中心向土仓内这个通道结泥饼，并保证中心辐条之间开口范围内的出土通畅；

③ 在土仓顶部预留一条$\phi 100$的泥浆管，以便对土仓内的沙砾进行改良（增加细粒含量）。

（2）因叶片泵具有结构紧凑、体积小、流量均匀、噪声小、寿命长等优点，鉴于盾构机的工作环境，选择泡沫剂泵时选用双作用叶片泵最适宜。

（3）吕城区间上存在塑性较差的中粗砂和沙砾层，为充分搅拌塑性差渣土，在刀盘背后布置4根主动搅拌棒和2根被动搅拌棒，二者在垂直方向上相互交错。

10. 开仓设备选型

盾构长距离掘进时需要检查或更换刀具及孤石在隧道范围内出现时需要处理，必然考虑采用盾构压气开仓工法。各盾构机制造商的土仓口、人闸位置及形式有所不同。图 2-11、图 2-12 的盾构机土仓口及人闸门分别位于盾构机顶部和中部。

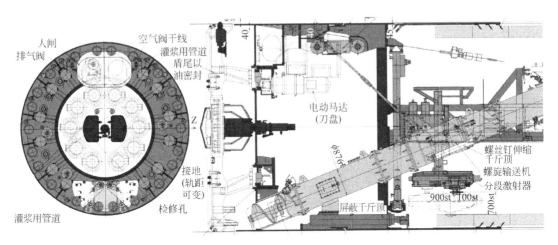

图 2-11　土仓口在盾构机顶部

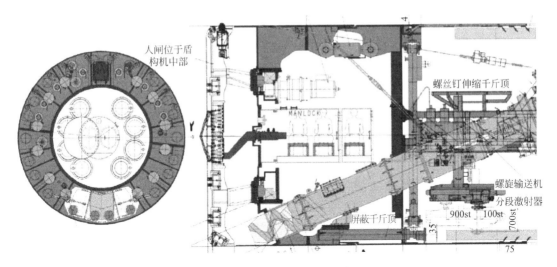

图 2-12　土仓口在盾构机中部

当需要开仓作业时，土仓口位置的不同必然导致出土量的不同。土仓口位置越低，出土量越大，这将不利于掌子面的稳定。因此本工程盾构土仓口位于盾构机顶部，人闸选用并联双仓结构。

11. 盾构机注浆系统选型

注浆系统由材料贮藏设备、计量设备、拌浆设备、贮浆罐、注浆泵、注入管路、注入控制装置、记录装置等组成。

根据盾构机注浆位置和时间的不同，可以分为超前注浆系统、同步注浆系统、二次注浆系统。考虑本段区间地质情况的特殊性、地面环境的复杂性，因此同时配备三种注浆系统。

（1）同步注浆系统

根据同步注浆管与盾壳的相对关系，主要分为凸出式和内嵌式两种（图2-13、图2-14）。两种不同形式主要是从盾构机设计上考虑。凸出式注浆管减小了盾尾内部的占用空间，可一定程度上减小盾构外径，从而减小盾尾间隙，有利于减小土体扰动和控制掘进过程的地面沉降，但由于盾壳的非圆性，不利于盾构进、出洞，且在较硬土层容易磨损，一旦磨损后无法修复。

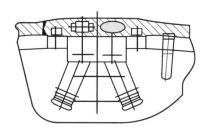

图2-13 内嵌式注浆管

而内凹式注浆管则在一定程度上增大了盾构外径和盾尾间隙，相对而言，增加了盾构掘进过程对周围土体的扰动，但有利于管片拼装且不易磨损，其地层适应性更加广泛。为降低注浆管路的磨损，本工程盾构采用内嵌式注浆管路设计。

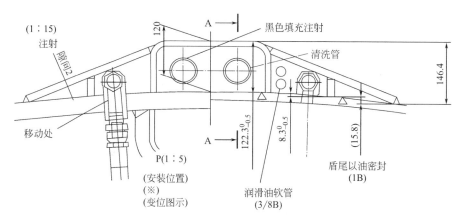

图2-14 凸出式注浆管（单位：mm）

（2）二次注浆系统

在同步注浆效果不佳时采用二次注浆进行补充。一般在隧道发生偏移、地表沉降异常、渗漏水严重、盾尾漏浆严重或喷涌时使用，一些特殊地段，例如盾构进出洞地段和联络通道附近，也需要进行二次注浆。本工程采用双液注浆泵进行二次注浆，采用活塞泵，可以进行水玻璃与水泥浆混合双液注浆，亦可以进行水泥浆单液注浆。

（3）超前注浆系统

超前注浆系统是盾构机上配备的可向盾构机前方超前注浆的设备，主要用于保护前方建筑物、开仓检查前的加固、超前探测等。因吕城区间存在大量的孤石，需要压气进仓检查，为保证开仓安全，盾构机配备超前注浆系统。

12. 盾尾密封系统

盾尾结构主要是盾尾油脂仓结构，一般情况是由3～4道盾尾钢丝刷组成，形成2～3道油脂仓。盾尾保压通过向油脂仓注入油脂，保证油脂仓压力不小于盾体外部压力，防止盾构机外部泥浆进入盾体内，从而保持外部压力稳定，见图2-15。

本工程盾构机采用2道钢丝刷＋1道钢板刷的盾尾密封刷组合，尾刷选用高强度、高弹性钢板和优质钢刷，确保长期施工时盾尾密封效果的良好性，为防止后部管片注浆的浆液通过盾壳外的间隙流入刀盘前方，在最外道钢丝刷相应位置安装1道钢片止浆板。

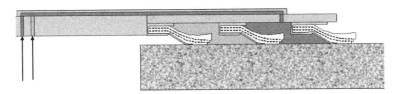

图 2-15 盾尾密封系统示意图

13. 测量系统配置

盾构导向原理：要描述和确定空间柱体位置，至少需要确定一个点的三维坐标及中心线方位、俯仰角及柱体扭转角。盾构导向通过各种手段获得相关参数，从而完整地描述盾构机空间状况及与设计线路的相对关系，为盾构操作手提供指引，见图 2-16。

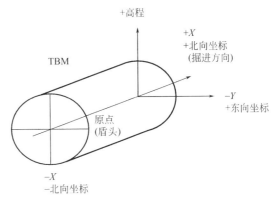

图 2-16 盾构导向原理示意图

盾构机在地下掘进时，盾构驾驶员依赖外部量测的有关盾构机位置和方向的信息。虽然过去和现在都能利用传统测量技术测得盾构机的精确位置，但在两次测量之间需要进行内插。盾构机导向系统是一种实时测量系统。它能实时指示盾构机的位置与它理想位置的相对关系，并立即反馈盾构机控制结果，以使其尽可能接近理想的隧道位置。

按照获取参数方式的不同，盾构机导向系统在各隧道工地使用的类型主要包括：①光闸式棱镜系统；②红外主动式标靶测量系统；③推杆差动测量系统；④陀螺仪基系统。

导向系统的供应商，国外主要有德国的 VMT、PPS，日本的 ENZAN（演算工坊），国内有广州 PTS 导向系统、上海力信导向系统，见表 2-6。

目前国内外施工用导向系统功能特点比较表　　　表 2-6

项目	SLS(VMT)	PPS	ENZAN	广州 PTS	上海力信
生产国别	德国	德国	日本	中国	中国
标靶类型	激光靶	双棱镜	双棱镜	双棱镜	双棱镜或三棱镜
软件(跨平台)	否	否	否	是	否
多线程程序	是	是	否	是	是
无线通信	是	是	否	双选	是
管环选型	有	无	无	无	有
数据库	文本	文本	小型	小型	小型
DTA 校验	无	无	无	有	无
地理信息管理	无	无	无	有	无
人工测量转换	无	无	无	有	无
价格	高	高	低	低	低

在复合地层中,受地质条件影响,盾构掘进施工过程中盾构机姿态控制难度大,因此对盾构掘进过程中的监控量测要求尤其高,所以盾构机选型时必须配备自动导向系统,除基本姿态测量功能外,对导向系统的要求主要有以下几点:①DTA 参数校验功能;②地理信息管理系统;③备用的人工测量系统。

考虑上述几点要求,本工程采用 VMT 隧道导向系统(图 2-17),该系统具有模块化软件结构、简洁菜单引导操作、最新测量和通信技术等优点,相比其他测量系统,最重要的是 VMT 的测量精度更高,达到毫米级,更有利于盾构姿态控制。

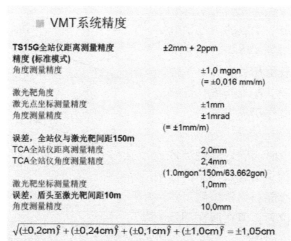

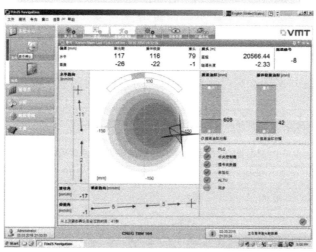

图 2-17 VMT 盾构机测量导向系统

2.4.2 理论分析和计算

1. 刀盘扭矩

刀盘扭矩是盾构掘进控制中一项极其重要的参数,刀盘的驱动功率反映在刀盘扭矩上。刀盘的掘削扭矩与地层条件、盾构机种类、构造和直径等有关,分别包括刀盘正面、侧面与地层土体的摩擦力扭矩,刀具切入地层时的抗力扭矩,刀盘和渣土搅拌棒的搅拌扭矩，以及密封、轴承和减速机构的摩阻力等。估算刀盘扭矩公式为：

$$T = \alpha_1 \cdot \alpha_2 \cdot D^3 \tag{2-1}$$

式中　　T——刀盘扭矩（kN·m）；

　　　　D——刀盘切削外径（m）；

　　　　α_1——地层系数，$\alpha_1 = 0.6 \sim 1$；对密实砂岩和泥岩地层而言，α_1取大值；对软粉砂土地层而言，α_1取小值；

　　　　α_2——盾构机结构系数；对土压盾构而言，$\alpha_2 = 14 \sim 23 \text{kN/m}^2$；对泥水盾构而言，$\alpha_2 = 9 \sim 18 \text{kN/m}^2$。

根据复合地层盾构施工经验，密实地层掘进所需的刀盘扭矩相比松软地层的刀盘扭矩大。几种不同类型的土压平衡盾构刀盘扭矩如表2-7所示，由于厦门地铁盾构掘进可能要面对各种复杂的地质情况，为保证刀盘切削扭矩足够，刀盘的驱动功率定为945kW。

刀盘参数　　　　　　　　　　　　　　　　　　　　　　表2-7

制造商	总功率	扭矩		驱动形式	开口率	最大转数
		工作扭矩	极限扭矩			
	kW	kN·m	kN·m		%	rpm
Robbins(广佛线)	800	5830	7580	变频电机	33	2.66
小松(广州4号线)	750	7500	9000	变频电机	40	2.20
中铁装备	750	6000	7200	变频电机	45	3.00
海瑞克(广州3号线)	945	4474	5350	液压	36	4.57
维尔特NFM(广州3号线)	945	4850	6305	液压	28	3.75
罗瓦特Lovat(广州3号线北延)	1200	6650	8320	变频电机	33	3.50
三菱(广州4号线)	900	5860	9780	变频电机	37	3.00

2. 螺旋输送机功率

盾构机渣土外运消耗功率的部件主要有螺旋输送器和皮带输送机。

螺旋输送器的消耗功率与螺带的旋转直径和转速有关（图2-18），通过对旋转机构的分析发现，螺带扭矩与螺带直径的3次方成正比，与螺带转速的2次方成正比。

图2-18　螺旋输送器

经验表明，实际使用的螺旋输送器的驱动功率远大于计算的数值，原因在于施工中渣土特性不同，或者螺管内形成土塞的需要，往往会发生堵塞，为保证正常出渣，需要为螺旋输送器预备足够的驱动功率。

根据地铁施工经验，直径900mm左右的螺旋输送器，驱动功率应大于200kW，最大扭矩在200kN·m左右。本工程螺旋输送机驱动功率为315kW，最大扭矩为210kN·m，见表2-8。

螺旋机参数表　　　　　　　　　　　　表 2-8

制造商	筒体内径	速度	额定扭矩	输送能力	电机功率	筒体外径
	mm	rpm	kN·m	m³/h	kW	mm
Robbins(广佛线)	800	16.0	100	266	225	800
小松(广州 4 号线)	800	14.7	143.5	300	220	876
中铁装备	800	28.0	145			
海瑞克(广州 3 号线)	800	22.0	199	385	200	800~900
维尔特 NFM(广州 3 号线)	800	24.0	126	420	200	
罗瓦特 Lovat(广州 3 号线北延)	800	22.0	120	430	225	914
三菱(广州 4 号线)	800	16.5	60	274	225	800

3. 油缸千斤顶

对千斤顶的液压回路进行分区设计，使得盾构机掘进施工时可以开启不同分区的千斤顶，以实现盾构机掘进的转向，从而达到盾构机纠偏及隧道转弯的目的。本工程盾构机共采用 22 根 16 组油缸，分上下左右设置，为 4＋6＋6＋6（上＋下＋左＋右）设置。本项目的管片采用通用型管片，管片平均长度为 1200mm，考虑楔形量及管片拼装操作空间，盾构机最大油缸行程设置为 2100mm。

4. 刀盘刀具

（1）刀盘刀具间距：刀盘刀具之间的间距是影响破岩能力的关键因素。刀盘间距过大，会在两滚刀之间出现破岩的盲区而形成"岩脊"（图 2-19）。刀盘间距过小，会将岩体碾成小碎块，降低破岩功效（图 2-20）。所以刀盘间距过大或过小都不利于破岩。

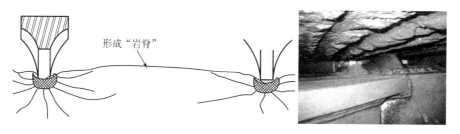

图 2-19　刀盘间距过大形成"岩脊"示意图

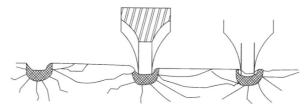

图 2-20　刀盘间距过小导致岩石破碎示意图

目前复合地层使用的盾构机，刀盘边缘部分滚刀的间距一般小于 90mm，正面滚刀的间距一般是 100mm，有的是 115mm 或 120mm，见图 2-21。

根据花岗石的特点（单轴抗压强度、RQD 值等指标），本工程盾构机的刀盘滚刀间距

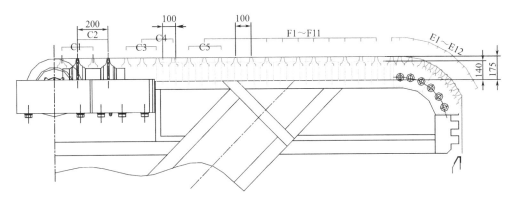

图 2-21 滚刀间距关系图（单位：mm）

应控制在 100mm 以内。为保障边缘刀具的开挖性能，减少盾构机被卡的风险，边缘滚刀要有足够的超挖量（大于 15mm），具体刀具参数如表 2-9 所示。

刀具参数表　　　　　　　　　　　表 2-9

滚刀		
中心双联滚刀数量	6	把
单刃滚刀	35	把
滚刀伸出量	175	mm
刮刀		
刮刀数量	43	把
刮刀高度	140	mm
边刮刀		
边刮刀数量	12	把
边刮刀高度	140	mm
超挖刀		
超挖刀数量	1	把

（2）刀具高度差：刀盘刀具对盾构施工掘进有重要影响：

① 刀具高一些对防结泥饼有利。当刀具较高时，即使刀盘面上结了一些泥饼，只要其厚度不足以将刀具全部"糊死"，那么刀具仍可起到切削作用，从这个意义上讲，刀具高一些有其优点。

② 刀具高度差大有利于破岩。在岩石地层中破岩，主要通过滚刀对岩石的压碎实现。这就要求对滚刀提供一定的正面压力，且使滚刀能贯入到岩石中一定深度（h）才能达到这一目的。但如果滚刀与刮刀的高度差（d）很小，当滚刀破岩时，如果滚刀的贯入深度大于或等于滚刀与刮刀的高度差，刮刀就"顶住"了岩面，限制滚刀向岩层的进一步贯入，从而限制滚刀的破岩能力。显然，当滚刀的贯入深度 $h < d$ 时，滚刀的破岩效果肯定会变差。

欧洲系盾构机和日本系盾构机在刀具高差上有着明显的区别，欧洲系列盾构机滚刀一般采用 17 英寸（1 英寸＝2.54cm）滚刀，刀具高出面板 175mm 左右，刮刀高出面板

140mm，二者的高度差为 35mm；而日本系盾构机最初在国内应用的滚刀高出面板 90mm，刮刀高出面板 70mm，很容易发生刀具被泥饼粘结的情况，目前一些日本系盾构机已经对刀具高度差进行了优化处理。本工程盾构机采用欧洲系盾构机，确保盾构掘进过程中最大限度地避免结泥饼现象。

5. 泡沫剂注入口数量选择

泡沫注入口的数量和位置，都直接影响着土体的改良效果。目前，近五年内设计的盾构机，无论是欧式还是日式的，均在外加剂的注入点和注入位置上有了很大的改进，以海瑞克、三菱盾构机为例，总的注入孔已经达到 20 个，见图 2-22。

（1）刀盘上有 8 个注入点（4×2），实行单管后也有 4 个的实例。

（2）土仓内有 4 个注入点。

（3）螺旋输送机上有 4×2 个注入点。

图 2-22　刀盘注浆点示意图

考虑厦门复杂地层情况，本工程泡沫剂注入口数量为：

（1）在面板上、土仓内、螺旋出土器内均设置注入口，以防止在砂层、沙砾层中掘进时，在上述各个部位发生因塑流性差导致的排土困难。

（2）在面板上以刀盘为中心，呈辐射状布置设置 6 个泡沫剂主入口。

（3）土仓内注入孔数量，以 1~2 个为宜，结合搅拌棒布置的数量进行调整。

（4）排土器内注入孔也以 1~2 个为宜，根据螺旋出土器的直径、长度和倾斜角进行调整。

（5）对于膨润土注入管路的布置，设置独立的膨润土注入管，与泡沫管路独立并行，面板上的出口数量为 2 个。

6. 搅拌棒长度

搅拌棒主要是为了改进土仓内土体的和易性和塑流性，以便土体自身以及土体和添加剂之间能够充分地拌和，以保证顺利排出渣土。

根据上述分析，搅拌棒的长度设置原则为：

（1）刀盘后方的主动搅拌棒应该伸出刀盘后端面 700mm。

（2）土仓隔板上的被动搅拌棒，其长度应该保证在垂直投影上，与主动搅拌棒能有重合。

(3) 最下部的搅拌棒设计长度，尽可能在水平方向向螺旋输送机延伸，但不能影响前闸门取土。

(4) 不同盾构机的土仓长度不一样，大致在 900～1200mm。对于主动搅拌棒的最小长度设计，应大于土仓长度的 2/3。

2.4.3 工后分析

受孤石及掘进经验影响，吕城区间左线洞通后刀盘中心双刃滚刀磨损量在 0.75～2.0mm；正面单刃滚刀磨损量在 0.5～7.0mm，个别超过 20mm；边滚刀磨损量在 1.5～7.0mm，有 12 个滚刀存在刀圈偏磨现象（图 2-23）。

右线施工在总结左线施工经验的基础上对掘进参数进行调整，洞通后刀盘中心双刃滚刀磨损量在 0.75～1.6mm；正面单刃滚刀磨损量在 0.5～7.0mm，个别超过 20mm；边滚刀磨损量在 1.0～6.0mm，有 8 个滚刀存在刀圈偏磨现象（图 2-24）。

图 2-23 吕城区间左线刀盘偏磨比例图　　图 2-24 吕城区间右线刀盘偏磨比例图

2.4.4 小结

(1) 综合考虑厦门地质情况、园博苑站～杏锦路站区间及吕厝站—城市广场站区间隧道工程特点，结合全国各地盾构施工经验，拟定厦门轨道项目 1 号线盾构掘进机主要设备形式。

(2) 通过吕厝站～城市广场站区间的盾构施工情况，发现滚刀刀圈偏磨率在 20% 左右，个别严重偏磨，掘进速度及施工过程中的刀盘扭矩正常，说明盾构机的选型较为成功，见图 2-25。

图 2-25 盾构刀具掘进前后对比

在盾构机选型过程中，单纯依赖其他地区的施工经验并不能选定适合于厦门掘进施工的盾构机，盾构机选型不仅考虑隧道的结构形式、线路走向，还需要考虑施工地区的工程地质、工程特点，并且考虑盾构机的再使用。对盾构机进行正确选型，将有效降低盾构机的设备故障率、刀具的刀盘磨损率以及盾构掘进施工效率。

第 3 章　软硬不均地层盾构工作井加固技术研究

3.1　研究背景与意义

端头土体加固是盾构机始发、到达技术的一个重要组成部分,也是盾构掘进施工的事故多发地带。近年来,我国盾构始发和到达施工过程中事故时有发生。盾构始发和到达施工过程中发生的事故一般源自土体不稳和渗漏、涌水、涌砂。端头土体加固的成功与否直接关系到盾构机能否安全始发、到达。因此,合理选择端头加固施工工法和必要的监控量测,是保证盾构法隧道顺利施工的非常重要的环节。

盾构区间始发及接收的危险性在于,区间端头为车站或竖井,与区间形成一个临空面,开挖掌子面或掌子面后部无支撑措施,暴露于空气中,形成开挖临空面,由于盾构掘进施工工序问题,容易使土体向临空侧发生位移,产生地表沉降、基坑侧壁位移等质量问题,严重时甚至发生事故。端头土体加固与一般地基加固不同,其不仅要求土体强度,更要求土体抗渗透能力。受频繁事故的影响,设计单位往往人为加大端头加固范围,在设计过程中未考虑现场实际情况,造成施工浪费。

3.2　复杂地势条件下冷冻法洞门加固设计

3.2.1　施工方案比选

目前,在盾构始发洞门的土体加固施工中,主要施工方法有旋喷桩加固地层法和冻结地层加固法,它们在不同的地层中均有成功案例,施工工艺均能满足相应地质条件下围护结构质量和其他技术要求。

1. 旋喷桩加固地层法

旋喷桩是利用钻机将旋喷注浆管及喷头钻置于桩底设计高程,将预先配制好的浆液通过高压发生装置使液流获得巨大能量后,从注浆管边喷嘴中高速喷射出来,形成一股能量高度集中的液流,直接破坏土体,在喷射过程中,钻杆边旋转边提升,使浆液与土体充分搅拌混合,在土中形成一定直径的柱状固结体,从而使地层加固。旋喷加固体不能承受较大的水平荷载且多层土中同一旋喷固结体的直径有差别。由第 2 章可知深圳地区地质条件,此处若采用旋喷桩加固,加固区在掘进方向只有 3m,达不到加固强度。另外由于水泥用量较大和冒浆多,影响施工场地,污染环境,同时不适于对防水要求高的工程,故不适合本次洞门加固工程。

2. 冻结地层加固法

结合本盾构始发的地质特点和现场具体操作情况，采取冻结法加固地层适用于本工程。冻结法是利用人工制冷技术，使地层中的水冻结，把天然岩土变成冻土，增加其强度和稳定性，隔绝地下水与地下工程的联系，以便在冻结壁的保护下进行地下工程施工的特殊施工技术。其实质是利用人工制冷临时改变岩土性质以固结地层。采取冻结法既能满足工期需求，又能保证工程安全，尤其是对封水可以说是万无一失。因此通过比较上述两种工法的技术特点，结合本盾构始发工况，确定采用冻结施工方法。

冻结法是以确保盾构穿越上覆土层的稳定为基础，在具体施工中以低温盐水循环的方式降低土体的温度为核心技术手段，通过降低加固区域土体的温度，使其变成具有一定强度的冻土，从而进行盾构始发。

3.2.2 冻结设计

1. 冻结加固方案设计

(1) 方案设计原则

方案设计应充分考虑大口径盾构始发的工程特点，满足其安全始发的要求。方案设计应做到：

① 洞口土体的稳定性和不透水性；

② 土压盾构正常工况、压力泥浆不上窜、不流逸；

③ 盾构机安全始发后封堵洞门施工时盾构刀盘前土体稳定；

④ 具有适时、动态的温度，变形和压力的监测机制。冻结过程应具备吸收变形和调节、减小外载和冻胀力的有效手段。

(2) 方案设计技术要点

根据以上要求提出冻结板块＋门形棚拱综合冻结方案。方案包括两个冻土板块。其一是前冻结板块，位于洞口前方靠近槽壁，目的是保证安全始发，它具有冻结过程吸收变形和调整减小冻胀力的机制。其二是后冻结板块，位于盾构机完全始发后的刀盘前，它具有封堵洞口保证盾构机停滞时前方土体稳定的功能。两个冻结板块之间为冻结棚拱，其作用是保证盾构机进入正常工况。

2. 冻结体厚度设计

出洞口冻土墙厚度设计参照日本和我国建筑结构静力计算公式，并考虑类似工程的施工经验，见图3-1。冻土墙受力计算按周边固定圆板考虑，冻土的相关参数参考我国上海市和日本类似土层的试验结果和设计取值，原则上考虑较大的安全储备。冻土墙平均温度取$-10℃$，抗剪强度均取1.6MPa、抗弯拉强度取2.0MPa，抗弯拉安全系数取3.0，抗剪安全系数取2.0。

(1) 前冻结板块

始发洞口的中心埋深为$+48.86m$，地面标高为$+63.85m$。当开洞直径为6.5m时，开洞口的底缘深度为16.31m。应用重液理论计算水土压力时，其出洞口的水土压力为：

$$P = 0.013h \tag{3-1}$$

式中　　P——计算点的水土压力，MPa；

　　　　h——计算点深度，m。

计算的冻土墙所受最大静止水土压力为：$P=0.212$（MPa）。

冻土板块需具备一定的厚度和强度，以起到破壁时封水和稳定的作用。冻土加固体的厚度可依照板块公式计算，其参数及结果列入表3-1。

$$h=[(\beta \cdot P(D/2)^2/\sigma)K]^{\frac{1}{2}} \tag{3-2}$$

按日本计算公式的参数取值与计算结果　　　　　表3-1

水土压力 P(MPa)	冻土平均温度 T(℃)	冻土弯位强度 σ(MPa)	破洞直径 D(m)	系数β	安全系数K	计算加固体厚度h(m)
0.212	-10	2.0	6.5	1.2	3.0	2.1

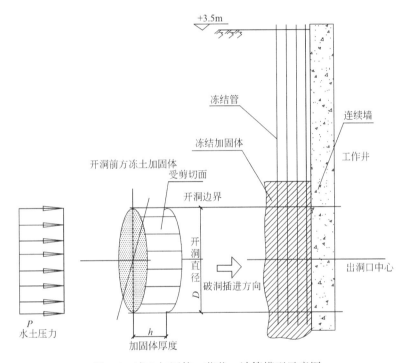

图3-1　冻土加固体、荷载、计算模型示意图

按我国建筑结构静力计算公式验算，其公式为：

$$\sigma_{max}=\frac{P(D/2)^2}{16}(3+\mu)\frac{6}{h^2} \tag{3-3}$$

计算的冻土墙厚度为1.4m，计算参数与计算结果见表3-2。

按建筑结构静力计算公式的参数取值与计算结果　　　　　表3-2

水土压力 P(MPa)	破洞口直径 D(m)	冻土泊松比 μ	冻土弯拉强度 σ(MPa)	加固体厚度 h(m)
0.212	6.5	0.3	2.0	1.4

冻土板块与连续墙的胶结范围应超过3.0m，本设计的胶结范围超过洞口3.5m，以保证足够的密封长度。

按工作井开洞口周边冻土墙承受的剪力最大,计算公式为:

$$\tau_{\text{Max}} = \frac{PD}{4h} \quad (3\text{-}4)$$

计算的冻土墙厚度为 0.2m,计算参数与计算结果见表 3-3。

剪切强度验算表 表 3-3

荷载 P(MPa)	开挖直径 D(m)	安全系数 K	冻土剪切强度 τ(MPa)	计算最大剪应力 τ_{Max}(MPa)	冻土墙厚 h(m)
0.212	6.5	2.0	1.6	—	0.2

设计取出洞口的冻土板块厚度为 3.0m,封头冻土墙与盾构始发洞口四周的工作井地下连续墙搭接宽度取 3.0m。

(2) 冻土棚拱

冻土棚拱在两冻土板块之间。冻土棚拱从洞口延续到洞外 10m 的位置,以使盾构机盾尾完全脱离密封圈,同时上部的覆土厚度达到 9.5m 以上。

为使盾构推进顺利,应避免在棚拱区刀盘切割冻土,冻土棚拱的内径与刀盘外口保持 0.5m 的环状非冻土带间隙。

冻土棚拱为半圆拱,其内半径为 3.25m。为防止压力泥水泄漏,棚拱应具有一定厚度,因此该计算模型为受外部不均匀压力的厚壁半圆拱,见图 3-2。

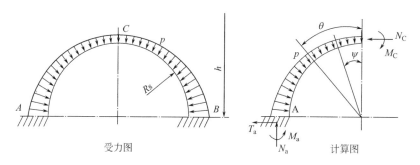

图 3-2 棚拱受力图

拱厚计算公式为:

$$P = 0.013 \cdot (h - R_s \cdot \cos\theta) \quad (3\text{-}5)$$

$$R_s = R + h = 5.75(\text{m}) \quad (3\text{-}6)$$

式中 R_s——圆拱内半径,3.25m;h——冻结壁厚度,2.5m。

从圆拱中间剖开,由对称性可知,C 处的切力为 0,设该处水平轴力为 N_c,弯矩为 M_c,解得:危险截面在 A(或 B)处。

$$M_a = M\left(\frac{\pi}{2}\right) = 0.013 R_s^3 \frac{32 - 16\pi + 12\pi^2 - \pi^4}{4\pi(\pi^2 - 8)} = 0.013 \times 0.1175 R_s^3 = 0.291(\text{MN} \cdot \text{M})$$

(3-7)

$$N_a = 0.013 \times R_s(h - \pi \cdot R_s/4) = 0.151(\text{MN}) \quad (3\text{-}8)$$

$$T_a = 0.013 \times 0.4183 R_s^2 = 0.18(\text{MN}) \quad (3\text{-}9)$$

再根据曲梁理论进行应力计算,拉应力为:

$$\sigma_\theta = -\frac{N}{A} + \frac{M \cdot C_1}{S \cdot R_1} = 0.241(\text{MPa}) \tag{3-10}$$

因此，取棚拱厚度为 2.5m 时，根据曲梁理论计算棚拱内最大拉应力为 0.241MPa，满足要求。

3. 冻结孔布置设计

冻结孔科学合理的布置是方案取得良好冻结效果的基础，该工作极为重要，本方案冻结孔布置如图 3-3～图 3-7 所示。

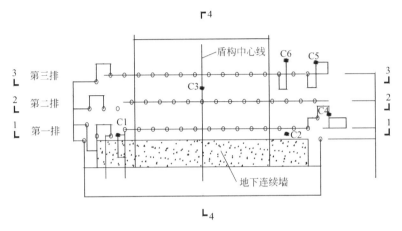

图 3-3 冻结孔平面布置图

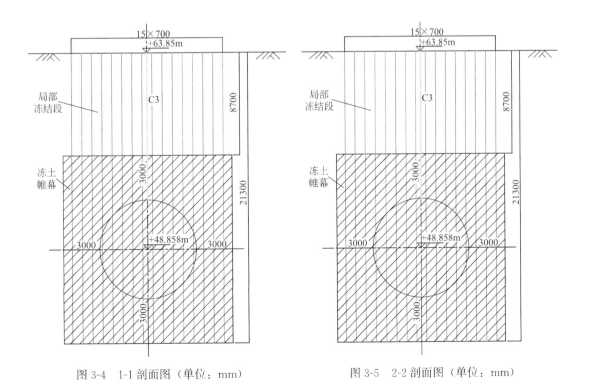

图 3-4 1-1 剖面图（单位：mm）　　　　图 3-5 2-2 剖面图（单位：mm）

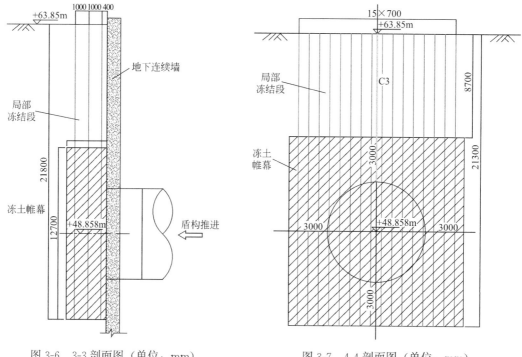

图 3-6 3-3 剖面图（单位：mm）　　　　图 3-7 4-4 剖面图（单位：mm）

整个冻结区域共设计布置冻结孔 3 排，共计 53 个。

A、B、C 三排冻结孔，A 排 20 孔（包括角部增加的 2 个孔），B 排 17 孔，C 排 16 孔。以地面 +63.85m 计算，A、B、C 排孔深度 21.3m，由 0.0～8.7m 为保温段，不冻结。实际钻孔是在端头井结构外侧的高台上（高度约 3m），因此实际钻孔深度比设计值深 3m。

4. 测温孔布置设计

为达到对土体的有效监测，在冻结区域共布置测温孔 6 个，设计位置见图 3-3。地面测温孔深度与附近冻结孔深度一致，每个地面测温孔在冻结壁内布置 3 个温度测点，位置分别为冻结壁中部和离冻结壁上、下边界 0.5m 处，洞口测温孔深度为进入冻土 0.3～0.5m，应避开冻结孔位置，且洞口测温孔深度不应超过冻结孔，须拔除测温管采用冻结管材，其余测温管 $\phi 42 \times 3$mm 焊管，对焊连接。

5. 冻结施工参数设计（表 3-4）

（1）设计积极冻结期最低盐水温度为 -28～-30℃，并要求冻结 7d 达到 -20℃，打开洞门时盐水温度达到最低值。

（2）维护冻结期温度为 -25～-28℃。

（3）封头冻土墙平均温度不高于 -10℃。打开始发口时冻土墙与工作井地下连续墙交界面附近温度低于 -5℃。

（4）冻结孔采用串并联方式，单孔盐水流量不小于 5m³/h。

（5）冻结管规格：$\phi 108 \times 5$mm 低碳钢无缝钢管，采用内衬管对焊连接。冻结孔总长度为：$L = 22.41 \times 53 = 1188$（m）。

(6) 测温管规格：需要拔除的测温管同冻结管；不需要拔除的测温管采用 $\phi 38 \times 3$ mm 焊接钢管，采用直接对焊连接。

(7) 供液管选用 $\phi 38$ 钢管，采用焊接连接。

(8) 盐水干管和集配液圈选用 $\phi 159 \times 6$ mm 无缝钢管。

(9) 冷却水管选用 $\phi 38 \times 3$ mm 无缝钢管。

(10) 外围冻结孔终孔间距 $L_{max} \leqslant 1000$ mm，冻结帷幕交圈时间为 18~20d，达到设计厚度时间为 30d。

(11) 冻结需冷量：冻结管散热系数取 250kcal/h·m²，冷量损耗取 20%。计算冻结需冷量为 $Q = 1.2 \times 0.108 \times 3.1416 \times 1188 \times 250 = 12.1 \times 10^4$ （kcal/h）。

主要冻结施工参数设计一览表　　　　　　　　表 3-4

序号	参数名称	单位	参数	备注
1	冻结孔深度	m	19.41+3	高台高度按 3m 计算
2	冻结帷幕设计厚度	m	3	
3	冻结帷幕平均温度	℃	−10	
4	积极冻结时间	d	30	
5	冻结孔(总)数	个	53	
6	冻结孔(总)长度	m	1188	
7	冻结(总)长度	m	832	地面 6.71m 以下不冻结
8	冻结孔开孔间距	m	0.7	
9	冻结孔偏斜	mm	<150	
10	设计最低盐水温度	℃	−30	冻结 7d 盐水温度达到 −20℃ 以下
11	单孔盐水流量	m³/h	5	
12	冻结管规格	mm	$\phi 108 \times 5$	20# 低碳钢无缝钢管
13	测温孔总数	个	6	$\phi 38 \times 3$ mm
14	测卸压孔(兼测温)	个	2	
15	冻结总需冷量	kcal/h	12.1 万	工况条件
16	最大用电量	kW	300	
17	用水量	m³/h	15	新鲜水补充

3.3　冷冻法冻结温度场数值模拟计算

3.3.1　有限元程序简介

ANSYS 公司的 ANSYS 软件是融合结构、热、流体、电磁、声学于一体的大型通用有限元分析软件，对于本节讨论的冻结壁温度场分析计算，ANSYS 软件主要具有以下突出优点：

(1) 可以用单元数据表实现水在不同相态下具有不同导热系数及比热，从而可以设置未冻土与冻土的导热系数与比热随温度的变化值。

(2) ANSYS 瞬态热分析中最强大的功能之一就是可以分析相变问题。

(3) 在后处理中，ANSYS 设置了代表输出数据的变量，可直接在程序中进行加、减、乘、除、积分、微分等数学运算，并可以做出两变量之间的函数关系曲线，可以比较方便地做出冻结壁温度场变化曲线，从而求得冻结壁平均温度值。

3.3.2 温度场有限元数值模拟原理

考虑热传导现象，根据能量守恒原理，空间任一微分单元体内，因热传导而聚集的热量与单元体本身产生的热量之和，必然等于该单元体温度升高所容纳的热量。其数学表达式，即热传导微分方程为：

空间热传导：
$$a\left(\frac{\partial^2 t}{\partial x^2}+\frac{\partial^2 t}{\partial y^2}+\frac{\partial^2 t}{\partial z^2}\right)+\frac{Q}{c\rho}-\frac{\partial t}{\partial \tau}=0 \qquad (3-11)$$

平面热传导：
$$a\left(\frac{\partial^2 t}{\partial x^2}+\frac{\partial^2 t}{\partial y^2}\right)+\frac{Q}{c\rho}-\frac{\partial t}{\partial \tau}=0 \qquad (3-12)$$

利用变分法中的欧拉公式，可在相同的初始条件和边界条件下，使热传导微分方程等价于下述泛函取最小值：

$$\Phi(t)=\iiint_G\left(\frac{\alpha}{2}\left(\left(\frac{\partial t}{\partial x}\right)^2+\left(\frac{\partial t}{\partial y}\right)^2+\left(\frac{\partial t}{\partial z}\right)^2\right)+\left(\frac{\partial t}{\partial \tau}-\frac{Q}{c\rho}\right)t\right)\mathrm{d}x\,\mathrm{d}y\,\mathrm{d}z \qquad (3-13)$$

$$\Phi(t)=\iint_G\left(\frac{\alpha}{2}\left(\left(\frac{\partial t}{\partial x}\right)^2+\left(\frac{\partial t}{\partial y}\right)^2\right)+\left(\frac{\partial t}{\partial \tau}-\frac{Q}{c\rho}\right)t\right)\mathrm{d}x\,\mathrm{d}y \qquad (3-14)$$

取最小值的条件式为：
$$\frac{\partial \Phi(t)}{\partial t}=0 \qquad (3-15)$$

用有限单元法求解温度 t 的实质是：把区域 G 划分为有限个单元体，以单元体的节点温度为参数，选取简单的代数式表示单元体内的温度场。各单元的温度场拼接起来，便是整个区域的温度场。为使这种温度场近似于实际温度场，需要做到以下三点：

(1) 每个节点的温度必须近似于该处的实际温度。

(2) 单元体大小必须与温度梯度相适应，温度变化急剧处单元体应划小。

(3) 在单元的界面上温度变化保持连续。

第 (2)、(3) 点可以通过划分单元及选取温度函数做到；为做到第 (1) 点，应使温度 t 的泛函 $\Phi(t)$ 满足公式 (3-15)，其物理意义是使区域 G 在热传导的任何瞬时，均处于稳定导热的热平衡状态。

模拟平面热传导，采用三角形单元网格划分比较方便，对单元网格做出以下规定：

(1) 冻结管所在节点，其温度按已知规律下降，预先给定。

(2) 其他各节点在初始时刻，其温度均取地层原始温度。

(3) 边界节点不受冻结管影响，其温度保持不变。

(4) 结冰区和未结冰区界面温度，取土体结冰温度，在此界面上放出结冰潜热。

(5) 结冰区和未结冰区各有确定的比热、导热系数和导温系数。

ANSYS 热分析基于能量守恒原理的热平衡方程，即热力学第一定律：

$$Q-W=\Delta U+\Delta KE+\Delta PE \qquad (3-16)$$

式中　　Q——热量；
　　　　W——做功；
　　　　ΔU——系统内能；
　　　　ΔKE——系统动能；
　　　　ΔPE——系统势能。

对于多数工程传热问题：$\Delta KE = \Delta PE = 0$；通常考虑没有做功：$W = 0$，则有 $Q = \Delta U$；对于稳态热分析：$Q = \Delta U = 0$，即流入系统的热量等于流出的热量；对于瞬态热分析：$q = \mathrm{d}U/\mathrm{d}t$，即流入或流出的热传递速率 q 等于系统内能变化。

ANSYS热分析用有限元法计算各节点的温度，并导出其他热物理参数。本书研究的冻结温度场是一个瞬态的过程，并在冻结过程中伴随着相变过程的发生，是一个比较复杂的过程。在这个过程中系统的温度、热流率、热边界条件以及系统内能随时间都有明显变化。根据能量守恒原理，瞬态热平衡可表达为：

$$[C]\{\dot{T}\} + [K]\{T\} = \{Q\} \tag{3-17}$$

式中　　$[K]$——传导矩阵，包含导热系数、对流系数及辐射率和形状系数；
　　　　$[C]$——比热矩阵，考虑系统内能的增加；
　　　　$\{T\}$——节点温度向量；
　　　　$\{\dot{T}\}$——温度对时间的导数；
　　　　$\{Q\}$——节点热流率向量，包含热生成。

3.3.3　模型的建立

1. 基本假设

冻结温度场发展是一个极其复杂的动态过程，在这一过程中温度场的发展与土层性质、冻结时间、冻结管布置等多种因素相关，用数值模拟方法分析所有确定或不确定性因素既不可能也不必要。因此，本节在数值分析中做以下基本假设：

（1）不计冻结管的偏斜、土层性质沿深度的变化。
（2）为增强可视化效果，对深井视为平面应变问题。
（3）土体（包括冻土、原状土）材料为均质、各向同性。
（4）不考虑井筒开挖段高、混凝土水化热对温度场发展的影响。
（5）不考虑冻土中水分迁移对冻结温度场的影响。

2. 计算模型

对复杂的实体工程问题进行数值分析时，首先必须建立合理的计算模型，使工程问题适合应用数值方法求解。根据冻结孔平面布置图建立数值计算模型，冻结孔3排，共53个冻结孔。

在ANSYS软件中，有限元的网格是由软件完成的，用户要做的就是通过给出一些参数与命令来对软件实行"宏观调控"，网格划分对模拟结果与模拟速度起着关键性作用。为合理划分单元，使计算结果趋于精确，本计算模型中距离冻结管较远的区域单元划分较疏，距离冻结管较近的区域单元划分较密，见图3-8。

冻结温度场是非线性、瞬态的，并伴随着相变发生的问题，因此数值模拟中一般选取低阶热单元，本模型采用四节点四边形的二维实体热单元PLANE55进行网络划分。

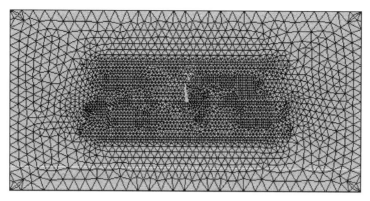

图 3-8 数值计算模型网络划分示意图

3. 荷载及初始条件

（1）荷载条件

在数值计算中，将每一根冻结管视为模型中的单一节点进行处理，因此施加于分析模型中的荷载即为节点温度荷载（冻结管表面温度），其取值见图 3-9。

（2）初始条件

土体初始温度为+17℃。

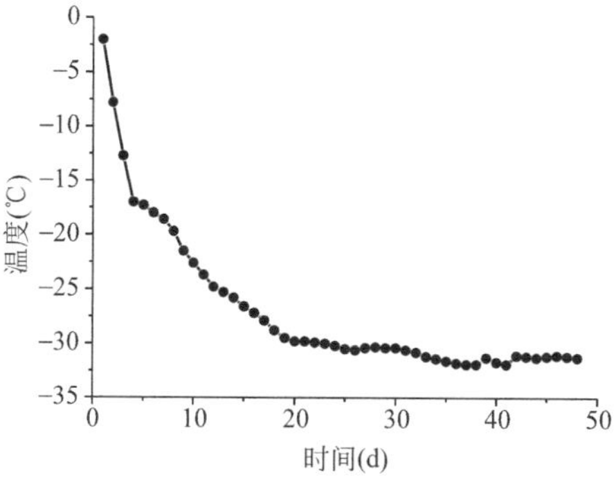

3.3.4 计算结果及其分析

图 3-9 温度荷载随时间变化曲线

冻结壁随冻结天数的发展动态如图 3-10～图 3-15 所示。

由上述计算结果可知，积极冻结 10d 后，除少数相邻冻结孔未交圈外，大部分相邻冻结孔均已基本交圈，已形成一定厚度的冻结壁。冻结 15d 后，冻结壁形状已发展形成，冻结壁有效厚度达到 2.8m。冻结 30d 后（设计积极冻结天数），冻结壁有效厚度达到 3.5m，大于原设计冻结壁厚度 3m，冻结壁平均温度达到 −15.3℃，低于原设计冻结壁平均温度 −10℃。由此可知，冻结孔设计参数满足在积极冻结期内形成设计冻结壁厚度的要求。

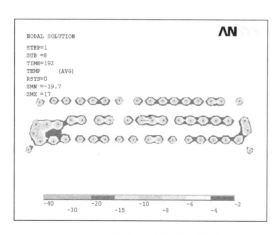

图 3-10 冻结 8d 冻结壁发展图

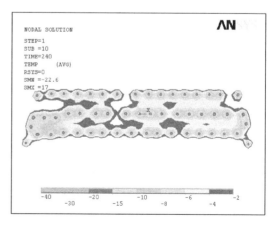

图 3-11 冻结 10d 冻结壁发展图

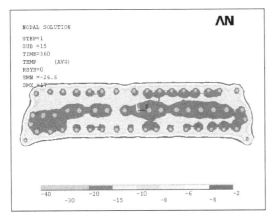

图 3-12 冻结 15d 冻结壁发展图

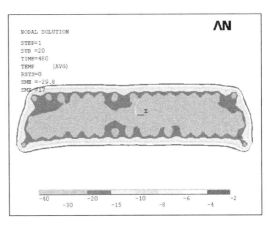

图 3-13 冻结 20d 冻结壁发展图

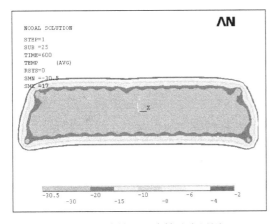

图 3-14 冻结 25d 冻结壁发展图

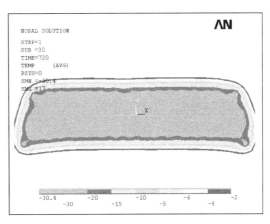

图 3-15 冻结 30d 冻结壁发展图

3.4 冻结施工

3.4.1 钻孔施工

民治站～五和站隧道盾构出洞冻结加固板块内实际共布置 4 排冻结孔，其中第一排 18 孔，第二排 19 孔，第三排 16 孔，第四排 5 孔，孔数共 59 个，比原设计增设了 6 个加强孔，见图 3-16。钻孔深度为 21.3m 左右，其中地面以下 0.0～8.68m 为保温段。

冻结孔钻孔长度 1257m，6 个测温孔的钻孔长度为 118m，总共钻孔工程量为 1375m。

1. 冻结管加工

冻结管采用 $\Phi 108 \times 5$mm 低碳钢无缝钢管，45°坡口内接箍对接焊。需要拔除的测温管同冻结管。不需要拔除的测温管采用 $\Phi 48 \times 3.5$mm 焊接钢管，对接焊。供液管选用 1.5″ 钢管，采用焊接连接。

所有冻结管和测温管在地面按设计尺寸加工成形，冻结管在下放前均进行气密性试验，合格后方可下管，所有冻结管气密性试验的合格率为 100%。

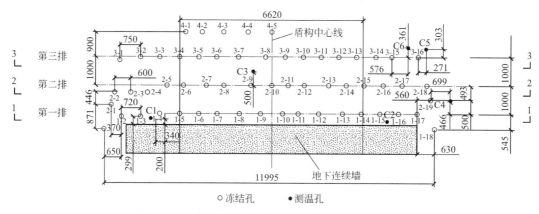

图 3-16 实际冻结孔平面布置图（加孔，单位：mm）

2. 冻结孔施工质量要求

根据施工基准点，按冻结孔施工图布置冻结孔。孔位偏差不应大于 50mm。冻结孔钻进深度应不小于设计深度。

钻孔的偏斜率控制在 5‰ 以内，冻结管和测温管耐压不低于 0.8MPa。

（1）孔位测斜

利用经纬仪结合灯光对每个成孔进行测斜，偏斜率控制在 150mm 以内。由于地下有回填土石和孤石，有些冻结孔偏斜过大，但因冻结孔当初设计间距较小，没有再打补孔。

（2）深度测量

冻结管下放前是预加工成形的，除冻结管 1-1 有 2m 多无法下到位以外，其他各孔均大于设计深度。

（3）密封试验

向成孔冻结管内注水进行冻结管密封试验，试验压力控制在 0.8MPa，30min 内压力无变化为合格。如果密封试验不合格，则需要打补孔或在该冻结孔内下放小直径的套管。

所有冻结管下放完毕后，对盾构区域内的冻结管用千斤顶进行松孔，同时对所有冻结孔进行复压试验。在复压试验过程中，冻结管 2-9 被钻机钻测温孔 C3 钻破，重新钻孔下管。其他各冻结管压力试验均合格。测温孔不进行压力试验。

3. 冻结孔施工工期

从 2008 年 11 月 13 日开始钻孔施工，至 2008 年 12 月 14 日钻孔施工结束。该冻结施工段地质条件复杂，钻孔速度较慢，钻孔施工共 31d，比计划多 16d。自冻结管 11 月 14 日上午进场至 11 月 26 日加工完全部的冻结管（6 根加强孔除外），共计用了 12d，比计划提前 3d 完成冻结管的加工施工。因受到钻孔施工进度的影响，导致冻结安装和冻结施工比计划至少延误 16d。

3.4.2 冻结系统安装施工

1. 冻结系统安装流程

（1）设备安装

设备基础放样→施工设备基础（或锚固地脚螺栓）→设备就位、调平、固定→敷设电缆→安装电控系统→冷冻机试漏→冷冻机充氟、加油→冷却水池注水→化盐水→制冷系统试运转→盐水箱和冷冻机低温容器及管路保温。

（2）冻结站管路安装

主管路放样→安装管架→安装主管路→安装分支管路→安装压力与温度测点→管路试漏→盐水管路保温。

（3）冻结系统结构图

冻结系统结构图见图3-17。

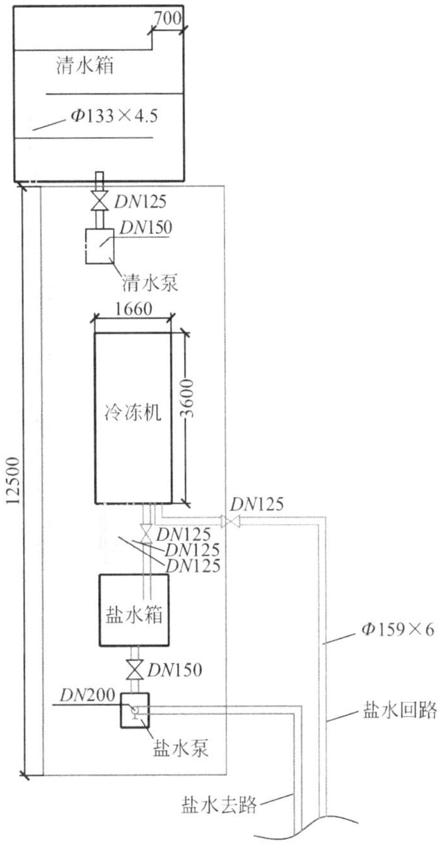

2. 安装准备工作

（1）验收现场施工设备、检测仪表、工程材料，确保设备、仪表、材料的相关资料齐全，设备型号和材料规格等符合设计及有关标准的要求。

（2）制作盐水箱、清水箱、管架等加工件。

（3）清理场地，设备（包括盐、清水箱）基础和主管线放样。应根据实际场地情况对冻结站布置设计进行适当调整，以便于设备安装、操作，增加美观。

3. 设备安装

（1）冷冻机、水泵、冷却塔等设备应按照设备使用说明书的要求进行安装，并符合《机械设备安装工程施工及验收通用规范》GB 50231—2009和《施工现场临时用电安全技术规范》JGJ 46—2005等标准的有关规定。

（2）冷冻机要水平安装，底盘要坐实，用楔铁找平。

（3）冷冻机和水泵固定后要重点检查联轴器的间隙和同心度、轴封和盘根的松紧情况，确认满足设备安装技术要求。

图3-17　左线隧道冻结机房平面布置图
（单位：mm）

（4）冷却塔安装应重点检查布水器电机电缆接头绝缘是否合格、电机转动方向是否正确、布水器布水是否均匀。

（5）冷却塔与电气设备应有足够距离，防止水溅到电器上引发机电事故。

（6）盐水箱下垫100mm×100mm×1500mm方木，间距不大于800mm。方木之间充填100mm厚聚苯乙烯保温板。

（7）按设备配电线路图要求连接供电电缆和控制电缆，要确保设备的保护接地良好。

4. 冻结站管路和检测仪表安装

（1）管路安装应符合《工业金属管道工程施工规范》GB 50235—2010和《现场设备、工业管道焊接工程施工规范》GB 50236—2011等标准要求。

（2）按照冻结站设计图铺设管路。应根据现场空间和设备位置适当调整管路布置，尽量缩短管路长度，减少管路弯头，并做到横平竖直、整齐美观。

（3）在连接管路和安装阀门前要用压缩空气吹扫，确保管内不留杂物。

(4) 主要管路用 200mm×200mm 方木管架铺设在地面上，分支管路用 "T" 字形钢管柱架空铺设，管架间距为 4~6m。盐水干管坡度 0.1%，在管路端头高处设 1 组放空阀。

(5) 阀门、压力表和温度计安装要整齐，便于操作和读数。测温管采用 3″钢管加工，埋设时管口向上。

(6) 流量计要水平安装在直管上。

(7) 管路采用压水试漏，注意管内不留空气，水温与环境温度基本一致。

(8) 盐水管路经试漏后用 50mm 厚橡塑保温筒保温，在保温层外包裹塑料薄膜。在法兰和阀门处先包扎 30~50mm 厚棉套，再用塑料薄膜覆盖。盐水箱采用 100mm 厚聚苯乙烯保温板保温。

(9) 裸露管路涂刷防锈底漆和统一色彩的面漆。

5. 冻结器连接

(1) 冻结器头部盖板采用 6mm 钢板，羊角管采用建筑管加工。

(2) 羊角管与冻结管管壁焊接角度不大于 40°，各冻结器的羊角管焊接角度和软管连接要整齐统一，避免管路出现硬弯而增加盐水流动阻力。

(3) 冻结器采用钢丝网中高压胶管连接，丝扣接头。

(4) 连接软管用 30mm 厚软质橡塑保温筒保温，在保温筒外缠裹塑料胶带。

6. 冻结系统调试

(1) 按照设备使用说明书的要求进行冷冻机组充氟和加油。首先进行制冷系统的检漏和氮气冲洗，在确保系统无渗漏后，再充氟加油。

(2) 先在盐水箱中灌满清水，开泵循环冲洗管路，排除管路中的脏水。

(3) 在盐水箱内注入约 1/4 的清水，然后开泵循环并逐步加入固体氯化钙。盐水箱内盐水不能灌得太满，以免高于盐水箱口的冻结管盐水回流溢出盐水箱。

(4) 待盐水浓度达到 1.15 左右时开冷冻机。随着盐水温度降低再加入氯化钙，直至达到设计盐水浓度。

(5) 融化氯化钙时用筛网去除杂质，严禁将包装袋掉入盐水箱。

(6) 检查盐水水位报警器，确保其正常工作。

(7) 测量各冻结器的盐水流量，调节控制阀门，确保各冻结器盐水流量符合设计要求。

(8) 如发现个别冻结器或冷冻排管盐水流量随时间延长而逐渐减小，表明管路有积空气的情况，应及时增设放空阀。

7. 安装、调试工期

在钻孔施工期间，提前完成配集液圈加工、盐水箱和清水箱加工、冷却塔安装、电缆敷设等工作。

自 12 月 15 日上午钻机腾出场地，至 12 月 19 日上午正式开机，共用 4d 时间完成所有安装、调试、化 $CaCl_2$ 和管路保温等工作，比计划提前 1d。

3.4.3 冻结站运转状况

在冻结过程中，定时检测盐水温度、盐水流量和冻土墙扩展情况，必要时调整冻结系统运行参数。冻结系统运转正常后进入积极冻结，要求一周内盐水温度降至 −20℃ 以下。

冻结系统于2008年12月19日开始正式运转，盐水去回路温度于2008年12月21日达到零度以下。此后盐水温度平稳下降，在15d内降到－25℃以下，进行积极冻结。去回路盐水温差由原来的1.1℃降至0.8℃以下，说明随着冻土墙形成，冻结区域的热负荷不断减小。截至2009年1月20日，冻结系统正常运转已达32d，制冷量达到设计要求，冻土墙的强度和厚度已满足施工需要。由于盾构机安装延误加上春节影响，冻结进入维持状态，盐水温度保持在－30℃左右。盐水去回路温度变化见图3-18。在积极冻结期间，由于停水、停电和变压器、线路检修造成的停机约2d。

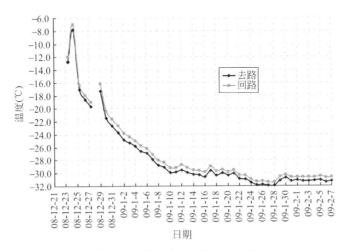

图3-18 盐水去回路温度变化图

3.4.4 冻结效果分析

1. 冻结帷幕发展状况

根据测温孔温度实测结果，确认冻土墙平均温度和厚度达到设计值，并且冻土墙与地下连续墙界面温度不高于－5℃后，可以破盾构出洞口地下连续墙钢筋混凝土。

对土体温度监测自冻结开机之日起，每日监测一次。图3-19～图3-24为各测温孔内测点温度变化曲线。从图中可以看出，冻结初期测点温度下降很快，最大每天下降2～3℃。土体温度降至0℃附近时，因土中水结冰而释放出大量潜热，测点温度则表现为一定时间内在0℃附近波动。之后土体温度继续下降，下降幅度减缓，平均每天下降0.5～1℃。

通过测温孔资料分析冻结发展速度。根据测温孔测温状况，现取典型测点温度分析如下：

C2孔于2009年1月4日到达0℃，此时冻结24d。离该孔最近的为1-15，其距离为380mm，推算冻结发展速度为380/18＝21.1（mm/d）。

C6孔于2009年1月10日到达0℃，此时冻结24d。离该孔最近的为3-16，其距离为540mm，推算冻结发展速度为540/16＝22.5（mm/d）。

考虑后期发展速度稍慢，取外围冻结壁发展速度为20mm/d，由此计算的冻结板块冻结壁厚度为3.04m。冻土壁发展假想图见图3-25。

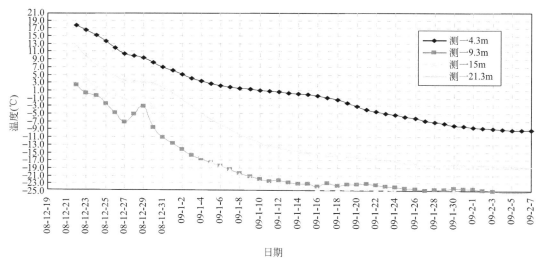

图 3-19　1 号测温孔温降曲线

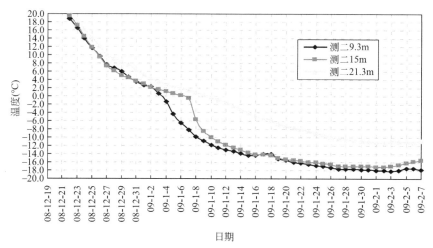

图 3-20　2 号测温孔温降曲线

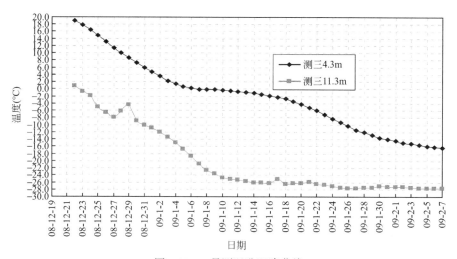

图 3-21　3 号测温孔温降曲线

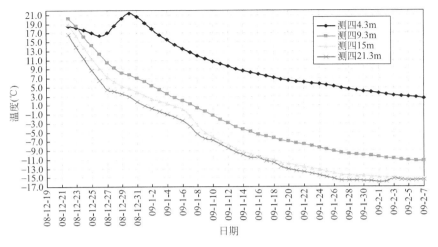

图 3-22　4 号测温孔温降曲线

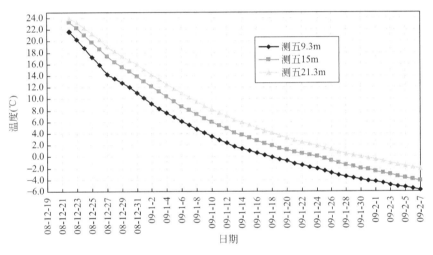

图 3-23　5 号测温孔温降曲线

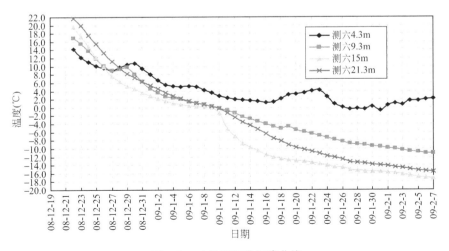

图 3-24　6 号测温孔温降曲线

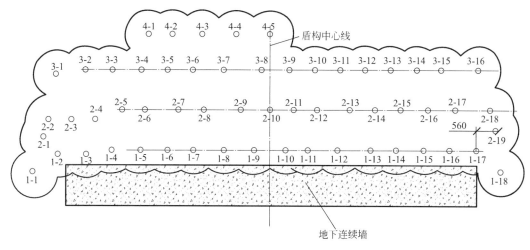

图 3-25　冻结壁发展假想图

2. 冻胀压力

冻胀压力在冻结初期变化很小，由于距离冻结管较近，在冻结 4d 左右产生突变，表明冻土发展到该位置，之后冻胀压力变化平缓。由于冻缩原因，后期压力有减小的趋势，见图 3-26。

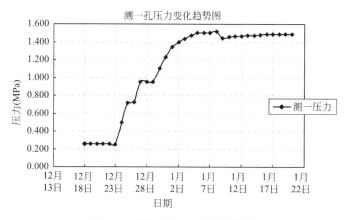

图 3-26　测一孔压力变化趋势图

3. 冻结壁平均温度

采用作图法计算冻结帷幕平均温度，即计算截面冻结壁平均温度为温度曲线包络图面积除以计算截面冻结壁厚度。在计算过程中，主面、界面温度参照隧道冻结范围内 C2、C6、C4 孔各测点的温度进行取值，冻结管按照 $-25℃$ 取值（冻结管内盐水温度为 $-30℃$）。此处选取薄弱界面进行平均温度计算，得到冻土平均温度为 $-15℃$，已达到设计要求，冻土平均温度低于 $-10℃$，见图 3-27。

4. 冻结效果总结

通过对各测温孔各测点降温进行分析和计算，截至 2009 年 1 月 20 日前，已形成一个以盾构出洞方向为轴心，3.04m 长、13m 宽、13m 高的冻土墙；冻土墙的平均温度为

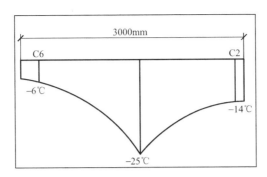

图 3-27 薄弱截面处冻结壁平均温度计算图示

−15℃，低于设计温度；说明此时冻土墙厚度和强度达到并超过设计要求，能承受一定的水土压力，能保证盾构机顺利通过洞门，完全可以进行盾构出洞施工。

由于盾构机在 1 月 18 日前没有完成安装、调试工作，直至 2 月 10 日上午盾构机才靠上洞门。鉴于此，冻结施工工期比计划多用了 23d。

3.5 冻结管拔除施工及保证措施

3.5.1 冻结管拔除施工

2009 年 2 月 9 日，盾构进入洞口内，盾构头部距离冻土墙约 0.2m，且安装好密封装置后方可进行拔管施工。在隧道范围内所有冻结管全部拔出后，盾构方可开始推进，以防止盾构推进损坏冻结管，使其无法拔出。

1. 人工局部解冻

利用人工局部解冻的方案进行拔管，具体方法为：利用热盐水在冻结器里循环，使冻结管周围的冻土融化达到 10～20mm 时开始拔管。

(1) 盐水加热

用一个 2m³ 左右的盐水箱储存盐水，用 80～120kW 的电热丝进行加热盐水。

(2) 盐水循环

以每 3～5 个冻结孔为一批，在冻结孔（或测温孔）中利用流量为 30m³/h 盐水泵循环盐水。在粉砂层或黏土层中，一般先用 30～40℃ 的盐水循环 5min 左右，然后用 60～80℃ 的盐水循环 30min 左右，当回路盐水温度上升到 50～60℃ 时，即可进行边循环边试拔。由于该盾构出洞处地质状况是地表 10m 以上为回填土石，10m 以下为粗砂层，含砾石和孤石，给拔管工作带来新的挑战。

2009 年 2 月 8 日，在 1-5 冻结管循环了 1h、80℃ 的热盐水后进行试拔，没有成功，反而把拔管用的抱卡破坏了。经分析，冻结管周围有填石和砾石，需增大强制解冻范围，让冻在土层和冻结管之间的填石和砾石松动后，方可拔出冻结管。2 月 9 日上午，对 1-5 和 1-7 孔均循环 60～80℃ 热盐水 3h 后，两管都顺利试拔成功。

2. 冻结管起拔

(1) 起拔

用两个 20t 的千斤顶进行试拔，拔起 0.5m 左右时，便可停止循环热盐水，用压风将管内盐水排出。然后用吊车快速拔出冻结管。拔管注意冻结管与挂钩要成一线，冻结管不能蹩劲，拔管时要常转动冻结管，冻结管不能硬拔，如果拔不动时，要继续循环热盐水解冻，直至拔起冻结管。拔管见图3-28、图3-29。

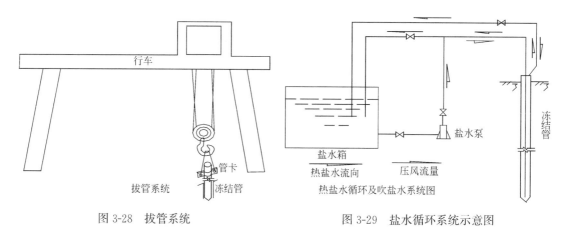

图3-28　拔管系统　　　　　　　　图3-29　盐水循环系统示意图

（2）拔管顺序

依次拔第一排、第二排、第三排和第四排冻结管，每拔除一根冻结管要及时用黄土把孔填实，防止盾构推进过程中浆液从融化的冻结孔中溢出。

在隧道两侧的冻结管暂时不拔，待盾构穿过最后一道冻土墙后，再拔除该处冻结管并填充。

（3）冻结管拔除过程

自2月10日上午开始正式拔管，2月13日上午拔完所有盾构区域内36根冻结管，同时拔除可能影响到盾构推进的2根冻结管，38根冻结管全部顺利拔出，无一断管。在计划时间内完成盾构推进前拔管任务。2月15日上午盾构机已顺利穿过冻结区域。2月16日晚非盾构区的冻结管也已顺利拔出。

但在拔除4-5和4-6两根冻结管时，又遇到不易拔出的情况。经现场考察分析，4-5和4-6两根冻结管紧贴涵洞混凝土墙内侧，积极冻结期间第三排孔产生的冻胀力使"Ⅱ"形涵洞下部发生变形，使冻结管下部被卡在涵洞下部。为了不破坏涵洞，在对两孔用60～80℃热盐水循环12h后，两根冻结管被顺利拔出。

3.5.2　破壁及盾构穿越冻结区的保证措施

1. 破壁保证措施

（1）原则上冻结25d后可以进行部分破壁，在部分破壁过程中，如果发现有渗水点，要及时进行封堵，以防水土流失，影响冻土墙交圈。

（2）破壁时不能一次完成，分4～5层分层剥离，槽壁保留厚度不小于300mm，并保留钢筋，以保护冻土墙。

（3）通过测温孔观测计算，并在槽壁上打探孔，确认冻土墙达到设计厚度及强度并与槽壁完全胶结后方可进行完全破壁。

（4）最后一层破壁时间不宜超过3d，以防冻土墙融化，影响其强度。

2. 盾构穿越冻结区保证措施

（1）冻土墙解冻要适量，控制平均温度在-3~-6℃，强度为1.2~1.5MPa。
（2）保证冻结孔重新冻结的质量，以防止盾构在推进过程中泥浆从孔中冒出。
（3）盾构在穿越冻结区时不宜停留，在拼装管片及故障时，必须保持刀盘连续转动，以防刀盘被冻住。

3.6 盾构区间端头高压旋喷桩加固地层法及优化分析

针对端头加固范围问题，如何确定有效的端头加固范围，在保证施工安全质量的前提下最大限度地节省施工成本是重点研究的问题。以下结合园博苑站～杏锦路站盾构区间端头加固施工实际情况，结合现场勘察、三维有限元计算、监控量测，提出行之有效的端头加固范围优化方案，为端头加固研究做出大量补充。

3.6.1 原端头加固方案

盾构始发和到达是盾构施工的一项风险源，为保证始发和到达阶段端头土体位移在标准要求内，设计文件要求园博苑站～杏锦路站区间始发和到达端均需进行高压旋喷桩施工，对地层土体进行加固，见图3-30。

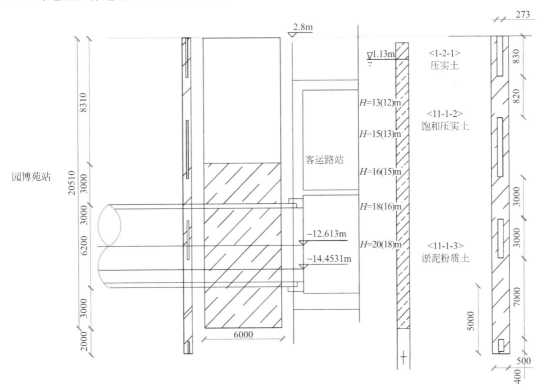

图3-30 端头加固平纵断面示意图（单位：mm）

始发端隧道覆土厚度为9.6m，始发端端头加固深度范围为：隧道顶板以上3m至隧道地板以下3m，与车站接口处增加3根 $\phi800\text{mm}@600\text{mm}$ 三重管旋喷桩，加固长度为

10m，加固范围内设置降水井，加固体外增设 2 口备用降水井，直径大小根据现场要求进行适当调整，但均不小于 300mm，降水井深度至隧道地板以下 5m。

接收端端头加固深度范围为：隧道顶板以上 3m 至隧道地板以下 3m，与车站接口处增加 3 根 ϕ800mm@600mm 三重管旋喷桩，加固长度为 10m，加固范围内设置 5 口降水井，直径大小根据现场要求调整，但均不小于 300mm，降水井深度至隧道地板以下 5m。

3.6.2 端头加固方案优化

园博苑车站基坑开挖施工对区域范围内地质有了较为直观的了解。通过取芯试验及降水井施工水位观察，结合园博苑车站开挖情况，发现园博苑站～杏锦路站区间地质主要以硬塑状砂质黏性土和全风化花岗岩为主，土体强度高，条件相对较好，区间范围内含水较少，整体地质水位偏低。因此土层自稳性较好，透水性和富水性较弱。

结合经济、占地、环保及数值计算，将园博苑站～杏锦路站区间始发、到达端头加固范围缩减，将园博苑始发端头隧道顶板以上 3m 至隧道地板以下 3m，与车站接口处增加 3 根 ϕ800mm@600mm 三重管旋喷桩，加固长度为 4 排 3.2m。杏锦路接收端头隧道顶板以上 3m 至隧道地板以下 3m，与车站接口处增加 3 根 ϕ800mm@600mm 三重管旋喷桩，加固长度为 4 排 3.2m，如图 3-31 所示。

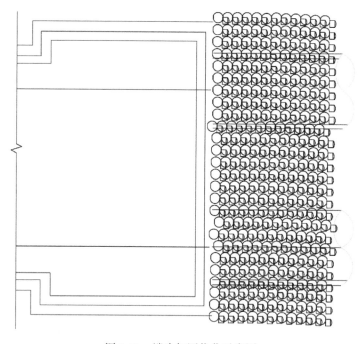

图 3-31 端头加固优化示意图

3.7 端头加固优化理论分析与计算

根据盾构施工经验，由于盾构到达端采用盾构机直接出洞破除玻璃纤维筋钻孔桩方案，无须洞门破除，因此盾构到达阶段相比需破除洞门桩身的盾构始发阶段安全性大，故本节对危险性较大的盾构始发进行数值模拟以研究端头加固范围优化。

3.7.1 基本假定

在盾构始发和接收施工有限元模拟计算过程中，土体作为弹塑性体进行计算，为便于计算机计算后得到合理计算结果，假定以下条件：

（1）盾构始发时因施工对周边土体的影响是一个渐变过程。
（2）土体变形为小变形。
（3）土体为非线性材料。
（4）各种土层的土体材料为均匀、各向同性材料。

3.7.2 有限元计算模型的建立

1. 计算范围的选定

根据园博苑站盾构始发端头土体加固的实际情况，隧道埋深 $H=9.8\text{m}$，隧道外直径 $D=6.2\text{m}$，内直径 $d=5.5\text{m}$。理论及实践经验表明，对隧道开挖后的应力应变，在3倍跨度处应力变化一般在10%以下，在5倍跨度处一般在3%以下，因此有限元分析区域在3~5倍隧道洞室直径范围内即可保证计算精确度，且保证计算机计算的便利性。本位盾构始发有限元计算模型取：$x=70\text{m}$；$y=30\text{m}$；$z=35\text{m}$，本节利用 MIDAS GTS NX 软件进行三维有限元计算，模型如图3-32所示。

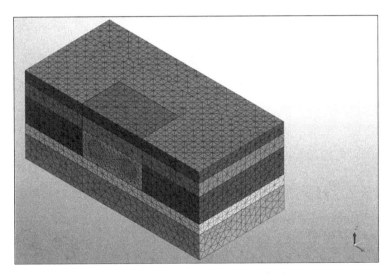

图3-32 端头加固优化模型示意图

2. 模拟单元的选取及参数设定

本书在盾构始发有限元计算模拟中，采用实体单元模拟的材料主要有土体、始发端头加固土体、盾构管片。采用平面板单元模拟的主要有盾构机盾体、车站端头结构。模拟盾构掘进时，采用施加均质、等厚、弹性的"等代层"模拟盾尾注浆工艺。通过文献调研确定注浆"等代层"计算参数，通过取芯试验取端头加固土体参数，通过查阅建筑混凝土相关标准选取管片衬砌计算参数，通过施工设计文件中地质勘察资料确定相关地层参数，选取计算单元参数如表3-5所示。

计算单元参数表　　　　　　　　　　表 3-5

地质参数地层地质	重度(kN/m³)	黏聚力(kPa)	内摩擦角(°)	弹性模量(MPa)	泊松比
素填土	17.5	11	10	5000	0.3
残积砂质黏性土	18.2	29	18	26000	0.3
残积砂质黏性土	18.2	33	20	40000	0.29
全风化花岗岩	18.3	45	22	70000	0.26
强风化花岗岩	19	48	25	110000	0.25
端头加固土体	20	300	30	100000	0.25
管片衬砌	25			34500000	0.2
车站结构	25			34500000	0.2
盾体	78			200000000	0.2
等代层	20			100000	0.2

3. 计算单元的生成

本书在盾构始发有限元计算模型中，三维单元生成采用自动划分实体单元生成三维网格单元的方法，根据园博苑站现场实际地形情况，选取实体网格单元大小为 2m，为保证计算精度，对隧道开挖部位及管片衬砌单元的网格进行细化，取 0.8m。车站结构（钻孔桩及侧墙）单元采用析取网格单元的方法生产，网格大小为 2m。网格划分后共 95999 个网格单元，16728 个节点。

4. 边界约束条件

在生成的三维实体网格单元前后面施加 X 向水平约束，左右面施加 Y 向水平约束，底部面施加 Z 向竖向约束。

5. 荷载

在盾构始发施工的有限元模拟过程中，需要在盾构开挖面上施加正面土仓压力。根据现场实际施工参数，本书中盾构始发的土仓压力取为 100kPa，考虑盾构注浆压力及盾构自重的影响，注浆压力取 50kPa，盾构自重压力取 1000kPa，另外对所有土体单元施加自身重力。

6. 本构模型

本书在盾构始发有限元计算模型中，土体选取莫尔—库伦本构模型，管片衬砌、车站结构及盾体采用弹性力学模型。

7. 有限元计算模型

综上所述，本书建立盾构始发三维有限元计算模型如图 3-33～图 3-38 所示。

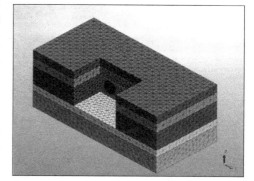

图 3-33　盾构始发井模型

8. 计算工况

根据盾构始发的具体施工过程，由以往盾构施工经验得知，盾构始发比较危险的工况主要有两个：

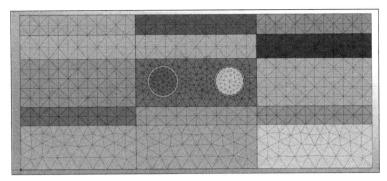

图 3-34 盾构端头井立面图

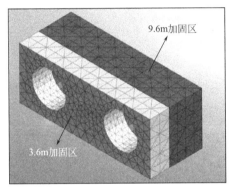

图 3-35 盾构加固土体模型

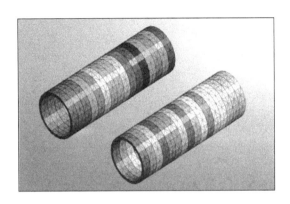

图 3-36 隧道管片模型

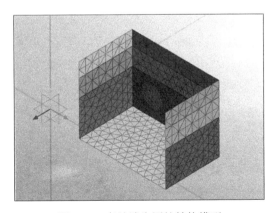

图 3-37 车站端头围护结构模型

图 3-38 盾构机模型

工况一：洞门打开后，端头加固土体完全暴露，盾构机未接触土体侧壁；

工况二：盾构机尾部脱离车站端头加固区，此时盾构机下部土体刚度发生变化，盾构机中心可能发生移动，从而引起土体的局部下陷或盾构机倾斜。

9. 定义施工阶段

第一步：激活所有土体单元，计算土体的初始应力；

第二步：模拟基坑开挖；

第三步：洞门拆除，即洞门拆除后开挖面土体暴露，盾构机还未接触到开挖面上的土体时，钝化洞门处连续墙单元网格；

第四步：第一环开挖，钝化第一环土体，激活第一环开挖面上的土仓压力及盾构自重压力；

第五步：第二环开挖，钝化第二环土体，激活第二环开挖面上的土仓压力和盾构自重压力；

……

第十四步：第十一环开挖，钝化第十一环土体，激活第十一环开挖面上的土仓压力和盾构自重压力，激活第五环管片衬砌，激活第一环注浆体；

第十五步：第十二环开挖，钝化第十二环土体，激活第十二环开挖面上的土仓压力和盾构自重压力，激活第六环管片衬砌，激活第二环注浆体。

依照上面定义的施工阶段循环开挖，直到第十八环隧道土体开挖完毕。

3.7.3 数值模拟计算结果分析

1. 洞门拆除阶段位移分析

根据目前盾构施工经验，在盾构始发过程中，洞门拆除阶段存在的风险最大，由于洞门的临时围护结构（钻孔灌注桩）已破除，盾构机无法第一时间接触洞门土体，此时洞门土体暴露在外，处于临空状态，受土压力、地层水压力影响，土体将向端头井内部滑动，如果未进行土体加固，则会引起洞门上方土体沉降，严重时甚至发生沉陷事故。

本节以厦门轨道交通1号线园博苑站盾构始发端头加固为例，着重分析盾构始发洞门拆除阶段洞门处土体位移。

Y方向位移（垂直开挖面方向）：

盾构始发阶段，洞门范围内进行钻孔灌注桩破除，引起洞门处土体向临空面滑动的水平位移，分别模拟端头加固10m范围及4m范围后洞门破除情况，土体坍塌安全系数计算结果如图3-39、图3-40所示。

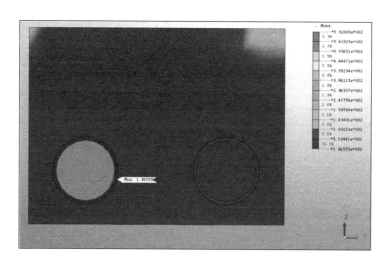

图3-39 加固9.6m范围安全系数

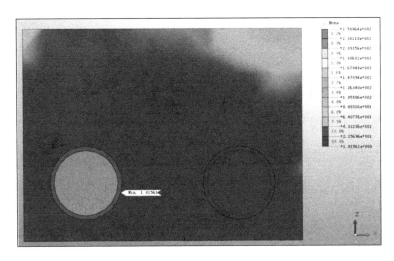

图 3-40 加固 3.6m 范围安全系数

通过两图对比发现，洞门破除后安全系数（Fs）最小值均出现在洞门最右侧，原因在于左侧土体有车站结构进行防护，增大了右侧土体的 Fs，加固 10m 后洞门破除 $Fs=1.87$，加固 4m 后洞门破除 $Fs=1.81$。两者相差极小，因此可以认为对端头加固范围进行优化，能在保证施工安全的前提下，最大化节约施工成本。

对加固 4m 后洞门拆除引起的土体位移进行计算，结果如图 3-41、图 3-42 所示。

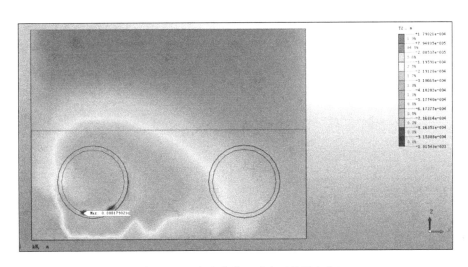

图 3-41 Y 方向位移（垂直开挖面方向）

通过图 3-41、图 3-42 可以看出，左线洞门拆除后，洞门范围内土体沿 Y 方向均为负数，向临空面发生位移，最大位移为洞门范围下方，位移值为 0.2mm，满足安全要求；洞门土体沿 Z 方向呈现洞门下部向上位移、上部向下位移的趋势，位移值分别为 0.1mm、0.5mm，满足安全要求。

因此对于洞门拆除阶段，端头加固 4m 完全满足施工安全要求。

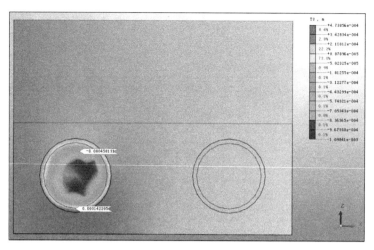

图 3-42 Z 方向位移（土体深度方向）

2. 盾构机掘进脱离端头加固区阶段位移分析

由于端头加固土体强度比原状土体大，当盾构机掘进施工时，盾构通过端头加固区土体，待盾尾脱离加固区的瞬间，盾构机自重使盾尾下沉，影响盾尾附近土体，使土体产生位移，可能引起地面沉降。本节中分别模拟端头加固区 10m 盾构机脱离加固区地面位移情况及端头加固区 4m 盾构机脱离加固区地面位移情况，如图 3-43～图 3-46 所示。

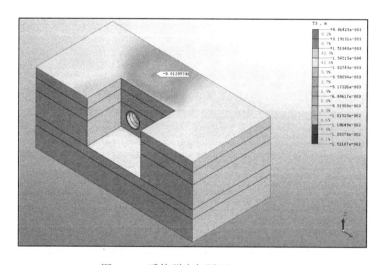

图 3-43 盾构脱离加固区 9.6m（一）

盾构机脱离端头加固区 10m 时，地表沉降最大点位于隧道正上方盾尾位置附近，其值为 12.1mm，对成型隧道进行位移查看发现，隧道下部土体隆起，上部土体下沉，其值分别为 4.9mm、14.1mm。

盾构机脱离端头加固区 4m 时，地表沉降最大点位于隧道正上方、盾尾位置附近，其值为 11.1mm，对成型隧道进行位移查看发现，隧道下部土体隆起，上部土体下沉，其值分别为 2.1mm、12.9mm。

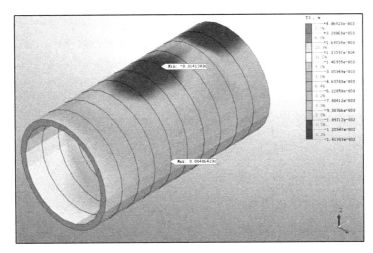

图 3-44　盾构脱离加固区 9.6m（二）

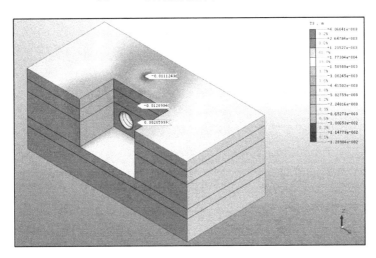

图 3-45　盾构脱离加固区 3.6m（一）

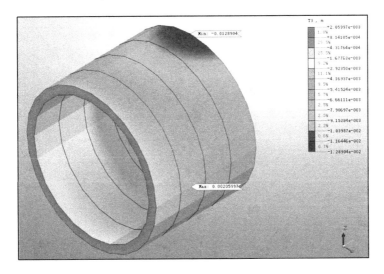

图 3-46　盾构脱离加固区 3.6m（二）

加固 4m 盾构施工产生的位移小于加固 10m 盾构施工产生的位移，原因在于加固 4m 盾构脱离加固区时掘进深度小于加固 10m 盾构脱离加固区掘进深度，地层受掘进影响较小，故产生的位移也相对较小。因此，对盾构机掘进脱离端头加固区阶段，端头加固 4m 完全满足施工安全要求。

3.8 经济分析及监测结果反馈

3.8.1 经济分析

始发端头加固设计优化后，共节约旋喷桩 462 根，每根旋喷桩长 19m，强加固区 12m，弱加固区 7m。泥浆外运共 882m³。

强加固区（施工费含人工费、水电费）95 元/m，弱加固区（施工费含人工费、水电费）45 元/m；强加固区水泥费 90.4 元/m；弱加固区水泥费 36.2 元/m；泥浆外运量 42 元/m³。

综上所述，节约成本 462×95×12＋462×45×7＋462×90.4×12＋462×36.2×7＋42×882＝1327503（元）。

3.8.2 监测结果反馈

园杏区间左线盾构机盾尾脱离加固区时具体监测数据如表 3-6 所示。

园杏区间左线始发端头监测数据表　　　　表 3-6

仪器型号：DS05		仪器出厂编号：318995				监测日期：2015 年 3 月 20 日			
监测点号	初始值 (m)	上次累计变化量 (mm)	本次累计变化量 (mm)	本次变化量 (mm)	变化速率 (mm/d)	控制值		预警等级	备注
						累计变化值 (mm)	变化速率值 (mm/d)		
DBC1-4	2.72014	−4.78	−4.20	0.58	0.58	＋10，−30	3		
DBC1-6	2.78572	−2.68	−4.10	−1.42	−1.42	＋10，−30	3		
DBC1-10	2.49341	−2.23	−2.05	0.18	0.18	＋10，−30	3		
DBC1-11	2.82971	−1.45	−0.04	1.41	1.41	＋10，−30	3		
DBC1-12	2.3943	−0.32	−2.12	−1.80	−1.80	＋10，−30	3		
DBC1-13	2.86047	−2.29	−0.81	1.48	1.48	＋10，−30	3		
DBC1-14	2.61629	−4.80	−4.26	0.54	0.54	＋10，−30	3		
DBC1-15	2.75738	−3.85	−5.02	−1.17	−1.17	＋10，−30	3		
DBC1-16	2.36731	−2.22	−3.06	−0.84	−0.84	＋10，−30	3		
DBC1-17	2.81667	−2.47	−0.73	1.74	1.74	＋10，−30	3		
DBC1-18	2.40844	−1.06	−2.38	−1.32	−1.32	＋10，−30	3		

监测点位置如图 3-47 所示，通过三维有限元模拟，在 DBC1-4 及 DBC1-6 位置模拟地表沉降为 8.5mm、9.5mm，监测结果为 4.2mm、4.1mm。从趋势上来看，模拟结果与监

测结果一致，均为该区域地表向下沉降；从数值上来看，模拟结果比监测结果大的原因是根据施工方案，洞门前4环需进行二次注浆补强，对第3、第4环地表进行监测时已完成二次注浆施工，通过二次注浆施工地表沉降有所缓和，因此，监测数据比模拟数据小。

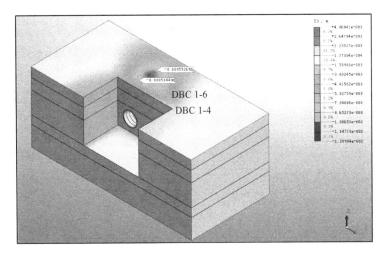

图3-47 数值分析沉降值

园博苑站～杏锦路站区间端头监测数据成果详见表3-7，监测结果表明，对端头加固范围进行优化后，盾构左线施工时端头监测数据均符合设计及标准要求。

园博苑站始发端监测数据表　　　　表3-7

编号	监测项目	最大累计变化量（mm）	最大变化速率（mm/d）	设计控制值		备注
				累计变化量(mm)	累计变化速率(mm/d)	
1	地表沉降监测	−4.70	−0.11	+10，−30	3	
2	地下管线监测	−1.23	−0.05	20	3	

3.9　本章小结

结合深圳地区盾构始发的地质特点和现场具体操作情况，采用冻结法加固地层，以确保盾构穿越上覆土层的稳定。

（1）考虑到工程背景为大口径盾构始发，故采用冻结板块＋门型棚拱综合冻结方案，以保证盾构机进入正常工况。本工程设计洞口冻土板块厚度为3.0m，封头冻土墙与盾构始发洞口四周的工作井地下连续墙搭接宽度取3.0m，棚拱厚度为2.5m；布置3排53个冻结孔，6个测温孔。并以Ansys软件模拟冻结温度场，进行各节点温度计算，得出上述冻结孔参数设计满足工程需求。

（2）在施工中，民治站～五和站隧道盾构出洞冻结加固板块内实际共布置4排冻结孔，共59个，比原设计增设了6个加强孔。工程需要对除测温孔以外所有冻结孔进行复压试验，以保证冻结管密封完好。民治站左线盾构出洞冻结加固经过钻孔、安装、冻结、拔管施工，盾构顺利出洞。

盾构区间端头加固目的在于加强端头土层强度及抗渗能力，对于强度较好的土体，端头加固更多的意义是增强土体的抗渗能力，防止在洞门破除期间出现涌泥涌水现象，从而导致施工事故。因此结合厦门地区施工实际情况，采用高压旋喷桩加固地层法，以确保盾构穿越上覆土层的稳定。

（1）厦门地区园博苑站～杏锦路站区间在园博苑站及杏锦路站基坑开挖过程中发现端头位置的地层情况较好，土体强度较高，通过科学的地质调查、合理的有限元计算，将加固范围由 10m 改为 3.2m，在盾构施工过程中发现加固优化对盾构施工无太大影响。

（2）合理的盾构始发、到达端头加固方案是影响盾构施工流畅、安全、经济的关键，在确保盾构施工安全的前提下，结合区间实际地质情况以及现场施工条件对原有端头加固方案进行优化修改可以达到简化工序、缩短工期、降低成本的效果。加固范围的缩减将最低限度地减小对车站其他工序施工的影响，并将大幅度降低施工成本，缩短施工周期，保证盾构掘进施工的安全质量。

第4章 软硬不均地层盾构机进出工作井研究

4.1 盾构吊装施工原则

为了确保盾构吊装施工的顺利进行,制定以下施工原则:

(1) 在吊装过程中,设专人专职进行指挥,挂钩、起重、落位、安装人员必须服从指挥,严格遵守吊装作业十不准原则:

① 指挥信号不明或乱指挥不吊;
② 超负荷不吊;
③ 工件坚固不牢不吊;
④ 吊物上面有人不吊;
⑤ 安装装置不灵不吊;
⑥ 工件未埋或埋设不准不吊;
⑦ 光线阴暗,看不清不吊;
⑧ 斜拉工件不吊;
⑨ 棱角件没有防护措施不吊;
⑩ 起重机支腿没有支牢实不吊。

(2) 汽车重机应符合下列规定:

① 作业前应全部伸出支腿,并采用方木或铁板垫实,调整水平度,锁牢定位销;
② 起重机吊装作业时,汽车驾驶室内不得有人,重物不得超越驾驶室上方且不得在车前区吊装;
③ 起重机作业时,重物应垂直起吊且不得侧拉,臂杆吊物回转时动作应缓慢进行;
④ 起重机吊物下降时必须采用动力控制,下降停止前应减速,不得采用紧急制动;
⑤ 当采用起重臂杆的副杆作业时,副杆由原来叠放位置转向调直后,必须确认副杆与主杆之间的连接定位销锁牢后,方可进行作业;
⑥ 起重机的安全装置除应按规定装设力矩限制器、超高限位器等安全装置外,还应装设偏斜调整和显示装置;
⑦ 起重机行驶时,严禁人员在底盘走台上站立或蹲坐,并不得堆放物件。

4.2 盾构吊装施工参数

本工程区间隧道采用厦工中铁生产的盾构机进行施工,岛外段盾构吊装在园博苑站盾构下井吊装、杏锦路站盾构上井吊装;岛内段盾构吊装在城市广场站盾构下井吊装、吕厝站上井吊装。盾构机参数如表 4-1 所示。

盾构机详细重量参数表　　　　　　　　　表 4-1

序号	部件名称	外形尺寸 （长×宽×高）(mm)	重量 (t)	数量 (个)	作业半径 (m)	设备额定起重量 (t)
1	刀盘	φ6480×1645	60	1	10	135.3
2	前盾	6450×6450×2926	110	1	10	135.3
3	中盾	6440×6440×3630	110	1	10	135.3
4	盾尾	6430×6430×4044.5	35	1	14	98.9
5	管拼机	5220×5047×3623.5	24	1	14	98.9
6	连接桥	12761.8×4870×3645.9	13	1	14	98.9
7	台车1	9400×4710×3390	22	1	14	98.9
8	台车2	12184×4530×3390 （包括外侧走台宽340）	32	1	主钩 10m， 副钩 15.1m	主钩 135.3t， 副钩 88.7t
9	台车3	10957.5×4440×3390 （包括外台侧走宽340）	20	1	14	98.9
10	台车4	10958×4735×3390 （包括外侧走台宽340）	23	1	14	98.9
11	台车5	10958×4450×3390 （包括外侧走台宽340）	20	1	14	98.9
12	台车6	10316×4624×3390 （包括尾架）	15	1	14	98.9
13	螺旋输送机	13236.5×1500×1775	25	1	主钩 10m， 副钩 15.1m	主钩 135.3t， 副钩 88.7t

4.3　吊装施工工艺流程

4.3.1　试吊装

在吊装前，检查吊车及吊具的性能，完全符合要求后先进行起重试吊，开始起吊时，应先将构件吊离地面 200~300mm 后停止起吊，并检查起重机的稳定性、制动装置的可靠性、构件的平衡性和绑扎的牢固性等，待确认无误后，方可继续起吊。已吊起的构件不得长时间停滞在空中。

4.3.2　盾构机下井吊装

盾构机下井吊装顺序为：始发架→6号台车→5号台车→4号台车→3号台车→2号台车→1号台车→桥架→螺旋机下井→中盾→前盾→刀盘→拼装机→盾尾→螺旋机安装。台车的下井按 6、5、4、3、2、1 的顺序下井，下井后置于轨道上由电瓶车拖至轨道后端依次连接。桥架和螺旋输送机下井后置于支架上，支架固定于管片车上，由电瓶车拖至台车内空间。

主机主要部件的下井顺序为：中盾→前盾→刀盘→拼装机下井→盾尾→螺旋机安装。盾构机主机下井、组装流程见图4-1。

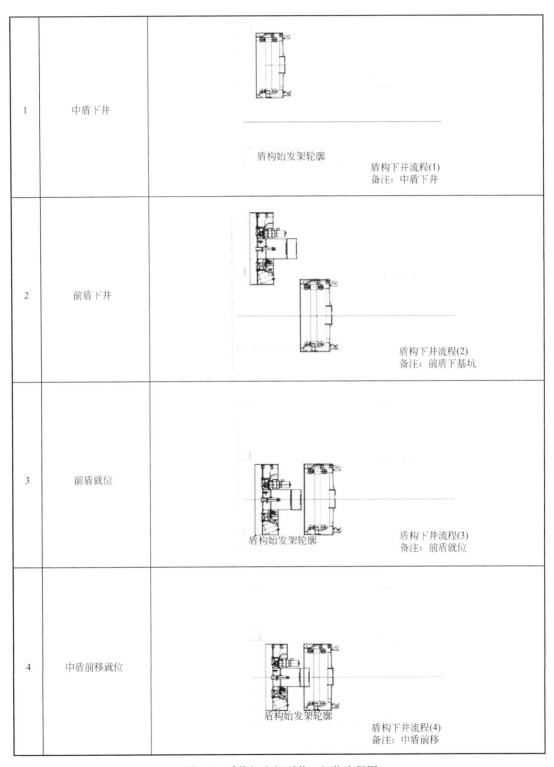

图4-1 盾构机主机下井、组装流程图

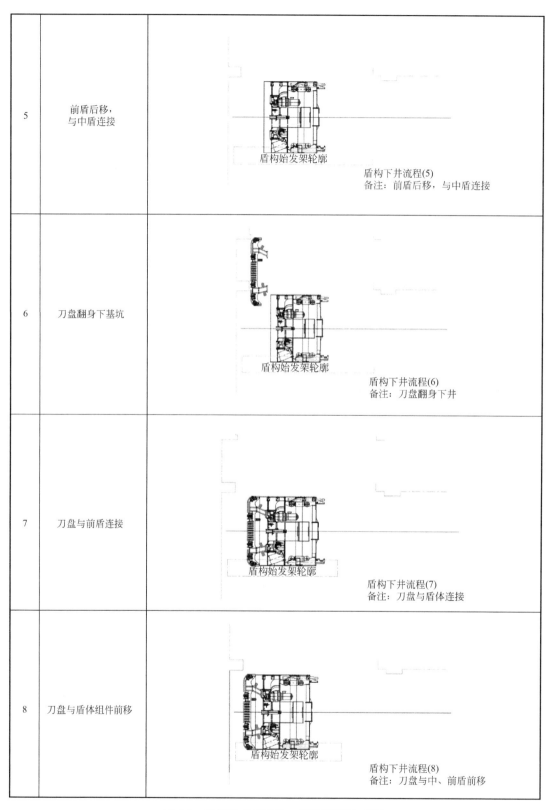

图 4-1 盾构机主机下井、组装流程图（续）

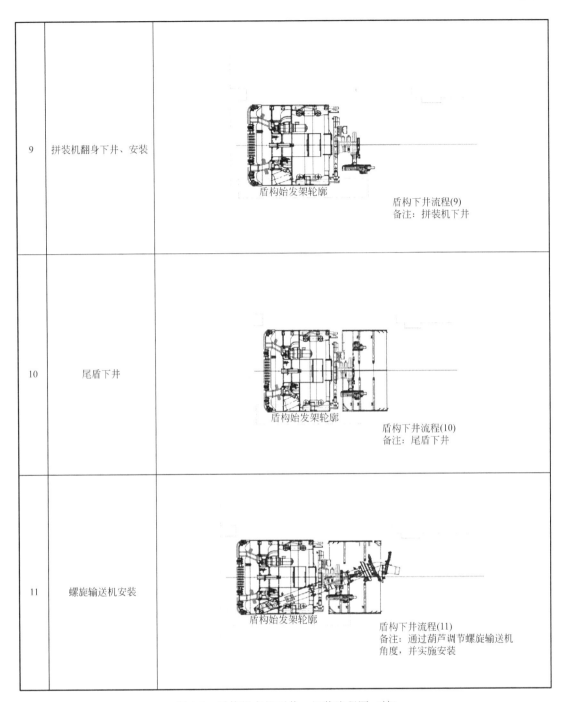

图 4-1 盾构机主机下井、组装流程图（续）

4.3.3 盾构机上井吊装

盾构机主机上井、组装流程见图 4-2。

盾构机主机上井后，进行后部配套设备的吊装上井工作，后配套上井顺序为：螺旋→机桥架→1号台车→2号台车→3号台车→4号台车→5号台车→6号台车。

1	螺旋机拆除	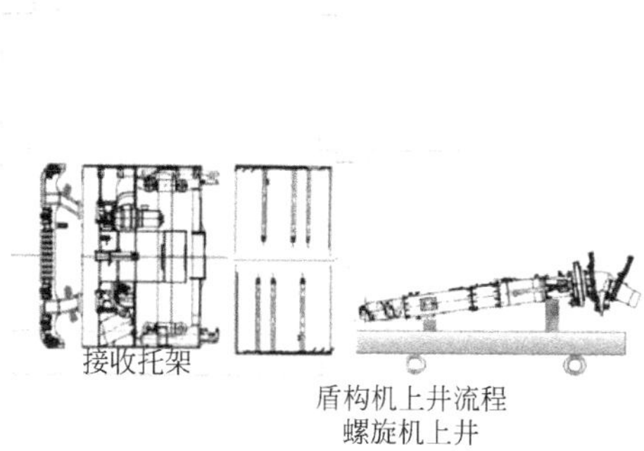 接收托架　　　盾构机上井流程 螺旋机上井
2	尾盾上井	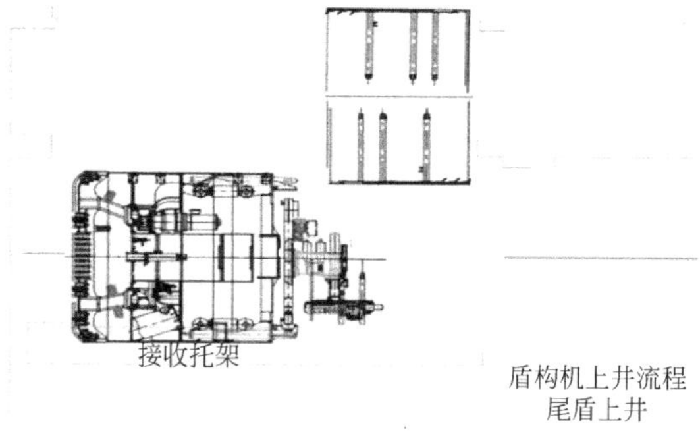 接收托架　　　盾构机上井流程 尾盾上井
3	拼装机上井	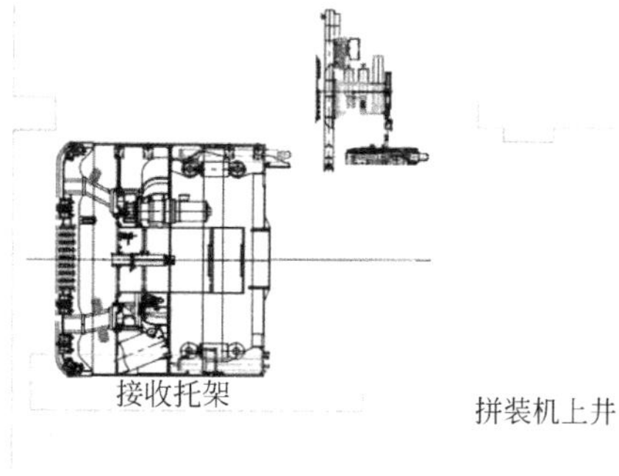 接收托架　　　拼装机上井
4	刀盘翻身上井	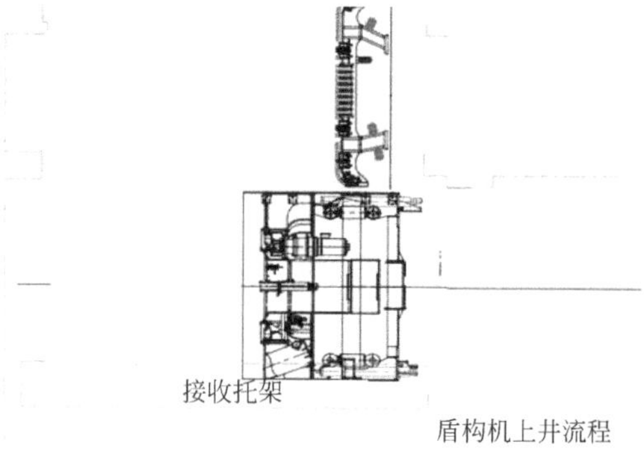 接收托架　　　盾构机上井流程

图 4-2　盾构机主机上井、组装流程图

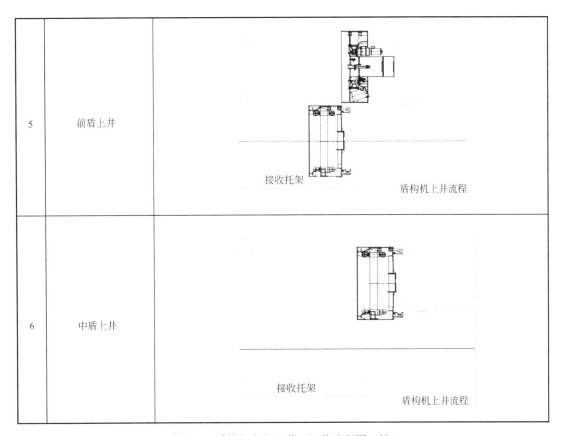

图 4-2 盾构机主机上井、组装流程图（续）

4.4 吊装场地布置

4.4.1 地面荷载承载力计算

对端头井吊装地面进行荷载计算，验算是否满足吊装要求。地面载荷按 260t 履带式起重机装最大重量部件时所承受的最大载荷计算。

主机质量 90t，车身配重 30t，转台配重 100t，中盾 110t，小计 330t。

260t 履带式起重机需要场地尺寸为 16m×35m。假设靠近基坑侧履带为后履带，履带式起重机两履带间距为 9m，吊臂工作半径为 10m，吊点与后支腿距离为 10－4.5＝5.5m，吊车重心与后履带距离为 4.5m，配重与后履带距离为 9m。设前履带承受荷载为 R_1，后履带承受荷载为 R_2。

吊车工作时以前支腿为支点计算力矩：

$-R_1 \times 9 + 100 \times 9 + 120 \times 4.5 = 110 \times 5.5$

计算出 R_1＝92.7（t），因为 R_1+R_2＝330（t），所以 R_2＝237.3（t）。

支腿下打脚钢板面积为：9.0m×2.0 m×2＝36（m²），则支腿对地面最大压力通过打脚板传到钢板上，P 为 2370/36＝65.9（kPa）＜75（kPa）（一般设计值），地基承载力经原设计单位复核确定，满足吊装要求，见图4-3。

4.4.2 场地布置

根据起重机规格尺寸及工作性能参数，260t 履带式起重机工作需要场地面积：35mm×15m；500t 汽车式起重机需要场地面积：24m×18m；130t 汽车式起重机需要场地面积：16m×11m。

吊装场地范围先浇筑 10cm 垫层（采用 C30 混凝土），在其上方浇筑 30cm 厚 C30 混凝土路面（铺设有 $\phi 16@200 \times 200$ 钢筋网片）。

盾构吊装时，在履带式起重机每个支腿支撑点下铺设 $9.2m \times 2.2m \times 20mm$（厚）钢板，钢板位于履带正

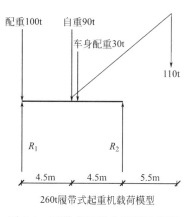

图 4-3 履带式起重机计算示意图

中心，钢板下铺设 10cm 厚粗砂，通过钢板→粗砂→混凝土路面将荷载均匀扩散至深层地基土上。园博苑站右线下井时，围挡需扩宽 4m，保证 260t 履带式起重机或 500t 汽车式起重机施工旋转空间。如图 4-4、图 4-5 所示。

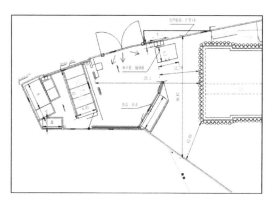

图 4-4 园博苑站始发端平面布置图

图 4-5 杏锦路站接收端平面布置图

4.5 下井吊装技术

4.5.1 主机下井

（1）卸车过程：运输车运送盾构主机进场后，260t 履带式起重机将主机卸车。

（2）260t 履带式起重机盾构大件翻身工况：260t 履带式起重机主钩半径控制在 10m，主钩额定载荷为 135.3t，副钩半径为 15.1m，副钩额定载荷为 88.7t，满足翻身要求。

盾构机翻身过程：260t 履带式起重机主钩先将盾构部件单独从运输车吊至地面后落稳，将 260t 履带式起重机主钩、副钩的钢丝绳挂在盾构件上，主钩缓慢上升，副钩缓慢下降，最终将盾构件平衡落位。履带式起重机主副钩复合吊装作业时按平稳、同步、协调的原则进行。

（3）下井过程：由 260t 履带式起重机主钩单独将盾构吊起。主吊选用 260t 履带式起

重机，起重作业半径为10m，臂长为24m主臂，主钩有效起重量为135.3t，按额定重量的80%计算为108t，可以满足要求。

（4）钢丝绳选用：直径65mm、长9m的2对，直径46mm、长9m的2对。卸扣选用：55t的卸扣4个，35t的卸扣4个。

详见图4-6～图4-13。

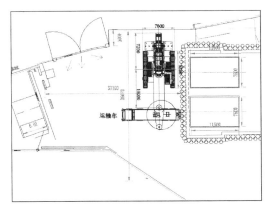

图4-6 园博苑站右线盾构机大件卸车图

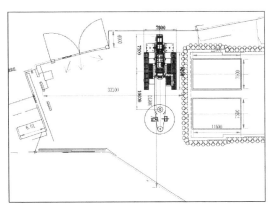

图4-7 园博苑站右线盾构机大件翻身图

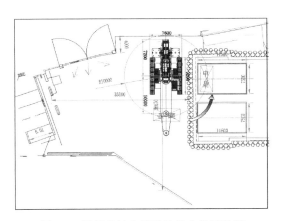

图4-8 园博苑站右线盾构机大件下井图

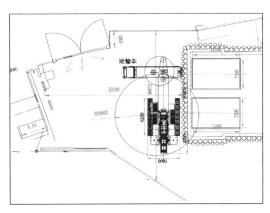

图4-9 园博苑站左线盾构机大件卸车图

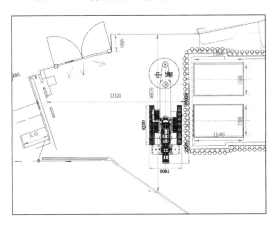

图4-10 园博苑站左线盾构机大件翻身图

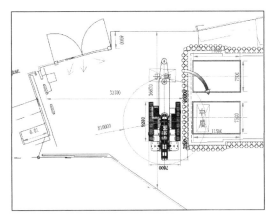

图4-11 园博苑站左线盾构机大件下井图

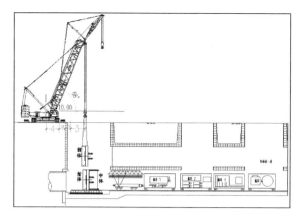

图 4-12　大件下井立面图

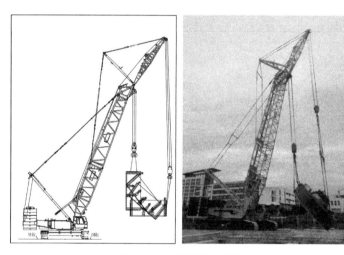

图 4-13　大件翻身立面图

4.5.2　后部配套台车设备下井

（1）台车最重为 2 号台车 32t，2 号台车超长，采用 260t 履带式起重机主副钩配合下井，吊装下井时，主钩工作半径为 10m，副钩工作半径为 15.1m，臂长：主臂 24m＋副臂 9m，主钩有效起重量为 135.3t，副钩有效起重量为 88.7t，可以满足要求。吊装 2 号台车时，台车最近端距离履带式起重机主臂为 2.8m，主臂仰角 60°，符合吊装要求。

其他台车最重为 23t，不超长，采用 260t 履带式起重机副钩下井吊装，吊装下井时，副钩工作半径为 16m，采用专业副臂下井，副钩有效起重量为 81.2t，可以满足要求。吊装不超长台车时，台车最近端距离履带式起重机主臂为 6m，主臂仰角 60°，吊具选用 9m 长钢丝绳 4 根，钢丝绳与吊件夹角为 67°，符合吊装要求。

（2）钢丝绳选用：直径 46mm、长 9m 的 2 对。卸扣选用：25t 卸扣 4 个。

详见图 4-14～图 4-16。

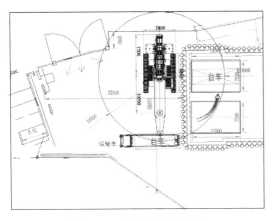
图 4-14 右线台车下井图

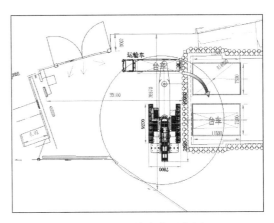
图 4-15 左线台车下井图

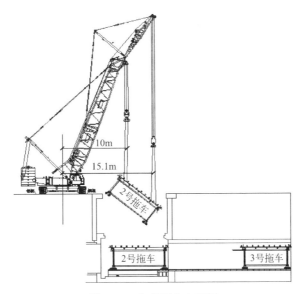
图 4-16 台车下井立面图

4.6 上井吊装技术

4.6.1 主机上井

(1) 上井过程：由 260t 履带式起重机主钩单独将盾构大件吊起。主吊选用 260t 履带式起重机，起重作业半径为 10m [大件中心距离端头墙 2m，围护结构宽 2m，履带式起重机中心至履带外侧 4.5m，（2＋2＋4.5）＜10m]，臂长：24m 主臂＋9m 副臂，主钩有效起重量为 135.3t，按额定重量的 80% 计算为 108t，大件拆除至 108t 以内，可以满足要求。

(2) 盾构机翻身过程：260t 履带式起重机主钩先将盾构部件单独从盾构井吊至地面后落稳，将 260t 履带式起重机副钩的钢丝绳挂在盾构件侧边 2 只吊耳上，副钩缓慢上升,主钩缓慢下降,最终将盾构件平衡落位。履带式起重机主副钩复合吊装作业时按平稳、同步、协调的原则进行。260t 履带式起重机盾构大件翻身工况为:260t 履带式起重机主钩半径控制在 10m,主臂夹角为 68°。主钩额定载荷为 135.2t,副钩半径为 15.1m,副钩额定载荷为 88.7t,满足翻身要求。

(3) 钢丝绳选用:直径 65mm、长 9m 的 2 对;直径 46mm、长 9m 的 2 对。卸扣选用:55t 的卸扣 4 个,35t 的卸扣 4 个。

详见图 4-17~图 4-20。

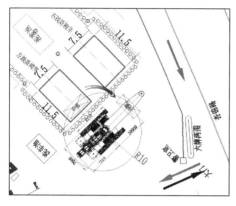

图 4-17 杏锦路站左线盾构机大件上井图

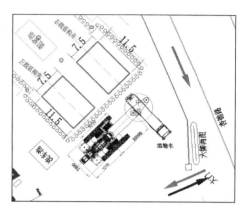

图 4-18 杏锦路站左线盾构机大件翻身、装车图

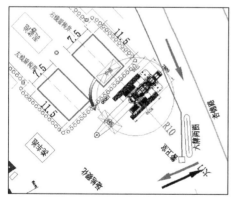

图 4-19 杏锦路站右线盾构机大件上井图

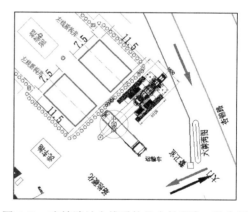

图 4-20 杏锦路站右线盾构机大件翻身、装车图

4.6.2 后部配套台车设备上井

(1) 台车最重为 32t,采用 260t 履带式起重机主、副钩配合下井,主钩半径控制在 10m,副钩工作半径为 15.1m,臂长:主臂 24m+副臂 9m,主钩有效起重量为 135.3t,副钩有效起重量为 88.7t,可以满足吊装要求。

(2) 钢丝绳选用:直径 43mm、长 9m 的 2 对。卸扣选用:25t 的 4 个。

详见图 4-21、图 4-22。

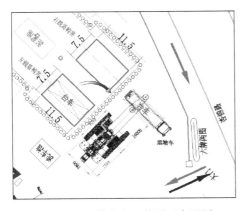

图 4-21　左线台车上井平面布置图

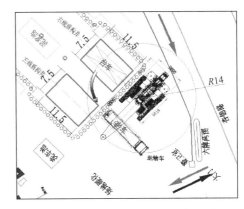

图 4-22　右线台车上井平面布置图

4.7　盾构机组装施工工艺流程

5号拖车→4号拖车→3号拖车→2号拖车→1号拖车→设备桥（含皮带机）→螺旋输送机下井→拆除前端轨道→中盾→前盾（含人员仓）→主机前移→安装管片拼装机→安装盾尾临时支撑→盾尾下井→盾尾后移→主机后移→安装刀盘→主机前移→尾盾前移→敷设轨道至盾尾→螺旋输送机安装→拆除盾尾内轨道→盾尾前移并安装→反力架→设备桥与主机连接→空载调试→安装负环管片。

4.8　盾构机后部配套设备组装

首先进行端头始发井内拖车及后配套轨道铺设，变频机车（充电）、管片小车下井，将拖车由水管卷筒处分为前后两节并在地面安装轮对、附属风管吊机及支架并紧固螺栓，然后把后部平台吊装下井置于管片小车上，并向后拖。

主框架吊装下井，并与后部连接，之后整体吊起，将管片小车拖至后边；用变频机车拖拉5号拖车到靠后的位置。

（1）5号拖车组装：5号拖车下井前，拆掉左侧外部走台。下井后向后拖至明挖区靠后的位置，见图4-23。

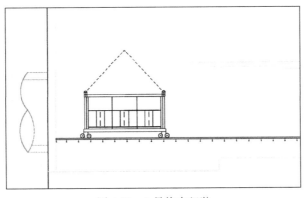

图 4-23　5号拖车组装

（2）4号拖车组装：拆掉左侧外部走台，4号拖车下井后向后拖至5号拖车处，见图4-24。

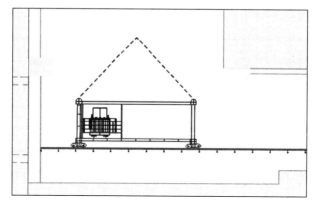

图4-24　4号拖车组装

（3）3号拖车组装：3号拖车下井前，拆掉左侧外部走台，下井后向后拖至4号拖车处，见图4-25。

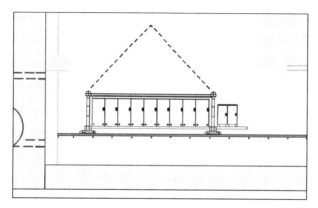

图4-25　3号拖车组装

（4）2号拖车组装：用260t履带式起重机主钩副钩配合吊装2号拖车。拖车后端向下，前端朝上，直至与水平面夹角成50°时，缓缓吊入下井口下井，下井后向后拖至3号拖车处，见图4-26。

（5）1号拖车组装：下井后向后拖至2号拖车处，见图4-27。

（6）设备桥组装（图4-28）：

提前做好支撑设备桥前端的支撑，并焊接在管片小车上，移动到竖井前端。由于井口长度不足，设备桥下井前利用260t履带式起重机主钩与副钩配合，调整至与水平面成50°夹角（前端翘起）时，调入下井口下井。设备桥吊装下井后先与1号拖车连接固定。然后把设备桥前端用做好的支撑固定在管片小车上。用变频车拖动设备桥和1号拖车后移至指定处存放。

（7）拖车连接并整体后移，设备桥前端距离井轴线约17m。

（8）拖车连接，管线连接设备桥下井后，连接液压、气、水、电气、泡沫、膨润土等管路。

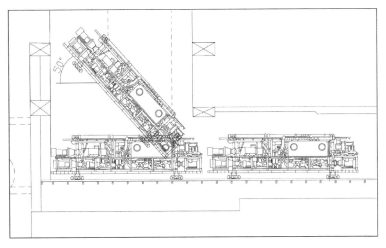

图 4-26　2 号拖车组装

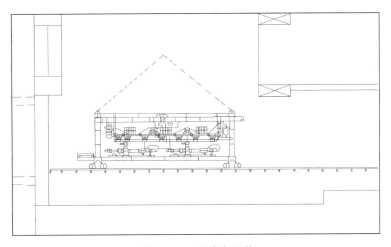

图 4-27　1 号拖车组装

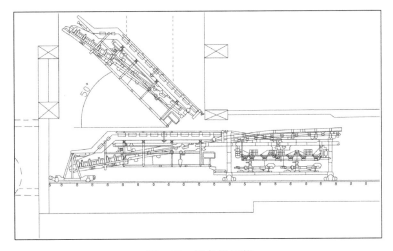

图 4-28　设备桥组装

（9）螺旋输送机下井：用260t履带式起重机的主钩与副钩配合吊装螺旋输送机，直至螺机与水平面夹角成45°（前端朝上）时，吊入下井口下井。待螺机后端越过地下一层后进入地下二层时，整体后移，有足够位置后松副钩，在螺机处于水平位置后，缓慢放置于预先准备的管片小车支撑上并后移至明挖区，见图4-29。

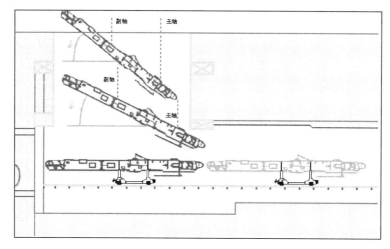

图4-29　螺旋输送机下井

（10）拖车始发架拆除，轨道拆出并吊出。

4.9　盾构机主机组装

（1）主机组装准备：主机组装用始发架下井并精准定位；盾体下井前清洁结合面并焊接垫块，以调整盾壳直径差别；盾尾临时使用支撑制作并安装，以及盾体前移反力座制作。

（2）中盾组装：采用260t履带式起重机主钩和副钩配合，在地面将中盾翻转，翻转后吊装下井。保证前盾与竖井边沿之间留出4100mm的距离，见图4-30。

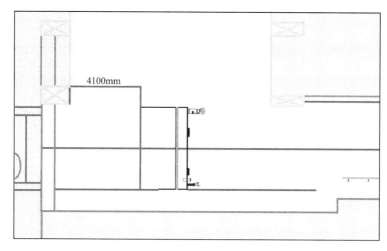

图4-30　中盾组装

(3) 前盾组装：采用 260t 履带式起重机主钩和副钩配合，在地面将前盾翻转，翻转后吊装下井。在人仓穿入中盾以后，慢慢压近、压紧。注意：在吊装状态安装中盾与前盾连接螺栓及密封，并用风动扳手紧固 4 个角后吊车松钩，见图 4-31。

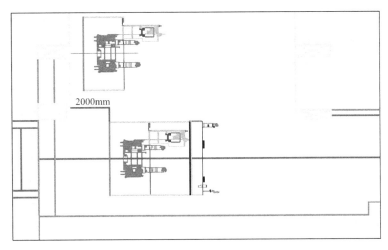

图 4-31　前盾组装

(4) 管片拼装机安装：用 260t 履带式起重机平稳吊起管片拼装机，下井后与中盾米字梁的底板配合安装到位，见图 4-32。

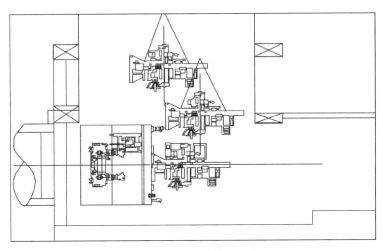

图 4-32　管片拼装机安装

(5) 尾盾下井：尾盾下井后由洞口向里推 1.5m 放置，见图 4-33。

(6) 刀盘安装：尾盾推到预定位置后，将前盾与中盾一起向后推，推至离竖井前边沿 2m 处。采用 260t 履带式起重机主钩和副钩配合，在地面翻转刀盘，翻转后吊装下井。安装刀盘与主驱动连接螺栓，紧固 4 颗后，吊车松钩，见图 4-34。

(7) 螺旋输送机安装：拼装机安装完成后将刀盘、前盾、中盾一起推至洞门口，将尾盾推至与中盾距离 900mm 处，铺设配套轨道，将螺旋输送机平推至盾壳内，用 260t 履带

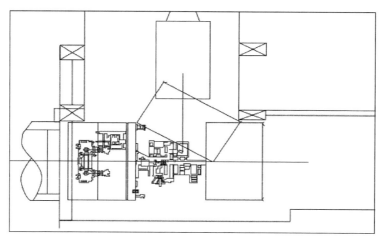

图 4-33　尾盾下井

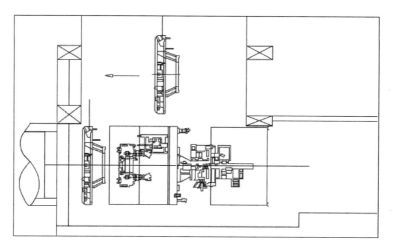

图 4-34　刀盘安装

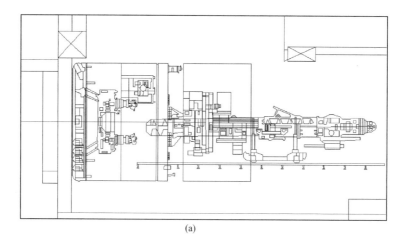

(a)

图 4-35　螺旋输送机安装

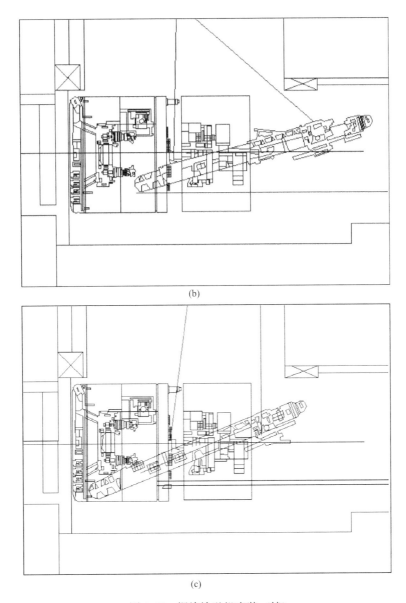

图 4-35 螺旋输送机安装（续）

式起重机的主钩副钩分别吊起螺旋输送机前后两端，移走管片小车。然后前端用 10t 捯链、后端用吊车多次调整，将螺旋输送机安装到位，随后安装螺机拉杆，并调整拉杆位置，将螺机座螺栓紧固，最后将管片小车吊出，见图 4-35。

（8）盾尾安装：螺机安装完成后，用手拉葫芦拉盾尾前移，前移过程中注意保护止浆板及压板，避免挂伤。最后安装铰接油缸撑靴，见图 4-36。

（9）拖车轨道铺设，后配套前移并与主机连接，见图 4-37。

（10）后配套与主机管线连接，反力架安装，见图 4-38。

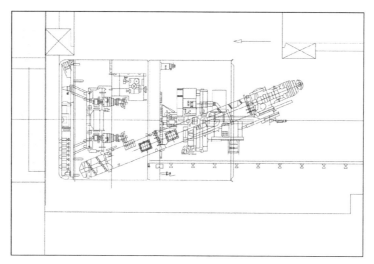

图 4-36 盾尾安装

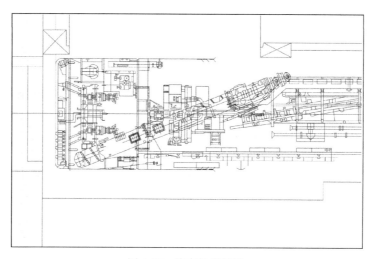

图 4-37 拖车轨道铺设

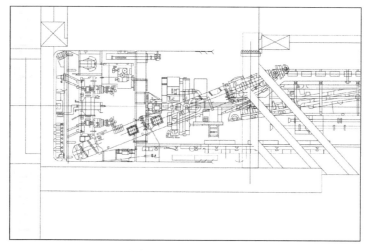

图 4-38 反力架安装

4.10 调试

对液压和电气等关键部件进行压力设定、功能检测。调试内容为：
(1) 推进系统测试：推进速度、油缸压力监测。
(2) 刀盘驱动系统测试：正转、反转功能、最大速度、速度调节、压力等是否正常。
(3) 液压泵站测试：检查液压油过滤、循环系统。
(4) 管片安装系统测试：各自由度功能检测、抓取管片功能检测。
(5) 注浆泵系统测试：各功能是否达到性能要求，换向和调速是否正常。
(6) 其他辅助液压系统测试。
(7) 管片吊机功能测试。
(8) 齿轮油循环系统测试：是否正常，检查液位报警功能等。
(9) 盾尾油脂注入系统测试：工作压力是否正常，自动工作情况是否合理。
(10) 主轴承 HBW 系统测试：工作压力是否正常，并将刀盘前部油脂注满。
(11) 油脂密封系统是否正常并且将油脂注满主轴承，直至溢出，测量压力是否达到要求，控制部分功能是否正常，小油脂桶液位连锁功能是否正常。
(12) 测试空气加压系统的控制部分是否正常，压力是否正常。
(13) 水循环系统能否工作，主驱动部分流速是否达标，压力是否正常。
(14) 整机联动控制是否正常，各环节在控制室的控制情况是否正常。
(15) 盾构机故障显示测试。注意：认真记录测试数据，填写检测报告。
(16) 调试人员配置（表4-2）。

调试人员配置表 表4-2

	机械工程师	电气工程师	技术工人
白班	1人	1人	2名液压钳工、2名维保人员
夜班	1人	1人	2名液压钳工、2名维保人员

4.11 应急措施

1. 施工人员物体打击及高空坠落

物体打击或高空坠落可能造成的伤害有：颅脑损伤、胸部创伤（如肋骨骨折）、胸腔储器损伤、腹部创伤等。当发生物体打击事件和有人自高处坠落摔伤时，应注意保护摔伤及骨折部位，避免不正确抬运使骨折错位造成二次伤害，并及时向工地负责人报告，拨打急救电话"120"或送医院救治，送医途中不要乱转病人头部，应将病人头部略抬高，防止呕吐物吸入肺内。抢救过程中尽快将事故情况向项目部应急处理小组汇报，应急处理小组到达事故现场指挥抢救，根据事故情况大小向上级主管部门、安全检查、公安部门报告并按规定填写安全事故报告书。

2. 盾构运输交通事故

设备运输过程中发生交通事故，向交警部门、项目经理及相关人员报告，在医疗部门人员到达现场之前，事先到达事故现场的应急救援力量应当按照救护操作规程，对伤情危急的伤员进行止血、包扎等紧急处置。急救、医疗部门人员达到现场后，由急救、医疗人员组织抢救受伤人员，公安部门积极协助运送伤员，必要时征用过往车辆。

3. 起重机倾覆、吊钩脱落、钢丝绳断裂导致吊装物散落

（1）应急处理

当发生大型起重机械和高耸设备、设施倾覆事故时，本着先救人的原则抢救，立即报告应急处理小组组长，在不伤及被压人员的前提下，迅速调用现场起重机、起重工具或破割工具进行抢救，当被压人员救出后，根据情况立即采用心肺复苏法或创伤急救等方法进行抢救，对伤势较重伤员组织将其送至医院抢救。

对事故现场由应急处理小组安排人员进行看护，对现场进行围栏，防止无关人员进入危险区域。当发生吊钩脱落造成人员受到伤害和财产受到损失时，首先立即封锁现场，排除隐患，避免人员受到次生伤害，然后第一时间抢救伤员，并按程序上报消防、公安等相关单位，请求外界支援；若没有人员伤亡，找出事故原因，分析并做好应急施工的准备工作。

（2）预防措施

① 吊车作业时，必须在专人指挥下进行，做到定机、定人、定指挥。严格控制吊车回转半径，避免触及周围建筑物与高压线。严禁高空抛物，以免伤人。

② 吊装施工交底工作必须由当班施工员根据当时的施工条件及作业环境、生产条件进行安全交底，并要有记录。

③ 起吊前应有专人对起重机吊具、吊点进行检查；检查中如果发现吊具存在问题，应立即更换后再进行起吊；如果检查中发现吊点设置不符合标准，应整改合格后再进行起吊。吊放过程中，在高空拆换吊点钢丝绳时必须佩戴安全带。

④ 使用钢丝绳时，必须检查有无毛刺断丝，防止伤手并同时掌握其断裂破损情况以确定是否可用，或调换新绳。

⑤ 钢丝绳须防止锈蚀，按期涂油保养，并置放于干燥处。

⑥ 起重机驾驶员在每次开动起重机前应放出预报音响信号。

⑦ 当起重机悬空吊重时，突然发生机体故障、不能将重物放下时，起重机驾驶员必须随时报请管理部门或现场负责人立刻将重物周围区域隔离。

⑧ 起吊作业时，当所吊物品在其他物件上部移动时，必须从比其他物件至少高出50cm的上空越过。起吊过程中严禁交叉作业。

⑨ 禁止利用吊钩或在吊升物件上带乘人员上下，在悬空的物料上不得站人；起重机作业时，任何人均不得在吊杆（起重臂杆）下面站立或通过，以防吊杆跌落发生危险。

⑩ 当起重机距离重物较远，斜拉吊钩起吊、形成斜吊是极其危险的，应绝对禁止，斜吊不但会使重物摆动或与其他物件碰撞，同时还有可能造成起重机翻车的严重事故。

⑪ 在起吊过程中，无论是两台起重机合作还是一台起重机单独作业，仅限一名指挥员指挥起重机作业，其他任何人不得发出带有指挥意义的信号。

⑫ 起重机驾驶员、指挥员、起重工必须持证上岗。

⑬ 起吊过程中需设专人疏散无关人员，设置警戒线，任何与起吊作业无关的人员严禁进入警戒线以内。

第 5 章 软硬不均地层盾构始发与接收技术研究

5.1 研究背景与意义

随着城市的发展，城市轨道交通的线路选择受规划及现有建（构）筑物的制约，导致地铁线路的线型越来越复杂，不可避免地存在越来越多的平面小曲率半径线路。小半径曲线盾构始发、接收与常规盾构始发、接收相比存在一定的特殊性，在盾构施工中小曲线半径始发、接收是盾构掘进过程中的重点，也是盾构施工中的技术难点：①盾构机掘进时隧道轴线控制难度大，纠偏困难；②对地层扰动大，容易产生较大的地面沉降；③管片之间容易发生错台，管片容易产生开裂和破损；④漏水现象严重。

由于盾构机盾壳为刚性盾体，盾构机在进入洞之后至盾体完全进入土体之前无法进行曲线掘进，在盾体长度范围内只能进行直线推进，同时受始发结构等因素的影响，通常按照设计轴线始发将无法满足小曲线半径始发的要求，所以必须对始发方向进行一定的调整，保证盾体完全进入土体开始进行纠偏时盾构机不至于偏离设计轴线太远。接收时为了保证盾构机顺利通过洞门钢环，不至于偏离轴线太多，保证盾构机盾壳不与车站端头侧墙结构产生摩擦，造成侧墙损坏，因此接收时在盾体长度范围内只能进行直线推进。

本章节将对盾构小曲线半径始发中始发点和始发方向的选择以及盾构小曲线始发中需注意的技术难点进行分析总结。结合园博苑站~杏锦路站区间小半径盾构始发及接收，以现场实际情况提出创新的盾构小半径始发及接收技术。

5.2 小曲线半径始发与接收技术方案设计

园博苑站~杏锦路站盾构区间线路出园博苑站后左右线分别以 330m、350m 半径向右偏转，然后以直线穿越杏锦路，最后以 380m 半径向左偏转进入杏锦路站。线路自始发即为小曲线半径，接收端亦处于较小半径线路上，对始发及接收的技术要求高。

5.2.1 始发方案设计

园博苑站~杏锦路站盾构区间始发端头井位于园博苑车站大里程端，洞门钢环的外径为 6800mm，在车站主体结构施工阶段，按照设计图纸要求进行了钢环的预埋。受浇筑荷载等因素影响，左线洞门钢环中心点水平往右偏移 20cm，右线钢环中心点与设计值相仿，如图 5-1、图 5-2 所示。

（1）左线受洞门钢环偏移影响，为保证盾构机整体进洞后水平姿态能在最短时间纠偏回设计轴线，将盾构机刀盘中心点位置置于设计轴线与钢环中心点之间，刀盘中心点与钢环中心点水平距离为 15cm，盾构机尾部中心点与钢环中心点水平距离为 5cm，如图 5-1 所示。

（2）右线洞门钢环中心点与设计轴线重叠，为保证盾构机整体进洞后水平姿态与设计轴线相契合，将盾构机刀盘中心点位置置于设计轴线上，即刀盘中心点与钢环中心点水平距离为 0cm，盾构机尾部中心点与钢环中心点水平距离为 20cm，如图 5-2 所示。

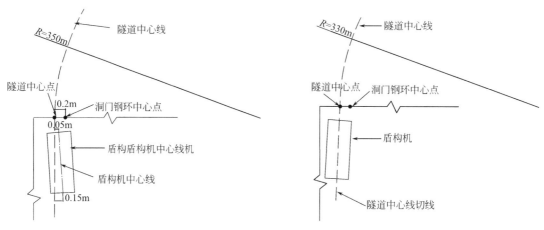

图 5-1　左线洞门始发盾构放置示意图　　　图 5-2　右线洞门始发盾构放置示意图

5.2.2　接收方案设计

园博苑站~杏锦路站盾构区间接收施工流程如图 5-3 所示。

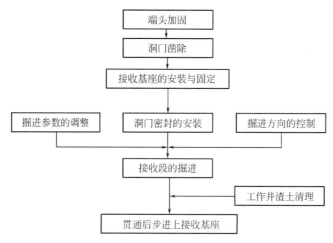

图 5-3　接收施工流程图

在盾构推进至盾构机到达施工范围时，对盾构机位置进行准确测量，明确成洞隧道中心轴线与隧道设计中心轴线的关系，同时对接收洞门位置进行复核测量，确定盾构机贯通姿态及掘进纠偏计划。在考虑盾构机贯通姿态时须注意两点：一是盾构机贯通时中心轴线与隧道设计轴线的偏差,二是接收洞门位置的偏差。综合这些因素,在隧道设计中心轴线的基础上进行适当调整,纠偏逐步完成。

5.3 理论分析与计算

5.3.1 始发分析与计算

1. 盾构机位置

盾构机位置包括盾构机平面位置和盾构机立面位置,通过盾构机刀盘中心点及盾构机盾尾中心点位置确定盾构机的平面位置。一般来说,盾构机平面位置由隧道轴线决定,在直线型隧道轴线中,一般将盾构中心点置于隧道轴线上;在曲线型隧道轴线中,将盾构中心点置于隧道轴线切线上(图5-2),保证盾构机始发阶段即处于隧道轴线上,减少盾构机掘进过程的姿态纠偏次数。

洞门钢环一般在车站主体结构施工阶段进行预埋,受车站主体结构施工质量的影响,有时会出现洞门钢环中心点偏离设计点的情况,当洞门钢环偏离量过大时,会导致盾构机刀盘中心点无法置于设计轴线或设计轴线切线上。园博苑站~杏锦路站区间左线洞门钢环中心点水平往右偏移200mm,则:

设计中心点离洞门钢环左侧距离 $L_{左}=6800/2-200=3200$(mm);

盾构机刀盘中心点离刀盘左侧距离 $L_{盾}=6450/2=3225$(mm)。

因 $L_{盾} > L_{左}$,若盾构机刀盘中心点设于隧道中心点,将使盾构机刀盘与洞门钢环相冲突,导致盾构机无法始发进洞。

受洞门中心点偏移影响,盾构机刚一进洞即处于纠偏过程,为保证最快速度将盾构机纠偏至设计轴线上,盾构机刀盘中心点与设计中心点距离 L 越小越好,考虑刀盘与洞门钢环的冲突问题,$L \geqslant L_{盾}-L_{左}=25$(mm),留出一定的操作空间,确定 $L=50$mm。

厦门轨道交通1号线盾构管片为通用型管片,每两环的最大超前量为70mm,即平均每环最大超前量为35mm,若盾构机水平姿态向右纠偏的幅度过大,则会使盾尾间隙越来越小,导致管片衬砌产生渗水、破裂等缺陷,因此每1.2m(1环管片长度)盾构掘进施工水平最大拐弯量不能超过35mm,即 $a \leqslant 35$mm,为了保证最快速度实现盾构机的纠偏,确定 $a=35$(mm)。

如图5-4所示,盾构机为刚体,在小范围掘进时呈直线走向,园博苑站~杏锦路站左线刚一进洞即为小半径曲线($R=350$m),为保证盾构盾体整体进洞后盾头位置处于设计曲线上,需要对盾构机进行纠偏,水平纠偏量为:

$x/9.6=9.6/700$,$x=0.1317$(m),$x'=x+0.05\text{m}=0.1817$(m)。

即盾构前八环每环需要向右位移 $x_1=181.7/8=22.7$(mm),才能保证盾构机盾体整体进洞时盾头水平位置处于设计轴线上,且 $x_1 < a$,满足要求。

2. 反力架、负环管片位置的确定

作为提供盾构始发推进反力的结构物,反力架与负环管片的位置是影响盾构机姿态的重要因素,若反力架与负环管片的位置不当,轻则盾构机姿态难以控制,重则导致管片大面积碎裂,造成重大质量事故。因此需要对盾构机反力架、负环管片的位置进行理论计

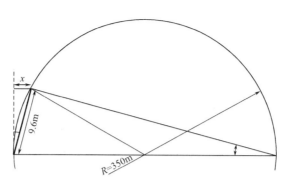

图 5-4 割线始发计算示意图

算,保证其安放位置准确。

(1) 反力架、负环管片位置的确定依据

反力架位置主要依据洞口第一环管片的起始位置、盾构的长度以及盾构刀盘在始发前所能到达的最远位置确定。

(2) 负环管片环数的确定

区间盾构始发井长度为 13.799m,盾构长度 9.358m(包括刀盘)。第一环管片的起始里程 $D1S$ 需要通过联络通道的位置反推,管片环宽 $WS=1.2$m。DR 为反力架端部里程,N 为负环管片环数。

端头井起始里程 DF:YDK20+565.620,区间联络通道中心里程:YDK20+700.902;联络通道中心点与隧道起点的距离:YDK20+565.620−YDK20+700.902=135.282(m)。

联络通道到隧道起点管片环数:135.282/1.2=112.735(环);园博苑站第一环管片起始里程 $D1S$=YDK20+565.620+(135.282−112×1.2)= YDK20+566.502;负环管片环数最少为 $N1=(DF-D1S+9.358)/1.2=7.06$(环),最多为 $N2=(D1S-DF+13.799-1)/1.2=11.4$(环);负环管片环数可以选择 9 环(含 0 环)。

则反力架端部里程 $DR=D1S-9×1.2$=YDK20+555.702;

则反力架与车站端墙距离为 $DF-DR$ = YDK20+565.620−YDK20+555.702=9.918(m)。

3. 始发掘进参数的初步设定

盾构区间刚一始发,掌子面与临空面未完全隔绝,受临空面影响,盾构掘进各项参数无法稳定,如何根据区间条件选择合适的始发参数影响盾构施工的安全与质量。始发掘进阶段主要技术参数设置见表 5-1。

掘进阶段主要技术参数表　　　　表 5-1

盾构推力 (kN)	刀盘转速 (rpm)	推进速度 (mm/min)	扭矩 (kN·m)	土仓压力 (bar)	刀盘驱动功率 (kW)
5000~7000	0.5~1	7.5~16	1000~1500	0.5~0.8	157~209

本标段采用土压平衡的掘进模式。土压平衡模式掘进有以下特点:将刀盘切削下来的渣土充满土仓,并通过推进操作产生与土压力和水压力相平衡的土仓压力来稳定开挖面地

层和防止地下水渗入。该掘进模式主要通过控制盾构推进速度和螺旋输送机的排土量产生压力,并通过测量土仓内土压力随时调整、控制盾构推进速度和螺旋输送机转速。在该掘进模式下,刀盘和螺旋输送机所受的反扭力较大。故该掘进模式适用于不能稳定的软土和富水地层。

(1) 土仓压力值 P 的选定

P 值与地层土压力和静水压力相平衡,设刀盘中心地层静水压力、土压力之和为 P_0,$P_0 = \gamma \cdot h$(γ——土体的平均重度,h——刀盘中心至地表的垂直距离),则 $P = K \cdot P_0$,(K——土的侧向静止土压力系数)。

盾构在掘进过程中根据表 5-2 取得平衡压力的设定值,在具体施工时,根据盾构所在位置的埋深、土层状况及地表监测结果进行调整。

在盾构推进中,地表沉降与工作面稳定关系及相应技术对策见表 5-2。

地表沉降与工作面稳定关系及相应对策表　　　　表 5-2

地表沉降信息	工作面状态	P 与 P_0 关系	措施与对策	备注
下沉超过基准值	工作面塌陷与失水	$P_{max} < P_0$	增大 P 值	P_{max}、P_{min} 分别表示 P 的最大峰值和最小峰值
隆起超过基准值	支撑土压力过大,土仓内水进入地层	$P_{min} > P_0$	减小 P 值	

(2) 出渣量的控制

每环理论出渣量(实方)为:

$(\pi \cdot D^2) L/4 = (\pi \times 6.48^2) \times 1.2 \div 4 = 39.56$(m³/环)。

盾构推进出渣量控制在 98%～102%,即 38.76～40.34(m³/环)。

(3) 刀盘转速

盾构刚一进洞,土仓内未存渣土,刀盘扭矩较低,将其控制在 1000～1500kN·m,为尽快建立土仓压力,土仓渣土需要多存少出,故刀盘转速控制在 0.5～1rpm,确保刀盘切削土体的效率。

(4) 推进速度

掘进速度及推力的确定以保持土仓压力为目的,根据施工实际情况确定并调整掘进速度及推力。正常情况下为 20～40mm/min。

(5) 盾构轴线及地面沉降控制

盾构轴线偏离设计轴线不大于±50mm,地面沉降控制在 -30～+10mm。

5.3.2 到达分析与计算

接收基座的中心轴线应与隧道设计轴线一致,同时还需要兼顾盾构机出洞姿态。接收基座的轨面标高除适用于线路情况外,适当降低 15mm,以便盾构机顺利上基座。为保证盾构刀盘贯通后拼装管片有足够的反力,将接收基座以盾构进洞方向+3‰的坡度进行安装。要特别注意对接收基座的加固,在接收井预埋钢板与接收架焊接,并利用工字钢等材料将接收托架支撑在接收井的混凝土结构上,尤其是要加强纵向加固,保证盾构机顺利到达接收基座上,如图 5-5 所示。

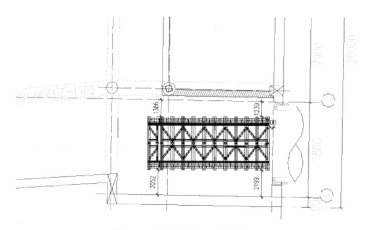

图 5-5 盾构接收基座定位图

5.4 施工技术要点

5.4.1 施工准备

1. 洞门密封装置安装

（1）洞门钢环预埋

洞门钢环外径为 6800mm，环向每 5 度预埋螺栓 1 个，共计 72 个。在盾构井主体结构施工阶段，按照设计图纸要求进行钢环预埋。盾构始发井衬砌绑扎钢筋至洞门位置时，将已分块制作好的洞门钢环精确定位后焊接在端墙钢筋上，同时在钢环内安设支撑，防止在混凝土浇筑时洞门钢环发生变形，环板必须牢固地嵌入混凝土且单面紧靠模板，灌注混凝土时不得松动而影响使用。在施工过程中，钢环位置的纵向偏差为 3mm，低于标准偏差 5mm。洞门钢环结构示意图见图 5-6。

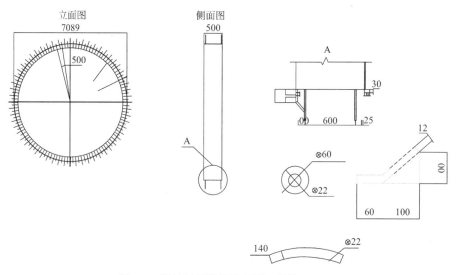

图 5-6 洞门钢环结构示意图（单位：mm）

(2) 洞门预埋钢环的保圆措施

① 环状钢板加工完成后内部必须采用型钢定形。定形型钢在钢板环预埋完成后再去掉。

② 在预埋浇筑混凝土时，预埋钢环内部必须支撑牢固，以免钢环变形。

(3) 洞门密封装置安装

为防止盾构始发掘进时泥土、地下水等从盾壳与洞门的间隙处流失，在盾构始发时需安装洞门临时密封装置，密封由帘布橡胶、扇形压板、折叶板、垫片和螺栓等组成。施工分两步进行，第一步在始发端墙施工过程中，埋设好始发洞门预埋钢环；第二步在盾构始发前，安装洞口密封铰接压板及橡胶帘布板。

盾构机进入预留洞门前，在刀盘外围和帘布橡胶板外侧涂润滑油脂，防止盾构机刀盘磨损帘布橡胶板从而影响密封效果。洞门密封见图5-7。

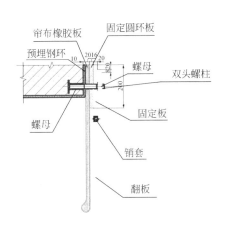

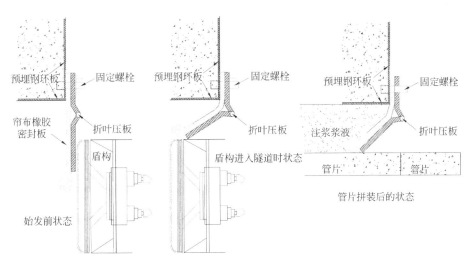

图 5-7 始发洞口密封示意图

2. 反力架及支撑系统安装

反力架采用组合钢结构件，便于组装和拆卸；反力架结构根据土建结构进行设计；反力架提供盾构机推进时所需的反力，因此反力架须具有足够的刚度和强度；反力架支撑系统将盾构推力作用到土建结构上，支撑提供的反力满足要求，且支撑有足够的稳定性，反力架支撑全部采用水平撑支撑在轨排井边墙上。

反力架、始发台的定位与安装在盾构主机与后配套连接之前，开始进行反力架安装。安装时反力架与车站结构连接部位的间隙要垫实，以保证反力架脚板有足够的抗压强度。

盾构始发姿态是空间结构，反力架靠盾尾侧平面要基本与盾尾平面平行，即反力架形成平面与盾构机推进轴线垂直。反力架横向和竖向位置保证负环管片传递的盾构机推力准确作用在反力架上。安装反力架时，首先用全站仪测定水平偏角和位置，然后将反力架整体组装，并由组装门吊配合校正其水平偏角和倾角，在定位过程中利用捯链和型钢等工具配合。最后经测量无误后将其焊接固定。在安装反力架时，反力架左右偏差控制在±10mm 以内，高程偏差控制在±5mm 以内，上下偏差控制在±10mm 以内。始发台水平轴线的垂直方向与反力架的夹角＜±2‰，盾构姿态与设计轴线竖直趋势偏差＜2‰（且盾尾只能向上偏），水平趋势偏差＜±2‰。为保证盾构推进时反力架横向稳定，用型钢对反力架进行横向固定。

由于反力架和始发台为盾构始发时提供初始的推力及初始的空间姿态，在安装反力架和始发台时，反力架左右偏差控制在±10mm 以内，高程偏差控制在±5mm 以内，上下偏差控制在±10mm 以内。始发台水平轴线的垂直方向与反力架的夹角＜±2‰，盾构姿态与设计轴线竖直趋势偏差＜2‰，水平趋势偏差＜±3‰。详见图 5-8、图 5-9。

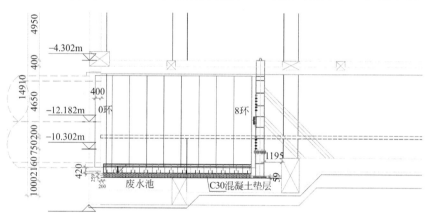

图 5-8　负环与反力架位置关系图（单位：mm）

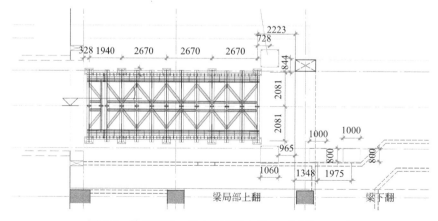

图 5-9　始发基座、反力架定位大样图（单位：mm）

反力架提供盾构机进时所需的反力，因此反力架须具有足够的刚度和强度。将反力架放在始发竖井的坑中，调整好位置后，与车站结构体之间用 I18 工字钢支撑。为保证盾构推进时反力架横向稳定，用型钢对反力架的支撑进行横向固定。反力架安装示意图见图 5-10。

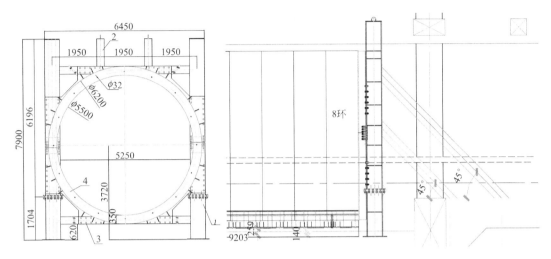

图 5-10　反力架支撑加固示意图（单位：mm）

3. 轨道安装

（1）洞门内导轨安装

在洞门内，始发主体结构的宽度为 800mm，在盾构进洞过程中，为了防止盾构刀盘下沉，在洞门密封圈内侧铺设两根导轨，导轨高度略低于始发支座导轨，长度不得损坏洞门密封，并需要焊接牢固，防止盾构掘进时将其破坏，从而影响盾构的正常掘进。导轨位置以始发台滑轨延伸对应的位置为准。导轨由 50kg/m 的钢轨制作。盾构主机放在始发基座上，盾构主机中心线重叠隧道中心线。

（2）车站底板及洞内轨道安装

车站底板段轨道采用 16b 槽钢为轨枕；洞内轨道采用 14b 槽钢制作，水平布置间距为 1m。安装要求为：

① 轨道铺设要求平、直、顺。轨道采用 P50 钢轨。轨枕配件齐全并与轨型相符，轨道接头的间隙不得大于 5mm，高低和左右偏差≤2mm。

② 轨道间距：电瓶车内轨间距为 900mm、台车轨道间距为 2180mm。轨距偏差为 −2～+5mm。

③ 电瓶车轨道 2 条轨顶面高低差≤5mm。台车轨道 2 条轨顶面高低差≤5mm。

④ 隧道内轨枕用翼型轨枕，隧道外轨枕用 16b 槽钢。轨枕间距为 1000mm，轨枕间距偏差为 −50～+50mm，轨枕必须与轨道固定牢固，且垂直于轨道。

⑤ 轨道铺设应平整、牢固。井下轨道保证与地面龙门吊轨道垂直或平行，避免吊装时出现转角。

⑥ 夹板螺栓须有平垫、弹簧垫，螺母拧紧。

⑦ 轨距拉杆轨道接缝处每侧设置一根，所有螺栓连接部位全部涂油。轨道接缝处下

方必须设置轨枕。

4. 负环拼装

负环管片为负环钢筋混凝土管片。负环管片为 350mm 厚，内径为 5500mm，外径为 6200mm，环宽为 1200mm。

首先根据工作井的长度及设计洞口永久防水混凝土环梁的宽度确定钢后背的厚度以及需要拼装的负环管片数量。盾构机经调试验收确认正常，钢推垫安装完毕及其他准备工作（洞门凿除、管路连接）全部完成后进行初始掘进负环拼装。负环拼装第一环必须注意断面的圆度以及与隧道轴线的垂直度，为整环拼装做准备。

一般情况下，负环管片在盾壳内的正常安装位置进行拼装。在安装负环管片前，为保证负环管片不破坏盾构机尾部的密封刷，保证负环管片在拼装完成后能顺利向后推进，在盾壳内安设厚度不小于盾尾间隙的圆钢或槽钢，以使管片在盾壳内的位置得到保证，见图 5-11。

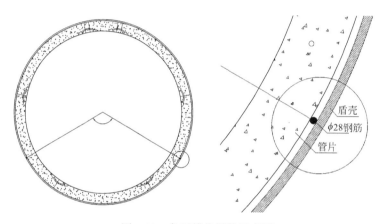

图 5-11 负环管片拼装示意图

第一环管片拼装完成后，将管片连接螺栓拧紧，操作盾构机的千斤顶向后推出，将第一环管片向外推出，距离达到可以拼装下一环时停止推进，拼装该环管片。如此循环，直到第一环负环管片被推出盾构壳体，此时应将螺栓复紧，然后用手拉葫芦将管片上部拉紧以防止管片向外侧张开，拉紧时须控制好管环直径，避免过紧或过松；另外在管片外侧即管片与盾构基座之间楔入木楔子以固定管片。

当盾构机尾部完全进入洞口后，将洞口扇形钢板落下紧贴管片，并上紧螺栓以防止同步注浆时浆液从洞门泄漏。拼装时应对管片的拼装质量（圆正度、管片间轴向错茬等）严格控制，从而保证管片质量。

在拼装负环管片的同时，为防止负环管片失圆，将-8 环管片的外侧钢筋保护层破除，采用钢筋将管片与反力架焊接成整体，同时-6 及-7 环各块管片也通过预埋钢板连接成整体。具体布置形式见图 5-12。

5. 洞门凿除

城市广场站围护结构采用直径 1000mm 的钻孔灌注桩，桩间距为 1200mm。洞门与围护结构关系，见图 5-13。

洞门凿除前已经完成盾构始发端端头加固施工，并已经达到设计强度。

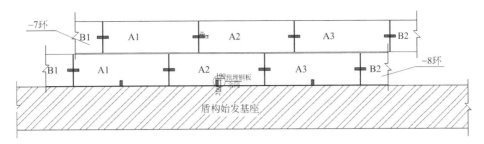

图 5-12　盾构始发负环管片预埋钢板安装示意图

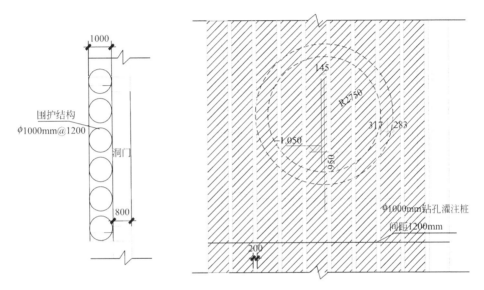

图 5-13　洞门与围护结构关系图（单位：mm）

在洞门凿除钢筋混凝土前，在洞门上开 9 个样洞以便观察，见图 5-14，孔径 5cm，孔深 2~3m，探孔后，要求各孔出水量总和小于 0.03m³/d，汇水总量不得超过 20L/h。孔洞无泥沙流出等异常现象发生。在盾构始发前，对地基加固情况进行垂直取芯检测。洞圈下部 1.0m 范围取出的芯体基本都能成柱状体，具有一定的强度，加固后土体有良好的均匀性、自立性、密封性，加固体无侧限抗压强度不小于 0.8MPa，渗透系数不大于 10^{-7}cm/s。并布设掌子面超前探孔，探孔长短孔结合，以不影响加固体封闭效果为宜，在确保土体稳定下方可破除洞门。

图 5-14　水平探孔开设样图

当加固土体达不到设计要求时，采取注浆或复喷等方式补强。

利用水平探孔芯样检查车站围护结构与加固体之间是否存在缝隙，如果存在缝隙，应采用注浆或二次加固处理。

洞门凿除分两次进行，待盾构始发条件验收完成后进行第一次洞门破除，洞门采用人工凿除，将洞门划分为 9 部分，凿除时按编号顺序先上后下、先中间后两侧进行作业。凿除钻孔桩表面喷射混凝土，割除钻孔桩表面钢筋网，破除围护结构的钻孔桩护壁混凝土，割除围护结构的钻孔桩护壁钢筋。第一次洞门凿除结束后，观察洞门掌子面的渗水情况，决定是否进行补充注浆；若水流量较大，则采用双液浆进行注浆加固。

二次凿除是在盾构机始发前进行，采用人工凿除，依照洞门破除先后顺序从上往下凿除桩身混凝土；同时割除桩身钢筋，将洞门周围钢筋修整切割圆顺，尽量缩短洞门土体支撑时间。

在洞门凿除过程中，设专人注意观察洞门掌子面的渗水及稳定情况。

洞门凿除保持连续施工，尽量缩短作业时间，以减少正面土体的流失量。在整个作业过程中，由专职安全员进行全过程监督，杜绝安全事故隐患，确保施工安全，同时安排专人对洞口上的密封装置做跟踪检查。在洞门破除后，应及时始发掘进，防止洞门壁后土体暴露时间过长，引起土体不稳定坍塌。

5.4.2 盾构机始发

1. 盾构机掘进参数初步设定与控制

盾构机组装调试完成后，将盾构隧道前 100m 作为盾构运行的调试磨合阶段。100m 试掘进分为两个阶段，即前 50m 试掘进、50～100m 试掘进。

（1）隧道前 50m 掘进作为盾构运行的调试磨合阶段

1）参数设置

由于在始发阶段受到始发平台、反力架的限制，推力不宜过大，另外为保持洞门周边地层的稳定，盾构扭矩、刀盘转速都不宜过大，见表 5-3。

前 50m 试掘进的掘进参数表　　表 5-3

推力(kN)	扭矩(kN·m)	刀盘转速(rpm)	土仓压力(bar)	备注
3000～6000	0	0	0	盾构在始发基座
6000～8000	500～1000	0.9～1	0.5～0.9	刀盘进入加固体
8000～9000	2000～3500	1～1.3	0.6～1.0	正常地层

2）试验段试验内容

① 对盾构机各部件、管线的工作状态进行调整；

② 确定推进速度、推力、扭矩等各种施工参数与设计参数的关系；

③ 通过地层情况对同步注浆压力、注浆量、浆液的初凝时间及配合比进行摸索，掌握其规律；

④ 了解地层特点与相应的加膨润土、加泡沫等添加剂的关系；

（2）始发完成后，根据前 50m 试掘进段经验适当调整掘进参数

1）参数设置

50～100m 试掘进的掘进参数设置见表 5-4。

前 50～100m 试掘进的掘进参数表　　表 5-4

推力(kN)	扭矩(kN·m)	刀盘转速(rpm)	土仓压力(bar)	备注
10000～14000	2000～3000	1.0～1.5	0.6～1.0	

2）试验段试验内容

① 确定水、土压力与各施工参数、地面变化的关系；

② 通过监测，研究地面沉降与推进参数的关系；测试地表隆陷、地中位移、管片受力、建筑物位移等，对试验段掘进得到的有关技术资料进行详细分析，以掌握不同地层中各种推进参数和工况条件下的地层位移规律和结构受力状况，以及施工对地面环境的影响，并及时反馈调整施工参数。

2. 始发掘进阶段的测量

始发掘进前，在主体结构中板的适当位置安装激光测站及后视棱镜托架，利用井下控制点和井下高程控制点引测出激光站点和后视棱镜三维坐标，引测时仰角不大于8°，高程测量独立测量三次，测得的高差≤±5mm。

始发掘进阶段，利用井下控制点对盾构姿态进行人工复测，及时将人工复测的数据与导向系统记录的数据进行比较，当差值较大时，用全站仪对激光站和后视棱镜点坐标进行检查，修改导向系统中的设置参数，以确保掘进过程中盾构姿态的正确。盾构姿态人工复测每10环复测一次。在掘进到100m时，进行一次包括联系测量在内的地下导线复测。

3. 负环拆除

当盾构掘进到84环后（可以容纳后配套设备长度时），即在里程为ZDK8+863.442时拆除负环。盾构掘进至此处时，安装的管片产生的摩擦力足够提供盾构施工推力；负环拆除时需要停止掘进，将反力架、始发台、负环管片拆除，重新布置轨线施工。负环拆除时注意事项为：

（1）拆除负环前，首先对1~10环管片采用4道槽钢或钢筋将其连接成整体加固，防止管片松弛；连接方式为将1cm厚钢板做的吊耳连接在管片螺栓上，然后用10号槽钢或$\Phi 28$钢筋将吊耳焊接在一起。

（2）负环拆除每次只能拆除一块，从邻接块开始拆除；0环管片在洞门施工前拆除。

（3）管片拆除前先凿开吊装螺栓孔，由管片外侧向内侧安装长杆吊装螺栓。

（4）最先拆除第一环管片时，先用吊车吊好管片，吊稳后拆掉所有的连接螺栓，再用门吊缓慢匀速的将管片吊起。

（5）顶部管片拆除时，先安装好吊装螺栓，用门吊将管片吊稳后，拆掉纵向螺栓，松开环向螺栓，缓慢地将管片提起一定的高度，并用手拉葫芦链逐步调整管片的姿态。

（6）拆除前必须对所有施工人员进行安全培训，并严格按照高空作业规程施工，专职安全员全过程监控。

（7）所有吊装机具在使用前必须由项目安全负责人进行认真检查，钢丝绳、卸扣等不得有损伤。吊装螺栓加工质量必须通过设备物资部检查。所有吊装机具在使用前必须通过安全质检部检查才能施工使用。

5.4.3 盾构机接收

1. 盾构到达地位及接收洞门复核

在盾构推进至盾构到达前100m施工范围时，对盾构机的位置进行准确测量，明确成洞隧道中心轴线与隧道设计中心轴线的关系，同时对接收洞门位置进行复核测量，确定盾构机的贯通姿态及掘进纠偏计划。考虑盾构机贯通姿态时须注意两点：一是盾构机贯通时中心轴线与隧道设计轴线的偏差，二是接收洞门位置的偏差。综合这些因素，在隧道设计中心轴线的基础上进行适当调整，纠偏逐步完成。

2. 到达端洞门处理

（1）当盾构机靠近端头时，加强对土体的观测。

（2）在盾构刀盘抵达端头时，停止盾构推进，通过盾构机上的超前注浆系统（注浆口在盾构中体上，距离刀盘 3.5m）对盾构外侧注浆，对盾构壳体与围岩间隙进行填充。注浆完毕后，确认盾尾没有水往土仓流动时，方可继续掘进。

（3）洞门密封安装：

① 埋设洞口钢环。在出洞端墙施工过程中，埋设出洞洞门预埋件。在埋设过程中预埋件必须与端墙结构钢筋连接在一起。

② 安装洞门防水装置。为防止在洞门破除时渣土损坏帘布橡胶板，洞门防水装置在洞门第一次破除、渣土被完全清理干净后安装。盾构正式出洞前，完成洞口密封活页压板及洞门帘布橡胶板等临时密封装置的安装，并在活页压板上焊好吊环，用钢丝绳穿过吊环将各活页压板串接并在两侧拉紧。

当盾构前体盾壳被推出洞门时，通过压板卡环上的钢丝绳调整折叶压板使其尽量压紧帘布橡胶板，以防止洞门泥土及浆液漏出。在管片拖出盾尾时再次拉紧钢丝绳，使压板能压紧橡胶帘布，让帘布一直发挥密封作用。

密封橡胶帘布示意图见图 5-15。

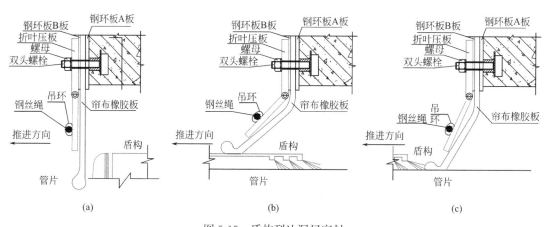

图 5-15 盾构到达洞门密封
(a) 盾头未到前；(b) 盾尾未出前；(c) 盾尾出来后

③ 洞门凿除：

洞门凿除分两次进行，待盾构接收条件验收完成后进行第一次洞门破除，洞门采用人工凿除，将洞门划分为 9 部分，凿除时按先上后下、先中间后两侧进行作业。凿除连续墙表面喷射混凝土，割除钻孔桩连续墙表面钢筋网，破除连续墙护壁混凝土，割除连续墙护壁钢筋。第一次洞门凿除结束后，观察洞门掌子面的渗水情况，决定是否进行补充注浆；若水流量较大，则采用双液浆进行注浆加固。

二次凿除是在盾构机接收前进行，采用人工凿除，依照洞门破除先后顺序从上往下凿除连续墙混凝土；同时割除连续墙钢筋，将洞门周围钢筋修整切割圆顺，尽量缩短洞门土体无支撑时间。

在洞门凿除过程中，设专人注意观察洞门掌子面的渗水及稳定情况。洞门凿除保持连续施工，尽量缩短作业时间，以减少正面土体的流失量。在整个作业过程中，由专职安全员进行全过程监督，杜绝安全事故隐患，确保施工安全。

3. 接收施工参数控制

（1）盾构机姿态控制

在盾构推进至盾构到达范围时，对盾构机的位置进行准确的测量，明确成洞隧道中心轴线与隧道设计中心轴线的关系，同时对接收洞门位置进行复核测量，确定盾构机的贯通姿态及掘进纠偏计划。在考虑盾构机的贯通姿态时注意两点：一是盾构机贯通时的中心轴线与隧道设计轴线的偏差；二是接收洞门位置的偏差。综合这些因素，在隧道设计中心轴线的基础上进行适当调整。纠偏要逐步完成，每一环纠偏量不能过大。盾构机到达前 50m 地段即加强盾构姿态和隧道线形测量，及时纠正偏差，确保盾构顺利地从到达口进入，并根据实测的车站洞门位置调整隧道贯通时的盾构机刀盘位置。隧道贯通时其刀盘平面偏差允许值：平面≤±20mm、高程≤±50mm，盾构坡度比设计坡度略大 0.2%。

（2）到达掘进参数控制

盾构机进入到达段后，首先减小推力、降低推进速度和刀盘转速，控制出土量并时刻监视土仓压力值，避免较大的地表隆陷。贯通前 5 环，进一步降低盾构掘进推力，掘进推力维持在 400t 左右，推进油缸压力不大于 4MPa，掘进速度控制在 5～10mm/min，刀盘转速设为 1r/min。在掘进的同时要注意维持土仓内的压力值，一般情况下土压应控制在 0.6～0.8bar。无论在何种情况下，推进油缸压力均不能大于 5MPa（特别是管片正在安装时）。

盾构机刀盘距离洞口 20m 时，在掘进过程中派监测人员时刻观察车站洞口的情况。如果发现土体有较大的振动时，立即通知洞内盾构机进一步降低推力、刀盘转速及推进速度，避免由于刀盘前部土体较薄、盾构机扰动过大造成刀盘前部形成坍塌。

在到达阶段要密切关注盾构机推进系统的推进速度和推进压力以及掘进出土情况，当发现推力突然降低、渣土粒径突然变大、推进速度同时加大的情况时，必须立即停机。

5.5 小结

（1）园博苑站～杏锦路站盾构区间施工实践表明，采用割线始发能有效地解决小半径曲线盾构始发端洞门偏位问题，通过几何模拟及计算，确定盾构始发架在盾构井的摆放位置，能使盾构机在始发阶段拟合隧道设计轴线，减少施工质量问题。

（2）始发到达阶段的计算不仅计算始发架/接收架的摆放位置，还包括负环环数、反力架位置及相关施工参数，在始发及到达之前需进行相关计算，才能获得施工所需的数据，指导现场施工。

通过前期科学的计算及合理的理论分析，为现场实际施工提供必要的施工数据，避免施工的盲目性及随意性，最大限度地提高盾构成型隧道的施工质量，提高盾构领域的技术水平。

第6章 软硬不均地层盾构遇球状风化体处置技术研究

6.1 研究目的与意义

花岗石风化土中一般存在未完全风化的球状风化体，业内俗称孤石，在地铁盾构施工中比较常见。孤石的空间分布一般呈随机性分布，目前工程领域的地质勘察技术尚未具有成本较低且行之有效的技术手段可以完全探测清楚施工范围内孤石的空间分布。

孤石一般为中风化或微风化花岗岩，强度与其周围地层强度相比差异巨大，在盾构掘进过程中若未对孤石进行预处理，往往会对盾构机刀盘造成损坏，影响盾构机正常施工，对施工单位造成经济损失，有时更会造成地面沉降异常，影响施工周边建（构）筑物的安全。因此，孤石已经成为地下隧道盾构施工的天敌之一，如何经济、科学地处理孤石，避免孤石对盾构施工造成质量、安全及经济上的影响，是盾构施工必然面临的一个问题。

6.2 球状风化体探测技术研究

6.2.1 概述

深圳地铁5号线民治站～五和站区间采用盾构法施工，从民治站始发，五和站接收。盾构穿越地层分布极不均匀，主要穿越砾质黏土、全风化、中风化、微风化花岗石和球状风化体，其中微风化花岗石总长度约300m，局部为全断面岩层。隧道上覆地层厚度变化大，为11.5～33.0m。一般覆土薄的洞身地层较软弱，覆土厚的洞身地层较硬。本场地地下水按赋存条件主要为孔隙水，孔隙水主要赋存在残积层中。

根据岩土工程详勘报告，本工程所处的环境条件、地质条件和地下结构具有特殊性，决定了该区间施工过程中具有的特点和难点。由此，主要进行深圳地铁5号线民治站～五和站区间探地雷达试验研究，以期为复杂条件下深圳地铁民治站～五和站区间盾构施工提供理论依据和指导作用。

6.2.2 不同探测方法比较

组成地壳的不同岩土在电性、磁性、密度、放射性等方面存在差异，这些差异将会引起相应地球物理场变化。地球物理勘探是通过专门的仪器，观测这些地球物理异常，取得它们（在时间和空间上）的分布及形态等有关的地球物理资料，然后结合已知地质资料进行分析研究，推断地下地质构造或者确定岩土介质的性质。

地球物理勘探简称物探，目前越来越多的单位应用物探手段解决工程与环境中的有关工程地质问题。与其他勘探方法（如钻探）相比，物探方法具有设备轻便、投入费用少、勘察速度快等优点，并且能对场地进行连续勘探，反演解释生成剖面图，能更好地了解和掌握地质构造分布情况。工程中使用的地球物理勘探方法简称工程物探，是物探技术发展的一个新领域。工程物探常见的方法有高密度电法勘探、浅层地震勘探、探地雷达等。

高密度电法勘探主要根据地下地质对象的电阻率差异，通过仪器测量电场情况研究电场分布规律，了解地下地质体状况，从而达到勘探目的。场地要有电性差异，主要应用于寻找金属及非金属矿产、煤田和地下水等领域。本方法探测深度较深，可达数十至数百米；横向和纵向分辨率取决于电极距和网格大小，通常在 $1\sim 5m$，分辨率低。可见该方法不适用于本工程项目。

浅层地震勘探是地球物理勘探方法中的一种重要方法，主要利用人工激发的弹性波在岩石中传播的规律，了解地下地质情况。由于浅层地震勘探只能接收到中、低频成分的地震波，通常信号频率范围为 $30\sim 300Hz$，相对于电磁信号，地震波频率低，因而分辨能力低。

探地雷达是一种高分辨率探测技术，可以对浅层地质问题进行详细填图。在工程地质勘探、地质灾害调查和公路工程质量检测等领域得到广泛应用。

综上所述，可见：高密度电法勘探深度能达到，但风化球与周围地层电性差异不明显，探测精度和分辨率难以保证，不可用；地震勘探深度能达到，但由于风化球为离散状分布，规模较小，波阻抗差异小，因此地震勘探探测精度和分辨率满足不了工程要求，不可用；探地雷达探测精度和分辨率较高，只要风化球在 30m 以内探测效果好，是本工程的有效探测方法。

6.2.3 探地雷达技术研究现状

探地雷达的发展起源于国外，将雷达技术用于探测地下目标体的试验始于 20 世纪初。1910 年，Letmbach 和 Lowy 在一项德国专利中提出用埋设在一组钻孔中的偶极天线探测地下相对高导电性质的区域，正式提出探地雷达概念。1926 年 Hulsenb.eck 第一次利用电磁波在穿越地下介电常数不同的介质时发生反射，由此可以探测地下目标，并使用脉冲技术探测埋藏介质中的结构物。1960 年，Cook 用脉冲雷达在矿井中做试验，但因地下介质远比空气等介质具有强得多的电磁波衰减特性，加上地下介质的多样性，波在地下的传播特性远比在空气中复杂得多，因此早期的探地雷达仅限用于探测波吸收很弱的冰层和岩盐矿等。1974 年，Unterberger R. R. 利用雷达波探测盐矿中的夹层等，随着电子技术的发展及现代数据处理技术的应用，1970 年，探地雷达的应用从冰层、盐矿等弱耗介质扩展到土层、煤层、岩层等有耗介质。探地雷达的应用范围迅速扩大，现已覆盖公路及隧道的无损检测、考古、矿产资源勘探、岩土勘查、建筑物的地基勘探等众多领域，并开发了用于地面、钻孔与航空卫星上的探地雷达技术。近年来随着时域电磁波理论、电子技术和计算机技术的发展，世界上出现了研制探地雷达的热潮。许多研究机构正在进行探地雷达研究工作，例如美国 Ohio 州立大学电子工程系的 C. C. Chen 等都是该领域的著名教授，在探地雷达探测地雷、未爆炸武器等方面做出突出贡献。美国 Duke 大学、Lawrence Livermore 国家实验室等机构也在进行探地雷达的研究。此外，欧洲也有很多国家开展对探地雷达的研究，例如荷兰 Delft 大学承办 2004 年探地雷达国际会议，研究各种体制的探地雷达。意大利的 JRC（联合研究中心）、瑞典的 FOA 及 Chalmers 大学、德国的 Saint.Louis 研究所、英国的 Liverpool 大学以及挪威科技大学、挪威地质研究所等机构都在进行探地雷达的研究。大洋洲主要有澳大利亚 Queensland 大学等机构进行探地雷达的研究。在亚洲，日本的 NTT.Kyoto 大学、Niigat 等大学和一些机构也在进行探地雷达方面的研究。自 20 世纪 90 年代中期，学术界对探地雷达的研究兴趣日益浓厚，每年有大量的研究论文发表。全世界已有多个涉及探地雷达的国际学术会议，例如探地雷达年会，SPIE 有分会和期刊专门讨论探地雷达问题，全世界每年有 300 多项与探地雷达有关的专利。目前，国际上有多个厂家或公司提供面向不同应用的探地雷达产品与服务，目前市场上的探地雷达产品主要有美国劳雷公司的 SIR 系列和加拿大 Sensor & Software 公司的 EKKO 系列。

我国探测雷达技术的研究起步较晚，所使用的雷达设备大多从国外引进。1983 年铁道部引进第一台探地雷达 SIR，用于道路厚度检测和脱空识别等，并在探地雷达理论和应用研究与推广上做了大量工作。中国地质大学（武汉）在国家自然基金委的资助下，从 1990 年开始，在两年半的时间内对 8 个省、自治区和直辖市的 5 类岩土对象的 30 多个工程区，包括众多地质问题的探地雷达现场探测。电子科技大学、西安交通大学、武汉大学、东南大学、中国电子科技集团公司第二十二研究所和中国电子科技集团公司第五十研究所等单位开展了电波在地下传播特性的研究工作。中国地质大学、长沙理工大学等专家学者相继开展应用探地雷达探测路面结构的研究工作。西安交通大学主要从电磁场理论方面进行研究，河南省道路检测工程技术研究中心（郑州大学）在探地雷达理论和应用的研究上做了大量工作。武汉大学主要研究中深层应用的探地雷达。电子科技大学曾在 1980 年研制过调频连续波（FMCW）探地雷达，并获得电子工业部科技进步二等奖，近年来电子科技大学又得到国家相关项目的支持，继续进行探地雷达方面的研究。目前国内已经能够生产探测雷达并商品化销售，中国电子科技集团公司（信息产业部）第二十二研究所（亦称中国电波传播研究所），是国内唯一从事电波传播研究的部属专业研究所，也是国际上规模较大的国家级电波传播研究机构之一，其代表产品 LTD 系列探地雷达受到国内市场的欢迎。长江工程地球物理勘测研究院等单位从 2000 年 5 月开始相控阵探地雷达的研究，2001 年其仪器研制和软件开发工作在国家 863 计划信息领域作为"高分辨率表层穿透雷达探测技术——相控阵探地雷达"课题立项。2004 年 5 月，国家 863 计划专家组在三峡工地对该课题的研究成果进行现场验收，试验结果表明，与传统探地雷达相比，相控阵探地雷达具有探测深度大、分辨率高、信噪比高和抗干扰能力强等方面的优势。国防科技大学电子科学与工程学院在国家 863 计划信息获取与处理技术主题支持下，历时三年，于 2005 年研制成功高分辨率探地雷达系统 RadarEve，该系统具有车载式和手持便携式两种工作方式，分浅层高分辨率和深层低分辨率多种工作模式。具备地下目标的二维、三维合成孔径成像以及地下目标分类等功能，中国矿业大学研究开发的探地雷达软件已经达到国际先进水平。总之，我国探地雷达技术的研究和工程应用虽然起步晚，但仍然取得很多重要成果和实用技术，为各类工程安全生产和科学施工提供有效指导作用。

本节研究目标和内容为：

（1）主要目标是取得经济有效的探测和处理地下球状风化体的方法技术，避免对盾构机损坏，满足施工工期要求。具体结合民治站~五和站区间隧道地质条件，针对深圳地区球状风化体离散性特性，开展风化球探地雷达勘探技术研究，以提高勘探准确性。根据球状风化体位置、大小、强度，开展处理技术（包括挖孔法、冲击法、爆破法等）适应性研究，确保技术方案的合理性、安全性和经济性；

（2）开展电磁波的基本理论和探地雷达的工作方法原理的理论研究，为试验数据分析提供理论指导，总结探地雷达现场测试参数的设置关键技术，探寻探地雷达数据处理技术，为今后类似工程提供技术指导。

6.2.4 探地雷达方法技术

探地雷达（Ground Penetrating Radar，简称GPR），又名地质雷达，是利用频电磁波束（$10^6 \sim 10^9$ Hz）在地下电性界面上的反射达到探测有关地质对象的一种电磁波勘探方法。探地雷达广泛应用在公路、铁道、机场、建筑工程、水利工程、隧道工程等领域。探地雷达探测精度和分辨率较高，风化球在30m以内探测效果好，是本工程的有效探测方法。

1. 现场雷达探测试验与应用研究

深圳地铁5号线（环中线）工程民治站~五和站区间起始于民治大道与平南铁路交叉口东侧深圳地铁5号线（环中线）民治站，沿平南铁路向东北方向延伸，终止于布龙公路与平南铁路交叉口东南侧，四季花城北侧深圳地铁5号线（环中线）五和站。区间采用盾构法施工，从民治站始发，五和站接收。盾构穿越地层分布极不均匀，主要穿越砾质黏土、全风化、中风化、微风化花岗岩和球状风化体，其中微风化花岗岩总长度约300m，局部为全断面岩层。现场复杂的地质条件导致盾构施工难度加大。其中盾构掘进的最大风险之一是穿越球状风化体，球状风化的存在，除了带来掘进困难外，在土质软硬相差大的情况下，极其容易造成盾构刀具甚至是刀盘的损坏，最终导致盾构机无法掘进，必须带压开仓，人工更换刀具，造成整体掘进速度降低，无法保证工期。

结合民治站~五和站区间隧道的地质条件，查明场地下风化球的分布，保障安全条件下进行快速施工，安徽建筑工业学院先后两次组织相关科研人员在施工现场进行雷达探测。由于受到场地施工条件和地形的影响，共对4条测线进行雷达探测，总探测长度约为3200m。

（1）探地雷达设备

探测设备为加拿大 Sensor & Software 公司生产的 EKKO 100A 型雷达系统，见图6-1，EKKO 100A 型探地雷达系统主要性能指标为：

1）技术特点

采用双分天线设计，对目标物能够多点采集数据；计算机控制，软件界面友好、易操作；CMP方式采集数据，并且在天线上可以把采集信号数字化，避免失真；多种频率的天线可以更换，并有天线拖车供选择；天线与主机间全光缆传输，

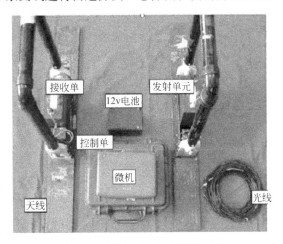

图6-1 EKKO 100A型雷达系统

仪器采用模块化设计，轻便、结实；仪器计程器控制、遥控触发，信号叠加；Pulse EK-KO100A 还可以兼容地震软件。

2）标准配置

① 天线：

12.5MHz 736cm×11.4cm×16cm 7.2kg；25MHz 368cm×11.4cm×1.6cm 3.6kg；50MHz 184cm×11.4cm×1.6cm 1.8kg；100MHz 92cm×11.4cm×16cm 1.2kg。

② 控制台：

控制及数据输出：RS232 串口（可选择并口）；

外触发 1：光触发；外触发 2：电子触发；

电源：1.3A@12V DC；计算机：XT-Pentium-P6 及以上机型。

③ GPR：

最大系统性能：172dB；可程序采样间隔：10~20000ps，步进 2ps；

输出：16 位字节光缆输出；Lab：15μV；电源：0.5A@12V DC。

④ 发射机电子单元：

输出：400V 或 1000V；尺寸：23cm×16cm×5cm；电源：0.8A@12V DV。

(2) 现场探测方式及参数设置

深圳地铁 5 号线民治站~五和站区间左线里程累计总长度为 2003.962m，右线里程总长度为 2057.628m，两线合计 4061.59m。现场共布置 4 条测线，总探测长度约为 3600m。第一段起始点位约为 DK22+100（左线），长度为 900m；第二段起始点位约为 DK22+150（右线），长度为 700m；第三段起始点位约为 DK23+020（左线），长度为 850m；第四段起始点位约为 DK23+050（右线），长度为 770m。

本次探测数据采集方式采用剖面法反射多次覆盖采集方式，即应用某一天线间距的发射—接收天线在同一测线上进行重复采集。

为提高探测信号的采集质量，提高探地雷达的分辨率，充分反映最大探测深度的地下情况，经现场多次试验比较，最终探地雷达主要的测量参数设置为：

① 为兼顾纵向分辨率和探测深度近 30m 的需要，天线中心频率选择为 50MHz，采样记录时窗为 150ns；

② 天线步距的选择：综合考虑天线的中心频率与地层的相对介电常数，确定现场探测采用剖面法实施，即发射、接收天线以 2m 的间距沿测线每隔 0.2m 同步移动，记录点为两天线的中心点。

(3) 数据处理与结果分析

对现场获得的探测数据，实施直流滤波、自动增益控制、小波运算、道间平衡处理、反褶积等一系列处理后，可用作对探测路段下地层的均匀性和球状风化体离散性进行分析评价。

1）数据处理

探地雷达波和反射地震波都是脉冲回波信号，存在较多干扰信号，有效信号不突出，需经过相关数据处理后才能用于分析解释。本项目的实测雷达资料实施直流滤波、自动增益控制、小波运算、道间平衡处理、反褶积等一系列处理。

直流滤波：根据探地雷达数据中有效信号和干扰波在频率波数谱上的差异压制或去除干扰，突出有效信号，本方法对测区附近的外部电磁干扰信号处理效果较好。

自动增益控制：可增加信号的能量，放大反射波振幅，有助于识别地下深部目标，但本方法同时也增强干扰波能量。

小波运算：将探测信号分解为各种不同频率的细节成分，通过处理不同频率成分获取所需信息。可压制噪声，提高剖面分辨率。本方法有助于对细部微弱信号进行分析判断。

道间平衡处理：本处理方法主要通过加强相关信号、削弱不相关信号，突出同一属性介质，提高相关信号分辨率。

反褶积：通过去除雷达子波长度的影响，提高信号垂向分辨率。本处理方法对相近薄层的分辨有很好的效果，但同时带来杂波信号。

2）图像分析

本项目实测数据经处理后的雷达探测图像可用于分析解释，本工程雷达图像有下列几种类型：

正常型：图 6-2（a），该类图像选取于第 1 条测线，图像显示各层反射波同相轴连续性较好，且较为规则，表明相应地层介质比较均一、密实，无风化球存在。

紊乱型：图 6-2（b），该类图像选取于第 2 条测线，浅层反射段信号强烈，相应段反射波同相轴或轴间有齿状或异常叠加，致使图像紊乱、同相轴的连续性变差。分析认为：相应异常属各层介质均一性、密实度较差的反映。这主要是由梅观高速跨平南铁路立交桥下填土层均匀性差、欠密实等因素造成。

弯曲分叉型：图 6-2（c），该类图像选取于有孤石存在部位的雷达图像，从图中可以看出，相应段反射波同相轴呈曲折、分叉特征。分析认为：无论是同相轴曲折异常还是同相轴分叉异常，均反映介质密实度较差和介质中存在物理性质差异较大的局部异常体，是判断风化球存在的依据。

带状错断型：图 6-2（d），该类图像相应段反射波同相轴自上而下出现同步错断异常，这类异常是在连续探测过程中由其他原因导致的采样中断造成的，与地下介质异常情况无关，结果解释分析时需要注意。

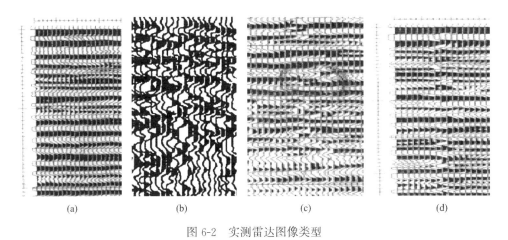

图 6-2　实测雷达图像类型

3）探测结果

将探测的雷达图像（图 6-3），利用前文所述的分析处理方法，通过与地质勘察资料的对比分析，本工程探测结果见表 6-1。

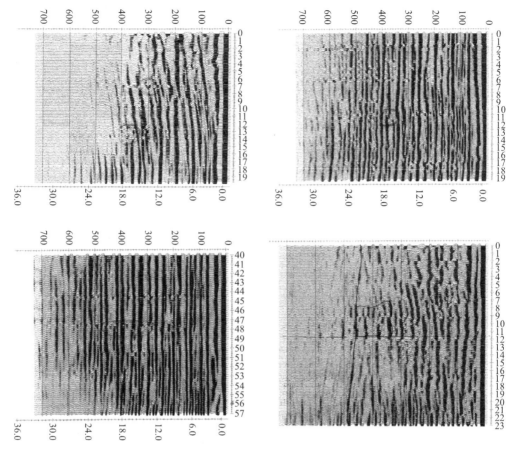

图 6-3 实测的探地雷达图像

探测结果一览表　　　　　　　　　表 6-1

地表位置	对应地下深度	异常体描述
DK23+030～DK23+035(左)	22.0m 以下	孤石聚集区
DK22+411～DK22+414(左)	18.0～25.5m	孤石聚集区
DK22+450～DK22+455(左)	20.5～21.5m	孤石
DK22+464～DK22+478(左)	22.0～25.0m	孤石聚集区
DK23+033～DK23+033(左)	24.2～28.2 m	孤石聚集区
DK23+760.1～DK23+800.2(左)	14.0m 以下	基岩埋深14m,无异常体
DK22+445.0～DK22+448.2(右)	21.0～25.2m	孤石聚集区
DK22+461.6～DK22+462.6(右)	23.0～25.2m	孤石
DK22+463.4～DK22+465.4(右)	11.0～17.2m	孤石聚集区
DK22+476.2～DK22+478.2(右)	23.0～25.0m	孤石
DK23+203～DK23+205(右)	20.1～25.5m	孤石聚集区
DK23+479～DK23+481(右)	23.5～25.1m	孤石

2. 小结

球状风化是在花岗岩中普遍存在的现象，促使它形成的影响因素主要有花岗岩的矿物组成、结构、构造、岩体节理发育情况、温度、地形、水文条件等。深圳地处热带、亚热带气候，气候炎热，潮湿多雨，有利于该地区燕山期花岗岩的化学风化作用的进行。

（1）探测实践表明，在该地区球状风化十分发育，风化球体小的只有几十厘米长，大的可以达到几米甚至更大。根据探测结果，该地区风化球的地下分布规律为：①风化球主要分布在全风化带中，风化球体以强风化程度为主，其次是弱风化程度；②风化球体的表现形式主要为全风化带中含强风化球体或弱风化球体，其次是强风化带含弱风化球体；风化球竖向球径集中在 $1\sim2m$，最大球径 $4.0m$，最小竖向球径 $0.3m$；③风化球埋深主要集中在 $10\sim30m$ 深度部位，其中以 $20\sim25m$ 最多；④从全风化带向强风化带，风化球体表现出"上小下大、上多下少"的总体变化趋势。

（2）通过深圳地铁 5 号线民治站～五和站区间进行雷达探测，获得该区间的地下雷达图像，研究结果表明：探地雷达技术具有高分辨率、无损性、高效率、设备轻便、操作简单、抗干扰能力强等优点，对地下风化球位置的推断准确率高，首次推断风化球地面水平位置准确率高达 90% 以上。

限于研究的复杂性及时间关系，尚有问题有待在今后的研究中进一步深化：

（1）探地雷达资料解释目前还是主要依靠工程技术人员的工作经验，没有成熟的理论指导，因此在今后工作中应相应加大在资料解释方面的研究。

（2）在数据解释时要密切运用各方面的地质和钻探资料进行综合分析和比对，即时修正地层电磁波波速等电性参数，总结适合于探测区的最佳处理与解释参数。需要说明的是，在复杂的探地雷达应用环境中，目标回波信号常常偏离标准的双曲线关系式，传统的恒定波速成像算法不能修正这种偏离，难以使成像性能达到最优。因此，快速准确地估计等效波速是今后研究的一个方向。

（3）探地雷达探测的最终目的是目标检测和识别，目标检测在探地雷达中已得到较好的解决，而目标识别一直是探地雷达应用的一个难点，尤其是小目标的识别。探地雷达目标识别研究还处在起步阶段，目前国内外还没有能应用于实际探测目标识别方法的报道，因此探地雷达目标识别方法是一个值得研究的内容。

（4）对于球状风化花岗岩，可以提出综合勘探技术。首先针对花岗岩地段进行详细的花岗岩风化球的地表调查，并按照发育和不发育两种类型对花岗岩地段进行分区。其次，针对地表风化球发育的地段，采用多种物探手段综合勘探，从宏观上掌握测区花岗岩风化界面的深度，为钻探深度提供指导性意见。最后，根据物探的指导性深度展开钻探工作，揭示局部风化球体的发育情况、赋存特征、地质特征，为工程设计和施工提供参数和处理意见。

6.3 球状风化体处理关键技术研究

6.3.1 研究目的及意义

花岗岩球状风化带（风化球）的存在，是深圳地层的一个重要特征，对于盾构工程而言，它是一种不良地质现象。风化球的存在，造成地层土质软硬相差大。在这种情况下施工容易造成盾构刀具甚至是刀盘的损坏，最终导致盾构机无法掘进。目前，在含风化球地层盾构施工的常用方法是带压开仓、人工更换刀具，这导致整体掘进速度降低，无法保证工期。因此，必须对风化球采取必要的处理措施，以确保盾构施工的进度。

1. 影响花岗岩球状风化的主要因素

球状风化主要是因为岩石受到外动力地质作用，岩石的外层易发生成层裂开和鳞片状剥落的缘故，同时岩石内常有相互交错的裂隙，沿裂隙风化最深，棱角最容易风化使岩石变成圆球状。球状风化是花岗岩中普遍存在的一种现象，是其差异风化的一种表现形式。风化球的形成受地形、气候及花岗岩的特征（如矿物成分、结构、构造）等因素的影响。

2. 花岗岩风化壳及球状风化带的形成

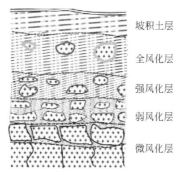

图 6-4 花岗岩的风化剖面模型

花岗岩为侵入岩，在地壳深部由酸性岩浆经冷却固结而成，后经构造运动隆起，出露于地表，受风化剥蚀，形成花岗岩风化壳。花岗岩风化作用是由地表向深处渐次推进和减弱的，形成具有不同组分和结构的分化带，构成具有多层结构的风化壳。这种多层结构是原地风化造成的，各层之间的界面一般很难区分，见图 6-4。

花岗岩风化球的形成一般经过三个阶段，即节理产生阶段→球状风化初期→球状风化晚期（风化球）。在节理产生阶段，因风化或构造运动使花岗岩产生节理，节理破坏岩石的连续性和完整性，增加岩石渗透能力，促进岩石风化。在球状风化初期，由几组方向的节理将岩石分解成多面体小块，小岩块边缘和隅角从多方向受温度及水溶液等因素的作用最先破坏，随着破坏深度和程度的加大，其棱角逐渐消失，变成球形（图 6-5）。在球状风化晚期，随着风化作用的深入进行，小岩块最后变成一个个椭圆或圆球形，称为花岗岩风化球。它是物理风化和化学风化综合作用的结果。花岗岩的风化球主要发育在花岗岩风化壳的强分化带。

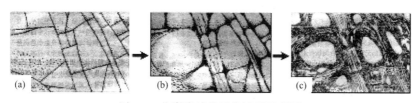

图 6-5 花岗岩球状风化过程示意图
(a) 节理产生阶段；(b) 球状风化初期；(c) 球状风化晚期（风化球）

6.3.2 风化球处理的施工工艺

风化球的处理方法包括挖孔破碎法、冲击破碎法、直接切削法、带压开仓法、爆破法，可以根据风化球强度、探地雷达探测的位置，选用特定施工方法对风化球进行超前处理，从而保证盾构机正常施工。

1. 挖孔破碎法

（1）施工工艺流程

挖孔破碎法指在地表采用人工挖孔至风化球位置，采用松动爆破方式破碎风化球的施工方法。挖孔桩直径 1.5m，护壁 0.2m 厚钢筋混凝土，破碎后岩石块体小于 30cm；球体破碎后采用黏土回填挖孔，并进行土体压密注浆。施工工艺流程见图 6-6。

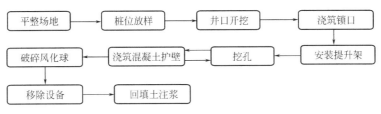

图 6-6 挖孔桩破碎风化球施工工艺流程图

（2）风化球处理

1）人工挖孔范围内打眼破碎

打孔前先对最接近风化球位置上部 2m 范围内进行 $\phi 42$ 小导管注浆（小导管应在隧道界外 0.2m 以外，如果风化球体积较大，应再次施工小导管注浆），保证下部风化球处理时上部护壁的稳定，小导管垂直孔壁，每圈 6 根，共 2 圈交替布置，然后压注水泥浆，小导管每根 2m，分两次顶入，接头采用内接丝连接（图 6-7）。

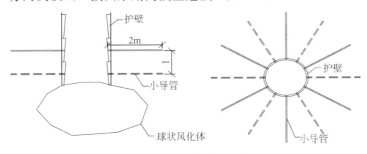

图 6-7 小导管加固图

人工挖孔至风化球处，既可对风化球进行处理，采用风钻对风化球打眼，间距 300mm×300mm，梅花状布置，孔径 40mm，钻孔结束后使用劈裂机对风化球进行破碎，破碎后清理吊出，清除至盾构机通过此风化球处时的底标高下 15cm，见图 6-8。

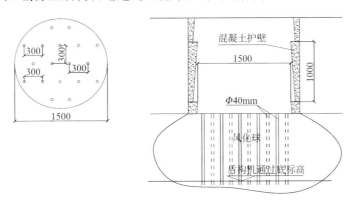

图 6-8 挖孔范围内打眼示意图（单位：mm）

2）人工挖孔范围外风化球处理

挖孔桩范围内风化球清理至盾构机通过底标高后，应对侧面风化球进行处理，处理方

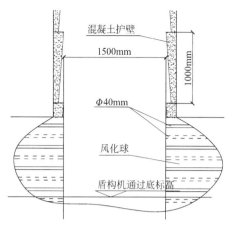

图 6-9 挖孔桩侧壁风化球打眼示意图

法依然为风钻打眼、劈裂机破碎,处理范围控制在超过盾构机通过时洞身外 15cm,如果风化球全部在洞身范围内,对其全部破碎,详见图 6-9。

3)爆破处理

遇到风化球较大、硬度较强、采用常规的人工方法难以破碎处理时,可以采用松动爆破方式进行破碎。

4)人工挖孔桩回填

风化球破碎后,对孔洞进行黏土回填,并随填随夯,保证密实度,为防止回填密实度不够导致在盾构施工时地下水涌入工作面,回填过程中在孔中埋设袖阀管,在回填完毕后,对地层进行压密注浆,保证地层密实度。

2. 冲击破碎法

(1)施工工艺流程

冲击破碎法是指在地表采用冲击锤冲击破碎风化球的施工方法。根据风化球大小确定冲击钻机锤头大小、钻孔间距及钻孔根数,钻孔前首先探明有无地下管线或其他建(构)筑物,钻孔后及时采用黏土回填钻孔,并进行土体压密注浆(浆液采用单液浆,水:水泥的体积比为 1:1)。具体施工工艺流程详见图 6-10。

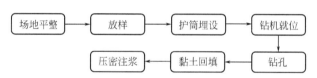

图 6-10 冲击破碎法施工工艺流程图

(2)风化球的处理

为避免隧道内有大块残余风化球,应冲击至隧道底部 15cm 处,最终达到隧道范围内无大块风化球。风化球处理示意图见图 6-11。

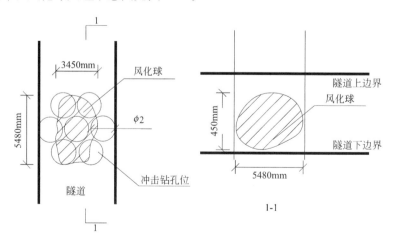

图 6-11 风化球处理示意图

3. 直接切削法

(1) 施工工艺流程

直接切削法是指在隧道内采用盾构机上预留的超前注浆孔注浆固定风化球，然后盾构机直接切削风化球的方法。注浆范围为隧道周边各 3m，球体前方 3m，球体后方 1m，注浆完成后，盾构机直接切削风化球，施工时盾构机宜采用小推力 1200kN、慢掘进速度 0.5cm/min、高刀盘转速掘进 2.5r/min，并随时注意掘进参数的变化，防止刀盘局部过载，造成刀盘变形。

(2) 风化球的处理

待改良后土壤达到一定强度后即可恢复盾构机掘进，利用刀盘的切割力，慢慢切割风化球，示意图见图 6-12。

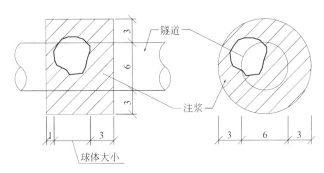

图 6-12　盾构机切割风化球示意图（单位：m）

4. 带压开仓法

(1) 施工工艺流程

带压开仓法：作业人员在土仓压力条件下在土仓内对风化球进行处理的方法。操作人员进入土仓，先用风钻对风化球打眼，后用液压劈裂机对风化球进行破碎，将风化球破碎至 30cm 以下，若未达到要求需要继续解小球体，直至满足要求为止；对于硬度较大、球径较大的风化球，可采用静态爆破进行处理。破碎完成后检查仓内无人员及机具，关闭仓门继续掘进，速度控制在 2cm/min 以内。

施工工艺流程见图 6-13。

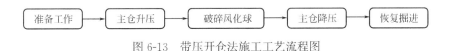

图 6-13　带压开仓法施工工艺流程图

(2) 施工方法

1) 准备工作

准备工作主要包括以下步骤：

① 带压开仓属于特种作业，作业前应有足够的准备，主要包括人员、仪器准备。

② 进仓相关人员进仓前需要经过相关培训，且暂时患有流感或穿着湿衣服等的人员不能进入。

③ 确定部件（显示仪/条形记录器/加热系统/钟/温度计/密封和阀门）功能正常。

2) 主仓升压

主仓升压的主要步骤为：

① 工作人员进入主仓，打开主仓内的双倍条形记录器并检查是否正常工作，纸张是否充足。

② 关闭主仓室的仓门并确定正确锁好。

③ 人员仓管理员要通过电话与坐在主仓中的人员保持联系。

④ 人员仓管理员慢慢打开通气主阀门，并按照说明缓慢地增加主仓室的压力直至达到预定的压力值（随时监测主仓内人员的健康状况，一旦出现任何微小的不适现象立即中断）。

⑤ 主仓内的工作人员可按照要求调节加热系统。

⑥ 主仓与土仓之间进行压力补偿后，主仓的人员便可打开两者之间的闸门。

⑦ 当主仓室的压力等于土仓的压力时，工作人员方可进入土仓工作。

⑧ 人员仓管理员停止条形记录器。

3) 破碎风化球

操作人员进入土仓，采用液压劈裂机对风化球进行破碎，将风化球破碎至30cm以下，若未达到要求需要继续解小球体，直至满足要求为止，破碎完成后应检查仓内无人员及机具。

4) 主仓降压

主仓降压的主要步骤为：

① 工作人员离开土仓进入主仓。

② 关闭主仓与土仓之间的门和压力挡板上作为压力补偿用的仓门。

③ 主仓内的人员通过电话与人员仓管理员联系。

④ 人员仓管理员打开条形记录器。

⑤ 人员仓管理员打开泄压阀门开始缓慢地降低主仓中的压力，并同时观察压力表和流量计。与此同时，人员仓管理员打开通风阀门开始通风，但不升高压力。

⑥ 继续调节通风阀门直到使得主仓压力能稳定而缓慢地下降，流量计的值必须保持在 $0.5 m^3/(min·每人)$。

⑦ 当主仓内的压力降到一定值后，人员仓管理员调节阀门保持此时压力值，同时观察流量计并保持通风良好。

⑧ 在压力保持阶段，必须观察压力表和调节阀门保持压力的正常。在降压过程中主仓内的人员可打开加热系统，温度范围在15~28℃。此后，可打开主仓的仓门，人员离开主仓。

⑨ 人员仓停止条形记录器，填写记录表（日期/时间/压力/人数等）。

5) 恢复掘进

风化球被破碎至30cm下，即可恢复掘进，速度控制在2cm/min以内。

(3) 风化球的处理

作业人员进入土仓后仔细查看掌子面是否稳定，如稳定可对风化球进行处理，整个过程需要安排一人观察掌子面情况。

劈裂破碎法：先采用风钻对风化球进行打眼，间距300mm×300mm，梅花状布置，孔径 40mm，钻孔结束后使用劈裂机对风化球进行破碎，风化球需被破碎至 30cm 下。

静态爆破法：用风钻在风化球上钻孔，间距 200mm×200mm，孔径 40mm。然后将已拌好的静态爆破剂搓成条状，用木棒压入孔内，直至孔平处。风化球开裂后需向裂缝中浇水，以支持药剂持续反应。具体操作流程详见图 6-14。

图 6-14 静态爆破流程图

6.3.3 质量控制

1. 质量要求

根据盾构施工要求，破碎后风化球应外运，确保隧道范围内无风化球碎渣，在不能往外运输的情况下，至少满足破碎后风化球低于 30cm。

2. 保证质量的技术措施

（1）在破碎施工前，通过探地雷达、地质钻探准确探测风化球尺寸、位置。

（2）人工挖孔破碎时，应破碎隧道外延 5cm 范围内的风化球，并外运碎渣。

（3）回填黏土应确保回填土中无大块石头，注浆后应确保回填区域强度。

（4）直接切削法应确保改良后土壤强度，避免盾构机刀盘无法有效地对风化球进行切削。

（5）带压开仓法应确保气窗性达到要求。在劈裂机或静态爆破破碎后，风化球碎渣直径仍可能较大，从而对盾构掘进产生重大影响，这时可采用风镐对其进行二次破碎，最后确保风化球碎渣直径低于 30cm。

6.3.4 小结

（1）利用探地雷达技术具有高分辨率、无损性、高效率、设备轻便、操作简单、抗干扰能力强等优点，成功地对深圳地铁 5 号线民治站～五和站区间盾构工程范围内地下风化球进行探测，位置的推断准确率高。

（2）根据风化球强度、位置选用特定施工方法（包括挖孔破碎法、冲击破碎法、直接切削法、带压开仓法、爆破法）对风化球进行超前处理，取得了良好的效果，从而保证盾构机正常施工，隧道左、右线均提前竣工。

6.4 盾构施工遇球状风化体施工技术措施研究

6.4.1 概述

厦门市位于福建省东南部，主要由厦门岛及部分大陆组成，地质土层以黏性土为主，基岩多为花岗石。由中交一公局承建的厦门市轨道交通 1 号线盾构隧道地处厦门岛（岛内段）及集美区（岛外段）两个部分。地质情况比较复杂，地质勘察报告表明，岛内段及岛外段盾构区间均存在孤石，岛内段更是有孤石群存在，若未采取正确的孤石处理措施，必然为盾构施工带来不利影响。

针对孤石问题,需要提出行之有效且经济高效的技术处理措施,保证盾构施工的顺利进行。本章节结合吕厝站～城市广场站区间(岛内段)的实际情况,以现场施工的角度,就盾构施工遇球状风化体施工处理措施做了大量补充,具有重要的现实意义。

6.4.2 方案设计

吕厝站～城市广场站区间右线起讫里程 DK8+370.406～DK8+964.242(左线 DK8+370.406～DK8+964.249),右线区间长 593.836m(左线区间长 593.843m)。区间不设联络通道及废水泵房。本站区间从城市广场站始发,沿嘉禾路前行下穿筼筜内湖江头桥盖板涵进入吕厝站。

为确保盾构掘进施工的顺利进行,采取微动探测法确定区间孤石的大致位置,缩小孤石空间范围。采用钻孔法对孤石进行精确定位。最后利用爆破法将岩石破碎、分割、解体成盾构可排除程度,爆破后的碎石块长边尺寸小于30cm。孤石处理技术流程如图 6-15 所示。

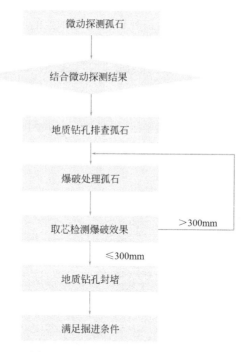

图 6-15 孤石处理技术流程图

6.4.3 施工工艺原理

1. 微动探测

微动探测技术通过特有的检波器、特定的观测台阵获取天然的微动信号,通过数据处理和分析手段提取面波信号,反演获得地下横波速度结构,以探查地质构造的地球物理勘探新技术。

微动探测采用类空间自相关法——SPAC 法从微动台阵记录中提取瑞雷波频散曲线,

计算视 S 波速度 V_x，再经插值光滑计算获得二维视 S 波速度剖面，视 S 波速度剖面能客观、直观地反映地层岩性变化，是地质解释的基本依据。

H/V 曲线是各分量进行傅里叶变换得到频谱，通过水平分量和垂直分量的频谱量值得到，它反映的是底层的波阻抗界面，也是寻找土石的分界面的依据之一。

根据孤石的地球物理特征及视 S 波剖面和 H/V 曲线的解释原则，将存在孤石的可能性分为四类，如表 6-2 所示。当微动测点 H/V 曲线图具有双峰、多峰或后台阶形态特征时，存在孤石或不均匀风化体的可能性较大；在具体推断解释时，结合地质资料与隧道洞身具体位置对微动成果进行进一步综合分析判断。

微动探测孤石判定表　　　　　　　　　　　　　　　　表 6-2

异常分类	分类依据	评价
Ⅰ类	局部速度(稍)偏高	该类异常对应的可能是岩土层分界面或者不均匀风化，出现孤石的可能性极小
	速度无明显偏高，但 H/V 曲线中出现小峰值频率对应较好	
Ⅱ类	局部速度(稍)偏高，且 H/V 曲线中出现小峰值频率对应较好或大峰值频率对应较差	该类异常对应的可能是阻抗比较大的岩土层分界面或不均匀风化，出现孤石的可能性较小
	速度无明显偏高，但 H/V 曲线中出现大峰值频率对应较好	
Ⅲ类	速度明显偏高	该类异常对应的可能是速度较高的岩土体或不均匀风化，出现孤石的可能性较大
	局部速度(稍)偏高，且 H/V 曲线中出现大峰值频率对应较好	
Ⅳ类	速度明显偏高，且 H/V 曲线中出现大峰值频率对应较好	该类异常对应的可能是速度较高的岩土体或不均匀风化核，出现孤石的可能性极大

2. 地质钻探

地质钻探法是孤石探测中常规的施工工艺，通过钻孔取芯获取区间孤石的大小及分布情况。取芯后对发现孤石或基岩突起的钻孔做好详细的钻孔记录：钻孔平面坐标、孤石顶面及底面标高、基岩顶面标高。

钻探时若发现隧道洞身范围内存在孤石，则需要探测清楚孤石形状和位置。由于孤石一般为圆形，其宽度和厚度相差不大，并考虑到尽量使钻孔在处理孤石时可以重复利用以降低成本，所以探测孤石的形状和位置时按以下程序布孔（图 6-16）：

（1）以探测孤石的点为中心点向外布置钻孔圈，每圈四个方向布置 4 个钻孔。

（2）第一圈以孤石厚度的 1/2 为半径，以中心点向外布置。

（3）若第一圈钻孔还不能找到孤石的边界，则距离第一圈圆周向外 0.6m 布置第二圈钻孔。

（4）若第二圈钻孔还不能找到孤石的边界，则距离第二圈圆周向外 0.6m 布置第三圈钻孔。

（5）以此类推，直到找到孤石边界为止。

3. 深孔松动控制爆破

深孔松动控制爆破之所以能有效地控制爆破冲击波的产生，是以采取接近内部作用药包的装药量和炮孔中有足够长度、一定密实度的回填堵塞物为基本原理。利用地质钻机从地面下钻，在孤石上钻出爆破眼，然后在小孔内安放适量的炸药对孤石进行爆破。一次爆破完毕后，清除孔内岩块继续进行下一次爆破，从而达到分裂、瓦解孤石的目的，使岩石长边尺寸小于30cm，避免盾构机开仓安全风险，减小隧道洞内处理空间限制，确保盾构机顺利出渣及正常通过孤石区段。见图6-17。

图 6-16　钻孔布孔及示意图　　　　　图 6-17　现场爆破防护

4. 钻孔封堵

钻孔封堵施工原理是配置合理配合比的水泥砂浆，配以钻杆进行捣实，对钻孔进行密实填充，确保钻孔的密实和路面的安全。

6.4.4　关键施工技术分析

1. 孤石探测

（1）微动探测

微动探测的观测系统主要采用正五边形圆形阵列，每个圆形阵列由放置于正五边形顶点和中心点的6个摆和数据采集系统组成，顶点到中心点的距离称为观测半径R。根据现场场地条件的不同，分别采用2~2.5m不同半径的台阵进行观测，按5m测点间距逐点进行，以形成二维剖面观测，如图6-18所示。

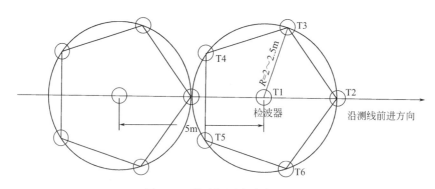

图 6-18　微动探测台阵布置图

1）仪器及参数

微动探测采用SWS-6工程地震仪结合三分量检波器完成数据采集，该系统由2Hz拾震仪（速度型、三分量）和地震仪组成。地震仪的主要性能指标见表6-3。

地震仪主要性能指标表 表6-3

项目	主要性能指标
道数	24通道
采样间隔	0.010~4ms 可选
采样点数	512、1024、2048、4096、8192、16384 可选
频带宽度	0.5~4000Hz
采集板参数	瞬时浮点放大，双A/D采集，A/D为20+bit，动态范围120~132db，动态范围大
滤波功能	数字滤波
数据接口	USB口
存储介质	CF卡
记录方式	连续记录
主办	工控级主办
外配	U盘、键盘、鼠标
电源	DC12V
操作系统	WINDOWS XP 及以上系统
规格	38cm×33cm×17cm(长×宽×高)

用一个记录仪同时记录一个台阵6个拾振器（摆）微动数据，技术参数见表6-4。

拾振器技术参数表 表6-4

编号	测试频点(Hz)	幅值输出(mv/cm/s)						相对相位差(°)		
		垂直向(Z)	相对误差(dB)	正东向(L)	相对误差(dB)	正北向(T)	相对误差(dB)	垂直向(Z)	正东向(L)	正北向(T)
1	1.04	525	标准	593	1.06	605	1.23	标准	−0.11	−0.47
	2	1427		1478	0.31	1496	0.41		−0.25	−0.11
	10	2043		2046	0.01	2048	0.02		−0.02	−0.12
2	1.04	507	−0.30	627	1.54	645	1.79	0.30	−0.60	−0.61
	2	1419	−0.05	1517	0.53	1525	0.58	0.20	−0.34	−0.34
	10	2053	0.04	2058	0.06	2054	0.05	−0.08	−0.20	−0.28
3	1.04	584	0.93	639	1.71	585	0.94	−0.07	−0.34	−0.35
	2	1475	0.29	1536	0.64	1471	0.26	−0.20	−0.17	−0.11
	10	2014	−0.12	2036	−0.03	2069	0.11	−0.18	−0.04	−0.07
4	1.04	503	−0.37	565	0.64	569	0.70	−0.30	0.03	−0.30
	2	1421	−0.04	1456	0.17	1456	0.17	−0.10	0.04	−0.44
	10	2052	0.04	2002	−0.18	1976	−0.29	0.12	0.15	−0.08
5	1.04	568	0.68	589	1.00	564	0.62	−0.35	−0.75	−0.45
	2	1516	0.53	1497	0.42	1495	0.40	−0.08	−0.48	−0.37
	10	2142	0.41	2019	−0.10	2049	0.03	0.30	0.10	−0.20

续表

编号	测试频点 (Hz)	幅值输出(mv/cm/s)						相对相位差(°)		
		垂直向 (Z)	相对误差 (dB)	正东向 (L)	相对误差 (dB)	正北向 (T)	相对误差 (dB)	垂直向 (Z)	正东向 (L)	正北向 (T)
6	1.04	571	0.73	585	0.94	575	0.79	−0.42	−0.28	0.11
	2	1495	0.40	1478	0.31	1438	0.07	−0.17	−0.25	0.00
	10	2042	0.00	2034	−0.04	2023	−0.09	0.02	−0.20	0.20
7	1.04	599	1.15	608	1.27	607	1.26	−0.54	−0.76	−0.32
	2	1548	0.71	1548	0.71	1482	0.33	−0.17	0.20	−0.02
	10	2073	0.13	2072	0.12	2034	−0.04	0.08	0.03	0.10
8	1.04	543	0.29	575	0.79	599	1.15	−0.27	−0.39	−0.39
	2	1427	0.00	1465	0.23	1515	0.52	−0.20	−0.17	−0.17
	10	2055	0.05	2075	0.13	2043	0.00	−0.08	0.11	0.09

图 6-19 微动探测仪器

2）仪器一致性

在正式微动观测前，必须测试仪器的一致性，以确保观测资料的可靠有效，见图 6-19。将全部仪器放置到同一点同步记录 10min 左右，由该记录计算各台仪器的功率谱、功率谱之比、相干系数和相位差，以便对仪器的一致性做出评价。图 6-20 为计算获得的各台仪器的功率谱（a）、功率谱之比（b）、相干系数（c）和相位差（d）。结果表明，仪器的一致性优于 97%，达到微动探测对仪器一致性的要求。

3）数据采集及处理质量评述

数据正式采集前，对记录仪进行采集参数设置。实际施工时按照设计的观测系统沿测线逐点进行观测，单点每次观测时间为 10～20min，观测结束后将整个台阵移动到下一个勘探点观测。根据采集数据进行过滤、分析、提取等处理，确定出孤石可疑区及不存在孤石的安全区域。

吕城区间 DK8+386～DK8+922 段测线沿厦门市区主干道嘉禾路自南往北方向前进。测试台阵范围位于嘉禾路中间或道路中间隔离带上，所以测试时需要进行临时交通布控，由于白天车辆行人多，所以测试时间选择晚上，一般为当天夜间 22：00 至次日 5：30。地表主要为道路的沥青路面，路面较平坦，易于施工。为确保原始记录质量，现场测试时及时检查原始记录，并对 9 个背景噪声稍大的测点进行复测。本次采集的数据信噪比相对较高，数据处理结果可靠性高，本区间微动探测共处理 269 个（其中 9 个复测点）微动勘探点的实测微动数据，获得 261 条光滑的频散曲线，微动探测结果见图 6-21。

第6章 软硬不均地层盾构遇球状风化体处置技术研究

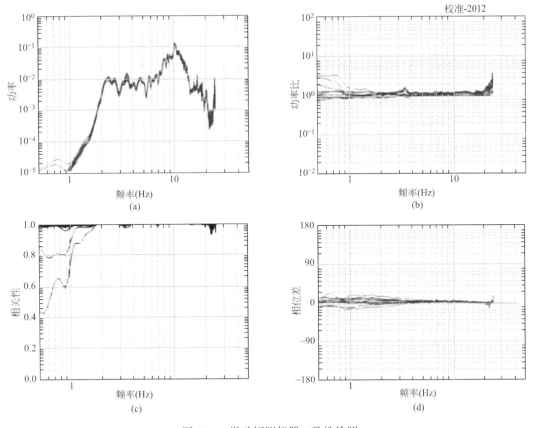

图 6-20 微动探测仪器一致性检测

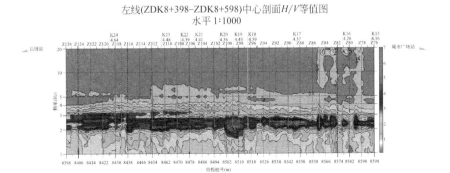

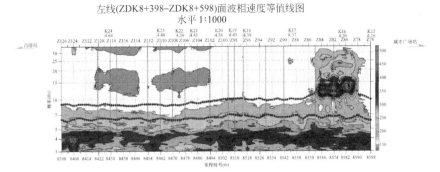

图 6-21 微动探测结果

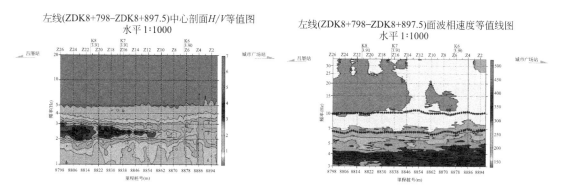

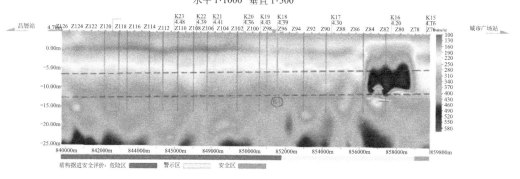

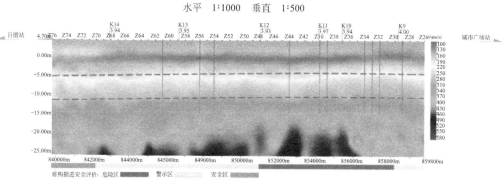

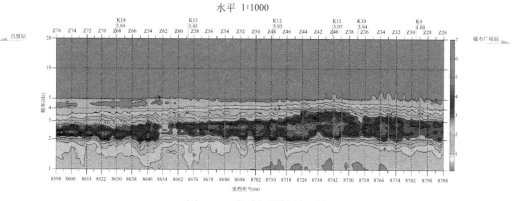

图 6-21 微动探测结果（续）

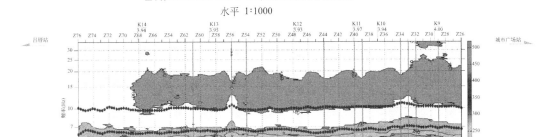

图 6-21 微动探测结果（续）

通过地质钻孔勘探最终确定区间整体孤石分布情况，并与微动补勘结果进行对比，评估微动探测准确率。分析情况见表 6-5。

微动探测结果评价表   表 6-5

序号	里程段	距离长度(m)	分析推断结果	盾构安全评价
1	ZDK8+398-ZDK8+518	120	孤石或不均匀风化体	危险区
2	ZDK8+518-ZDK8+590	72	不均匀风化体或孤石	警示区
3	ZDK8+590-ZDK8+622	32	存在孤石可能性小	安全区
4	ZDK8+622-ZDK8+710	88	不均匀风化体或孤石	警示区
5	ZDK8+710-ZDK8+782	72	孤石或不均匀风化体	危险区
6	ZDK8+782-ZDK8+798	16	不均匀风化体或孤石	警示区
7	ZDK8+798-ZDK8+882	84	存在孤石可能性小	安全区
8	ZDK8+882-ZDK8+897.5	15.5	不均匀风化体或孤石	警示区

（2）地质钻探

微动探测仅能确定孤石群的范围，无法精确确定孤石的具体大小及空间分布，若要对孤石进行处理，需要进一步掌握孤石的具体信息，利用地质钻探法能详细掌握孤石的具体大小及空间分布。

1）钻孔布置

地质钻探施工前用地质雷达探测仪对管线进行探测，确保钻孔过程中不会破坏地下管线。距离盾构开挖平面边缘 1.5m 起纵向布置 2 排钻探孔，孤石区每排钻探孔线路纵向间距 1.5m，钻孔到隧道底面以下 1m，为保证完全掌握区间地质情况，结合微动探测效果，对安全区每排钻探孔线路纵向间距 2m，钻孔到隧道底面以下 1m。钻孔平面布置图如图 6-22、图 6-23 所示。

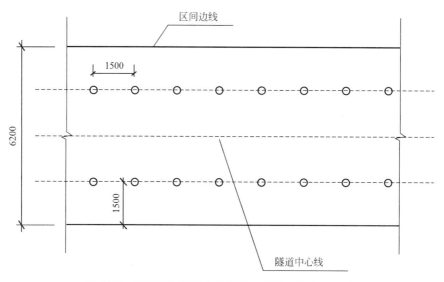

图 6-22 孤石区地质钻孔点平面布置图（单位：mm）

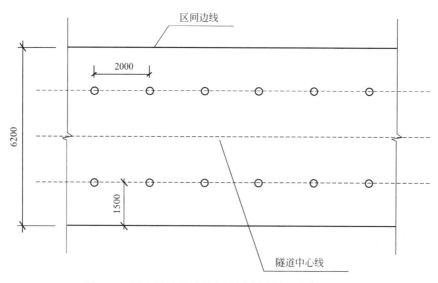

图 6-23 安全区地质钻孔点平面布置图（单位：mm）

2) 钻探发现孤石

探明存在孤石位置后，形状大小还不清楚，以已探明孤石的钻孔为基点，以探测孤石的点为中心点向外布置钻孔圈，第一圈距离原钻孔 0.6m 的四个方向布置 4 个钻孔；若第一圈钻孔还不能找到孤石的边界，则距离第一圈圆周向外 0.6m 布置第二圈钻孔；以此类推，直到找到孤石边界为止，以确定孤石的具体形状和大小，钻孔平面布置图如图 6-24 所示。从实际钻孔发现，区间存在多个孤石群，个体孤石直径 0.3~3.5m，最多一个钻孔发现 4 个孤石存在。

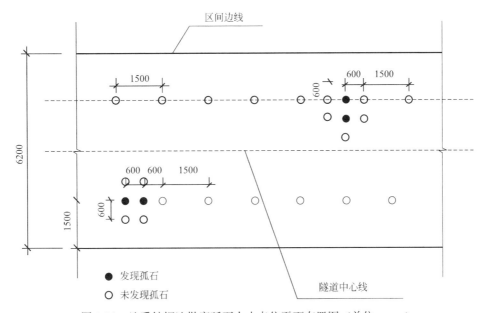

图 6-24 地质钻探法勘察孤石大小点位平面布置图（单位：mm）

3) 地质钻探后续处理

对于钻孔后未探测到孤石或基岩突起，封孔后保证孔口标高与原地面保持平整，然后将原地面清理干净；如果发现孤石或基岩突起的钻孔，做好详细钻孔记录（钻孔平面坐标、孤石顶面及底面标高、基岩顶面标高），并用两头带盖子、直径 75mmPVC 护管全孔保护钻孔（钻孔直径 89mm），爆破时利用此孔，以减少成本。

4) 地质钻探结果

截至目前吕厝站~城市广场站区间共施工 4877 个地质钻孔，共有 2159 个钻孔揭示球状风化体（孤石），孤石芯样高度为 0.3~3.5m，主要为中等风化或微风化岩体，具体孤石分布见图 6-25。

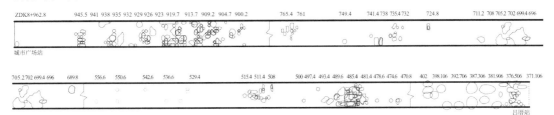

图 6-25 左线孤石平面分布图

微动探测法共发现危险区 3 处，警示区 4 处，安全区 2 处。地质钻探后发现处于微动探测危险区的孤石群有 3 处，处于警示区的孤石群有 2 处，未有处于安全区的孤石群。对比结果表明，微动探测法对孤石区域的探测危险区准确率为 100%，警示区为 50%，安全区为 100%。微动探测法对 27 处探测点位进行报警，其中 15 处发现孤石，单点报警准确率为 56%，见表 6-6。

微动探测效果对照表　　　　　　　　　　　　表 6-6

序号	里程段	单点报警里程	发现孤石的报警点数量（处）	盾构安全评价	地质钻探结果
1	ZDK8+398-ZDK8+518	ZDK8+422、430、434、446、454、462、470、478、494、506、510	5	危险区	孤石群
2	ZDK8+518-ZDK8+590	ZDK8+530、542、562、574	2	警示区	孤石群
3	ZDK8+590-ZDK8+622	无	0	安全区	安全
4	ZDK8+622-ZDK8+710	ZDK8+658、678、686	1	警示区	孤石群
5	ZDK8+710-ZDK8+782	ZDK8+726、742、746、766、770、774	4	危险区	孤石群
6	ZDK8+782-ZDK8+798	ZDK8+786	0	警示区	安全
7	ZDK8+798-ZDK8+882	无	0	安全区	安全
8	ZDK8+882-ZDK8+897.5	ZDK8+886、897.5	1	警示区	安全
9	ZDK8+897.5-ZDK8+922	ZDK8+914、918	2	危险区	孤石群

2. 孤石处理

孤石探测后，对发现的孤石进行处理，主要采用深孔松动控制爆破法进行处理，爆破后重新取芯检测，若碎石粒径≥300mm 则重新进行二次爆破。

（1）爆破法施工流程（图 6-26）

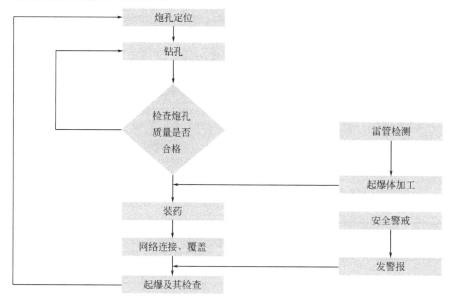

图 6-26　孤石爆破施工流程

(2) 装药量设计

根据孤石探测尺寸，确定相应的装药量。

依据瑞典的设计方法，单位体积耗药量计算，见表 6-7。

不同体积孤石总装药量参数表　　　　表 6-7

岩石体积(m³)	0.8	1.0	1.5	2.0	2.5	3.0	3.5	4.0
装药量(kg)	1.31	1.64	2.46	3.28	4.10	4.92	5.74	6.56

(3) 装药结构与布孔平面

土层钻孔孔径、岩石钻孔孔径均为 110mm。钻孔过程中采用泥浆护孔，必要时下钢套筒。若地质钻探过程中发现孤石，则将该钻孔作为后续孤石爆破孔，成孔后下直径 75mm 的 PVC 套管护孔，套管底需要安装堵头，爆破前孔口需要遮盖，防止异物掉入后堵塞炮孔。

因孤石厚度不均，考虑到测量以及药包吊装过程中产生的误差（误差累计不得超过 10cm），因此孤石爆破时，单孔单体爆破装药长度与岩石厚度相同；多孔单体爆破时，要求每一个炮孔都钻至孤石底面（即钻穿），装药至炮孔底部 10cm 处，孤石顶面留 10cm 不装药。具体装药结构、布孔平面如图 6-27、图 6-28 所示。

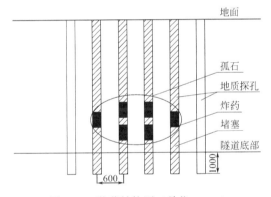

图 6-27　装药结构图（单位：mm）

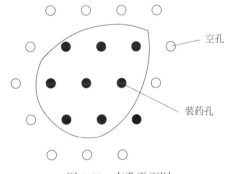

图 6-28　布孔平面图

(4) 火工器材选择

孔内雷管选用毫秒导爆管雷管，起爆雷管选用导爆管，炸药选用乳化炸药，标准直径为 ϕ32mm，具体根据现场需要加工。

(5) 药包加工

炮孔验收合格后，对装药爆破区范围内设置警戒，开始加工药包。首先要准备好直径 75mm 的 PVC 管，根据钻孔队提供的钻孔参数和验孔情况，计算单孔装药量和药包长度，将炸药和雷管装入 PVC 管内指定位置，PVC 管两端应进行密封处理（抗压）。

由于炸药与孔内的泥浆水相对密度相近，导致药包无法下沉或下沉后在浮力作用下无法固定，因此需要对药包进行配重抗浮。配重采用粒径 0.5cm 的碎石，密度约为 1.50g/cm³；炸药密度约为 0.95～1.25g/cm³，一般取 1.00g/cm³；孔内泥浆水密度约为 1.15g/cm³。举例说明（图 6-29），只要求出 $L_{11}/L_{21}<0.7$，则药包会顺利下沉。

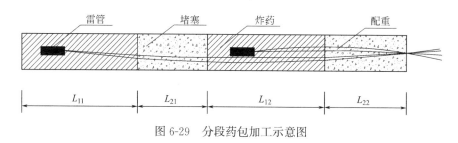

图 6-29 分段药包加工示意图

(6) 药包就位及防护

药包加工好后,在管壁上端钻两孔,用铁丝绑定,上系绳索,然后开始下药包。根据钻孔队提供的钻孔参数和验孔情况,确定装药底部深度 N_1,然后准确测量 PVC 管与绳索的长度之和 N_2,使 $N_1=N_2$,将整个药包悬吊到准确的位置上,误差控制在 10cm 之内。药包就位后,用铁丝把绳索固定在套管壁上,使其不再移动。

药包就位且固定后,开始进行堵塞。严禁使用铁器冲击炮孔内药包、雷管。套管内外均用碎石堵塞密实,防止泥浆喷出和套管突起。地下爆破不会有飞石产生,只有在爆破后产生的高压气体会将炮孔内的泥浆压出孔外,为了防止涌出的泥浆飞溅,陆地上采取如图 6-30 所示的联合防护体系。如果本次爆破区周围已经实施过爆破作业,则需要对其周围的爆破残孔用沙袋覆盖,防止泥浆喷射。

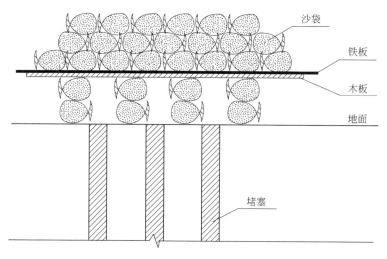

图 6-30 爆破防护示意图

(7) 起爆网络

由于炮孔深度较深,需要爆破处理的岩石埋层较深,因此起爆药包采用软钢丝悬吊于爆破点的位置,且一端固定于孔口位置,标高误差不得大于 10cm。药包装在特制的 PVC 管体内,该起爆体须具有较好的防水性能。由于起爆体上方有约 20m 高的水柱,压强相当大,因此起爆体需配重抗浮。炮孔采用正向装药起爆,起爆选用非电爆破网路,采用激发针起爆,每个炮孔装两发雷管,且分别属于两个爆破网络,两套网络并联后起爆。网络示意图见图 6-31。

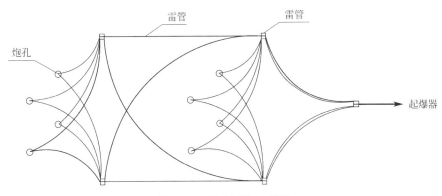

图 6-31 爆破网络示意图

(8) 爆破安全校核

为了确保爆破施工的安全，施工前必须进行爆破安全距离的计算。距离本工程的建（构）筑物均为钢筋混凝土结构，距离约为 20m，根据《爆破安全规程》GB 6722—2014 计算，各种建筑物至爆破中心在不同距离条件的微差爆破最大单段装药量 Q_{max} 如表 6-8 所示。

最大单段装药量参数表　　　　　　　　　　　　表 6-8

爆破中心至建筑物距离(m)		20	30	50	70
最大单段装药量(kg)	V<2cm/s	4.4	14.9	69.2	189.8

(9) 爆破结果

吕厝站～城市广场站区间共进行 78 次爆破，仅有 1 次进行二次爆破，一次爆破成功率为 98.7%，爆破后取芯芯样长度均≤300mm。区间左线掘进过程中搜集孤石渣样 232 块，其中发现渣样最长边长度>30cm 共有 20 块，孤石爆破处理完全率为 91.4%，见图 6-32、图 6-33。

图 6-32 孤石爆破后取芯检测图

图 6-33 盾构掘进时渣土中孤石岩样

3. 钻孔封堵

为保证盾构掘进过程中地面安全，对钻孔进行有效的封堵。孔位采用水泥砂浆封填，保证钻孔位封堵后的密实性。封孔步骤为：

(1) 确定孔深、确定水位高度。

(2) 位于地下水位以下的孔段，配制配合比为水泥：粗砂＝1：3的拌合料，分段填充孔位，每段1m，钻杆配合捣实。

(3) 位于地下水位以上的孔段，配制配合比为水：水泥：粗砂＝0.5：1：3的水泥砂浆进行孔位填充，每填充1m就用钻杆进行捣实。

(4) 重复步骤（3），直至封堵至孔口。为了保证与原路面的平整度，必须对孔口面层进行抹平，并埋置标记。

(5) 封孔完毕后，及时对现场泥浆进行清理，保证现场干净整洁。

(6) 完成钻孔封堵后，对每一钻孔的资料进行收集。应按照"谁钻孔、谁封孔、谁负责"的原则，立即进行钻孔封堵，不得留下隐患。

(7) 钻孔施工结束后，应对封孔质量进行自检自查。三天后观察孔口是否下沉，如果发现下沉现象，应采用速凝水泥，用同样配合比的水泥浆进行孔口封堵。

钻孔封孔记录等资料应满足以下要求：封孔记录内容齐全、真实可靠，封孔过程符合规定，孔口埋置标记。检查封孔记录资料，结合钻探过程对封孔的巡查，判断封孔质量是否合格。

钻孔封堵是为了保证盾构掘进的安全文明施工。若钻孔封堵效果不佳，盾构掘进时土仓气压将由钻孔外泄，造成土仓压力降低，影响盾构安全施工；泥浆流至地面，影响盾构文明施工。截至目前共计封孔4877个，未遇因钻孔导致的土仓压力降低及泥浆外泄现象。

4. 盾构掘进

孤石处理后取芯检测碎石粒径≤300mm，虽然满足盾构掘进条件，但若掘进施工控制不当，碎石群依然会给盾构机造成损坏，因此盾构机穿越已处理孤石区时的施工控制尤其重要，其中以掘进参数选取最关键。本节以盾构掘进穿越第一处孤石区（左线第12环～第52环）为例简述盾构穿越孤石群时掘进参数的选取技术。

(1) 掘进总推力

合理控制盾构总推力，减轻刀具损耗。总推力是影响刀具磨损最直接的参数，其大小决定刀具承受的荷载，过大的荷载会使滚刀刀轴承受挤压变形，最终造成滚刀刀圈偏磨或断裂。在本段施工中，盾构穿越孤石群时总推力控制在9000～13000kN，具体参数值根据施工时地层岩性差异进行调整（图6-34）。

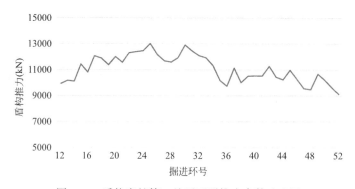

图6-34 盾构穿越第一处孤石群推力参数选取图

(2) 刀盘转速

合理设定刀盘转速，降低刀具磨损。刀盘转速亦是影响刀具磨损的主要因素之一。穿越孤石区时，过大转速会造成盾构机震动，加快刀具磨损；过小转速无法有效地切割冲击掘进土层，导致施工效率低。在本段施工中，盾构机穿越孤石区时，盾构机转速控制在 1.0~1.2r/min（图 6-35）。

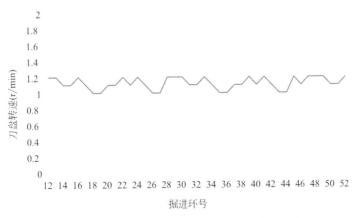

图 6-35　盾构穿越第一处孤石群刀盘转速参数选取图

（3）扭矩及掘进速度

结合扭矩变化设置盾构掘进速度。盾构穿越孤石群时，若处理后碎石粒径较大，掘进速度过快将加快刀具磨损。掘进时盾构机扭矩的变化直接反映了碎石粒径的大小，碎石粒径较大时，盾构机扭矩直接反应为上下波动，粒径越大，大粒径碎石越多，则扭矩波动越大。因此盾构机穿越孤石区时，若扭矩出现波动且波动幅度大于 500kN·m 时，尽量将掘进速度控制在 20mm/min 左右，一般控制掘进速度≤40mm/min，见图 6-36、图 6-37。

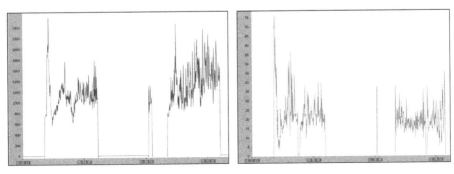

图 6-36　盾构掘进第 42 环时刀盘扭矩与掘进速度图

（4）掘进姿态控制

穿越过程中避免过多纠偏。盾构机姿态控制通过各方位油缸千斤顶的加力实现，穿越孤石区时，若频繁对盾构姿态进行纠偏，盾构机不断调整姿态将使滚刀受力不均，个别方位上的滚刀有可能受过大推力而产生变形。因此穿越孤石区时，避免频繁纠偏，当每环掘进时盾构机姿态跳动≤5mm 时，不对其进行纠偏，见图 6-38。

（5）出土控制及注浆管理

避免出土量过多及同步注浆量过少，保证出土速率及注浆速率均匀，受孤石爆破影响，孤石区地层受扰动，土体强度降低，区间线路沿嘉禾路敷设，若出土量过多、同步注

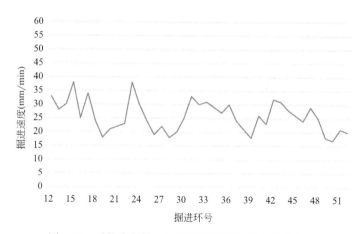

图 6-37　盾构穿越第一处孤石群掘进速度参数选取图

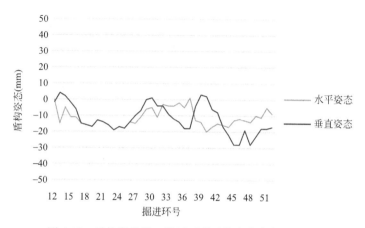

图 6-38　盾构穿越第一处孤石群盾构姿态参数变化图

浆不及时足量，则掌子面及区间上部土体易产生较大变形，造成嘉禾路地面沉降，严重时甚至产生路面开裂。故盾构机穿越孤石区时，出土量严格控制在 1 环 40m³ 且出土速率均匀（图 6-39），同步注浆量控制在 1 环 5~6m³ 且注浆均匀（图 6-40）。

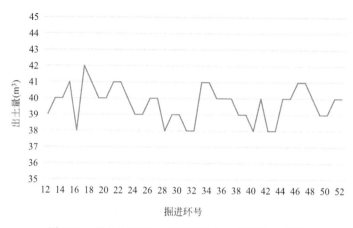

图 6-39　盾构穿越第一处孤石群出土量参数选取图

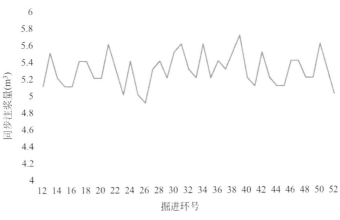

图 6-40 盾构穿越第一处孤石群同步注浆量参数选取图

孤石处理的最终目的是在保证施工安全及质量的前提下，高效地完成施工任务。区间受孤石群影响，盾构掘进时容易因地层物理力学性能差异导致隧道轴线偏差、管片破损和错台。通过合理选用掘进参数，区间左线管片仅 5 环出现裂缝，破损率为 1‰；无渗漏水情况发生；各项指标均满足规范及设计要求，具体见表 6-9。

左线区间各项指标　　　　　　　　表 6-9

序号	内容	规范要求	最大值
1	隧道中线高程(mm)	±100	−25 +8
2	隧道中线平面位置(mm)	±100	+37
3	每环相邻管片允许高差(mm)	10	4
4	纵向相邻管片允许高差(mm)	15	5
5	拱顶沉降(mm)	20	−1.65 +1.97
6	净空收敛(mm)	20	−1.6 +2.43

洞通后，路面未发生因盾构施工产生的裂缝，洞通后刀盘中心双刃滚刀磨损量在 0.5~1.5mm；正面单刃滚刀磨损量在 0.5~2.5mm，个别达到 5mm；边滚刀磨损量在 1.5~7mm，刀体完整性好，未见偏磨等非正常磨损。

6.4.5 小结

（1）利用微动探测法进行孤石探测可以比较准确地判定孤石群的分布范围，但单点报警率、准确率较低，且无法精确地确定孤石的具体大小，适用于孤石群的探测，可作为孤石探测的辅助工法。

（2）地质钻孔法作为常规的孤石勘探方法，能准确地确定孤石的分布位置及孤石大小，但施工周期长、成本高，在城区中施工会对现有道路造成一定的破坏，结合微动探测法可以节省施工成本及周期。

（3）深孔松动控制爆破法对孤石进行处理比较全面，爆破后取芯检测碎石芯样大小均在100~300mm，满足盾构掘进条件。但孤石探测的准确性是提高爆破效率的主要因素。

（4）通过调整盾构施工参数，能将较小孤石通过掘进手段排除，但直径大于560mm的孤石无法通过掘进手段排除。

（5）通过微动探测法确定吕厝站～城市广场站区间的孤石群范围，利用地质钻孔法对孤石区进行加密钻孔勘探，确定孤石大小及分布情况，借助现有钻探孔进行爆破施工处理孤石，爆破后孤石大小及地层强度满足盾构掘进条件，通过调整盾构施工参数掘进孤石区，顺利圆满地完成区间左线的盾构施工。左线洞通后对盾构刀具进行统计发现滚刀无损坏、磨损量小，表明利用复合技术进行孤石处理效果卓越。

（6）为确保详细掌握区间孤石情况，在区间左线布设双排钻孔，每排钻孔按2m间距施工1个地质钻探孔，地质钻探结果与微动探测显示的孤石区基本吻合。因此在未来区间孤石勘探中，先利用微动探测确定孤石区和安全区域，孤石区加密勘探，非孤石区可5m或10m施工1个地质钻探孔进行勘探，从而减少地质勘探施工数量，降低孤石勘探成本及路面破坏。

（7）在既有建（构）筑物及管线正下方如何进行孤石预先探测及技术处理措施有待研究。

第7章 软硬不均地层盾构施工环境风险防控技术研究

7.1 研究目的及意义

盾构法一般应用于城市轨道项目地下隧道工程，由于施工场地处于城市中心，施工范围内往往高楼林立、交通繁华，地下管线错综复杂，地下隧道线路不可避免地要侧穿甚至下穿既有建（构）筑物。因此盾构法施工普遍面临着线路掘进影响范围内建（构）筑物的安全保护问题，如何在穿越既有建（构）筑物时减少盾构施工对其的影响，确保周边建（构）筑物安全是盾构施工首先面临的问题。建（构）筑物的破坏与其周围土体的变形息息相关，研究盾构法对建（构）筑物的影响实质上就是研究盾构对土体的影响。

盾构法施工对土层的影响表现为隆起及沉降。园博苑站～杏锦路站区间及吕厝站～城市广场站区间均采用复合式土压平衡盾构机进行施工，施工过程中利用开口环部位的土仓存土来保证掌子面的稳定性，施工过程中盾构机主要掘进参数的改变都会对刀盘前部的土体参数产生影响，一旦穿越建（构）筑物时参数选取失误，刀盘前部土体产生变形，则直接反映为地表的隆起及沉降。由于城市轨道地下隧道线路一般沿城市主要交通要道敷设，严重时导致地表路面开裂，周边建筑物墙体开裂，更有甚者会破坏地下管线，导致地面塌陷及地上建筑物倒塌。因此穿越建（构）筑物的重点施工措施在于掘进参数的选取。

针对以上问题，提出安全可行的施工方案，选取正确的掘进参数，保证施工的安全及质量是研究的重点。本章节结合园杏区间侧穿园博佳苑、下穿杏林桥、吕城区间下穿江头桥及筼筜内湖的实际情况，以现场施工的角度就盾构法施工对建（构）筑物的影响做了大量补充，具有重要的现实意义。

7.2 下穿杏林桥关键施工技术

7.2.1 建筑物加固措施

盾构施工前，在杏林大桥的42号桥墩周边预埋9根袖阀管，暂不注浆，遇特殊情况时作为应急使用。袖阀管注浆液采用P·O42.5及以上的普通硅酸盐水泥，水灰比取1.0，注浆压力取0.6～1MPa，注浆孔沿管片外侧1m布置1排，注浆至管底下方3m，加固无缝搭接。袖阀管预埋布置图详见图7-1。

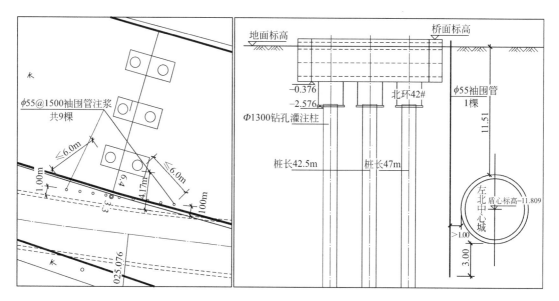

图 7-1 袖阀管设置示意图（单位：m）

7.2.2 盾构掘进通过前

（1）对下穿段范围桥梁结构现状进行详细调查。

（2）通过测量组再次确定立交桥与隧道的关系，并计算出到达立交桥前的里程（ZDK21+025.076）和环号（383），以便提前采取相应措施。通过计算确定 375～390 环为盾构穿越杏林北环桥区。

（3）重新检查桥基和地面监测点的状况，加密监测点位。

7.2.3 盾构掘进通过时

盾构掘进通过时，严格控制盾构正面土压力，以理论土压力及试验段获得的参数为依据，以监控量测数据为指导，适时调整，同时避免土压力波动过大。

（1）推进速度：盾构推进时，速度过大易造成前部土仓压力不稳，造成地层土体位移，对地面建筑物造成影响；速度过小易引起超挖，同样会对建筑物形成影响。区间盾构正常推进时速度控制在 30～40mm/min，穿越杏林北环桥时速度宜控制在 15～25mm/min。

（2）拱顶土仓压力：该位置所处地质状况由上至下依次为：黏土质素填土、残积可塑状砂质黏性土、残积硬塑状砂质黏性土、全风化花岗岩，埋深约为 12m，根据静土压力＝深度×土重度×静止土压力系数＝$12×(1.83～1.92)×(1-\sin14°)×10^4$Pa＝1.6～1.7（bar），因此拱顶土仓压力为 1.7bar，注意在实际施工中根据 330～375 环的推进参数确定其实际拱顶土仓压力，考虑现场实际情况及行业经验，对土仓压力进行折减，最终确定拱顶土仓压力为 1.2bar。

（3）出土量：每环的理论出土量＝π×(刀盘外径/2)²×管片长度＝3.14×10.5×1.2＝39.5（m³），在实际施工中考虑到土的膨胀系数（前 100 环推进参数取 1.2），因此每环的实际出土量＝π×(刀盘外径/2)²×管片长度×膨胀系数＝3.14×10.5×1.2×1.2＝47.5（m³），为保证地面沉降不超过设计要求（−30～+10mm），取出土量的95%作为控制标准，因此取45m³作为控制标准。

(4) 同步注浆：

1) 同步注浆浆液配合比：

园博苑站～杏锦路站区间同步注浆采用水泥砂浆，水泥砂浆浆液由砂、粉煤灰、膨润土、水泥加水拌制而成，同时浆液的配合比还应通过试验及推进后地表沉降情况进行优化。目前使用的同步注浆配合比如表7-1所示。

同步注浆材料配合比表（kg/m³） 表 7-1

材料	水泥	粉煤灰	膨润土	砂	水
设计配合比	171	365	60	833	499

2) 同步注浆量：

由于压入衬砌背面的浆液会失水收缩固结、部分浆液会劈裂到周围地层中、又受到小曲率半径施工、超挖的影响，使得实际注浆量要超过理论建筑空隙体积。根据施工经验，每环的压浆量一般为建筑空隙的150%～200%。

每推进一环的理论建筑空隙为：[π×(刀盘外径/2)²−π×(管片外径/2)²]×管片长度＝[π×(6480/2)²−π×(6200/2)²]×1200＝3.34(m³)（注意刀盘外径：φ6480mm；管片外径：φ6200mm）

每环压浆量一般应为建筑空隙的150%～200%，即每推进一环同步注浆量为5.01～6.68m³。结合地质状况及施工现场实际情况，取每环注浆量为6m³。需要说明的是注浆量还受到注浆压力的影响，实际注浆量还应参考注浆压力决定。

3) 同步注浆压力：

注浆压力要根据地质条件及现场实际情况予以区分，如果注浆压力过大，会导致地面隆起、管片变形甚至破损、盾尾密封刷损坏。如果注浆压力过小，则浆液填充量达不到设计标准要求，建筑空隙得不到有效填充，又会引起地面沉降。盾构机盾尾密封刷承受的设计压力为0.3MPa，所以注浆压力不能大于0.3MPa，以免盾尾被击穿，避免浆液进入盾构机盾尾。结合地质状况，根据静土压力＝深度×土重度×静止土压力系数，得：注浆压力需大于0.15MPa，结合现场实际情况，注浆压力取0.2MPa。

4) 同步注浆速度：

同步注浆速度与掘进速度相匹配，根据盾构完成一环（1.2m）掘进的时间和当环注浆量（6m³）确定其平均注浆速度，以达到均匀注浆的目的。

(5) 其他注意事项：

1) 通过控制出渣量、加气保压使土仓内压力值保持恒定，保持连续均衡施工。

2) 保证泡沫管畅通，及时进行渣土改良。

3) 控制掘进速度，避免出现速度的较大波动，速度过快易造成土压增大、注浆欠饱满等一系列问题；速度过慢则延长对地层的扰动时间。因此掘进时需选择的速度为15～25mm/min，保证下穿时匀速通过桥基，把对地层的扰动降至最小。

4) 对盾构掘进进行严格线形控制和姿态控制，姿态调整不宜过大、过频，减少纠偏，特别是较大的纠偏，本段掘进姿态调整控制在±5mm 范围内，避免对土体的超挖和扰动。

5) 确保同步注浆质量和数量，使管片衬砌尽早支撑地层，减少施工过程中土体变形，注浆量不得减少。

6) 做好盾尾油脂的压注，确保盾尾油脂密封压力，保证盾尾密封和铰接密封的防渗漏效果，严禁盾尾密封和铰接密封发生渗漏。

7.2.4 盾构掘进通过后

（1）盾构机通过桥基后，仍然需对桩基倾斜及沉降进行监测，直至监测数据趋于稳定。

（2）二次注浆：在桥基段要进行补注浆，注浆环号为 175～190 环，防止地表产生后续沉降，注浆参数以现场控制为准。

1) 二次注浆浆液配比：

园博苑站～杏锦路站区间二次注浆采用水泥浆、水玻璃双液浆进行，水泥浆采用 P·C42.5 普通硅酸盐水泥，水玻璃采用 35Be′（波美度）的浓度，水泥浆浆液水灰比为 1∶1，水泥浆与水玻璃的配合比（体积比）为 1∶1。

2) 二次注浆浆量计算：

由于压入衬砌背面的浆液（同步注浆浆液）会发生失水收缩固结，同步注浆会有残留空隙以及隧道管片有漏水现象，因此需进行二次注浆。根据施工经验以及结合园博苑站～杏锦路站区间地质条件，每环的压浆量一般为 1～2m^3，需要说明的是注浆量还受到注浆压力的影响，实际注浆量还应参考注浆压力决定。

3) 二次注浆压力：

注浆压力要根据地质条件及现场实际情况予以区分，如果注浆压力过大，会导致地面隆起、管片变形甚至破损。如果注浆压力过小，则浆液填充量达不到设计标准要求，建筑空隙得不到有效填充，又会引起地面沉降。根据静土压力＝深度×土重度×静止土压力系数，得：注浆压力需大于 0.17MPa，结合现场实际情况，注浆压力取 0.2MPa。

7.3 穿越江头桥及筼筜湖关键施工技术

7.3.1 盾构穿越江头桥、筼筜湖

在盾构机通过期间，主要预防地下水流失及减小扩大基础附近地层超挖，以减小对扩大基础附近的地层扰动，通过调整盾构掘进参数，加强同步注浆和二次补充注浆，加强施工监测频率，进行变形监测并及时反馈信息，保证桥梁安全。

1. 盾构掘进通过前

（1）盾构机到达前需要细化完善通过的方案。

（2）对下穿段范围盖板涵结构及筼筜湖现状进行详细调查。

（3）通过测量组再次确定江头桥、筼筜湖与隧道的关系，并计算出到达江头桥前的里程（ZDK8+010.960）和环号（314 环），以便提前采取相应措施。

（4）重新检查桥基扩大基础和地面监测点的状况，加密监测点位。

（5）穿越前，对盾构机进行维护，必要时对刀具进行更换。

(6) 做好应急预案和应急物资准备。

2. 盾构掘进通过时

盾构掘进通过时,严格控制盾构正面土压力,以理论土压力及试验段获得的参数为依据,以监控量测数据为指导,适时调整,同时避免土压力波动过大。

盾构机穿越江头桥施工方案的宗旨是：匀速、连续、低沉降、均匀沉降。措施的出发点是：低土压、少出土。

(1) 掘进参数控制

1) 土仓压力控制

穿越阶段土仓压力控制：按照分区段、平稳过渡的方式控制土仓压力。江头桥扩大基础及其之间连接板位置隧道顶部埋深不同,具体数值见图7-2。

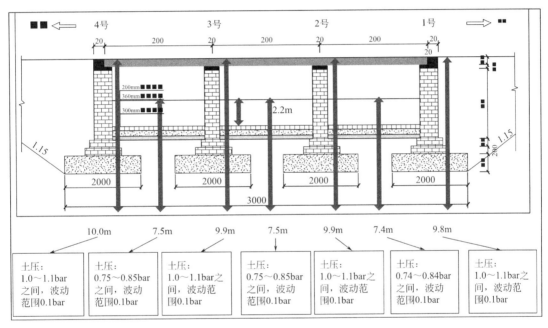

图 7-2　土仓压力控制图（单位：mm）

关键点：阶段控制里程和管片环号。根据设计图纸和现场实际测量放样,盾构机刀盘面板进入各桥墩的里程见表7-2。

江头桥里程统计表　　　　　　　　　　　　　　表 7-2

支墩	进里程	出里程	管片环号	油缸行程(mm)
1号支墩	刀盘：YDK8+590.958 切口：YDK8+591.708	刀盘：YDK8+585.258 切口：YDK8+586.008	305~311	1698
2号支墩	刀盘：YDK8+582.768 切口：YDK8+583.518	刀盘：YDK8+577.158 切口：YDK8+577.905	312~317	1488
3号支墩	刀盘：YDK8+574.758 切口：YDK8+575.508	刀盘：YDK8+569.158 切口：YDK8+569.908	319~324	1098
4号支墩	刀盘：YDK8+566.658 切口：YDK8+567.408	刀盘：YDK8+560.958 切口：YDK8+561.708	326~331	798

2）埋深突变点土仓压力控制

深埋转入浅埋，土仓压力值匀速降压，在进入后 500mm 行程范围内调整至控制值。

浅埋转入深埋，土仓压力值匀速增压，在进入前 500mm 行程范围内调整至控制值。

3）出土量控制

理论出土量为 $39.55m^3$，松散系数取 1.3，实际出土量为 $51.42m^3$，水平运输渣斗理论容积为 $18m^3$，理论计算为 2.86 斗。考虑现场实际情况，每环出土量控制在 3 斗。控制关键点：分区段、均匀出土。1200mm 推进行程用 3 斗矿车，每斗推进行程为 400mm。

4）推进速度控制

匀速推进，推进速度控制在 20～35mm。目的在于控制因推进速度跳动范围大而造成出土量、土仓压力、扭矩、推进等掘进参数的突变。

5）掘进模式

采用土压模式掘进。全土压模式原理：当土仓和螺旋输送机中渣土积累到一定数量时，开挖面被切下的渣土经刀槽进入泥土仓阻力增大，当泥土仓土压与开挖面的土压力和地下水的水压力相平衡时，开挖面就能保持稳定，开挖面对应地面部分也不致坍塌或隆起，这时只要保持从螺旋输送机和泥土仓中输送出去的渣土量与切削下来的流入泥土仓中的渣土量相平衡时，开挖工作就能顺利进行。

优点：①压力波动受螺旋输送机出土控制，便于土仓压力控制；②降低气压平衡产生的地层击穿的风险。

缺点：容易出现刀盘结泥饼问题，例如渣土改良效果差且不及时，则土仓易结泥饼。

（2）施工技术措施

1）穿越前封堵注浆阶段

刀盘面板距离 1 号桥墩 5m 时，对安装环号后退 5～10 环范围管片外侧进行高强度加强浆液注浆，以封堵成型隧道与地层间隙之间的地下水通道。

注浆控制点：

① 高强度加强浆液，在现有同步注浆配合比的基础上，增加水泥 $100kg/m^3$。

② 注浆方式采用同步注浆形式。

③ 注浆量控制以压力控制为主、量控制为辅。注浆压力控制最大值为 3.0bar，达到控制值即停止注浆。

2）穿越阶段补强注浆

为保证盾构机推进连续和同步注浆质量，补强注浆与同步注浆同时进行。

注浆方式：在管片安装过程中，凿开管片注浆孔（吊装孔），安装注浆头。管片通过盾尾后，立即进行注浆补强。注浆机选用双液注浆机，浆液为水泥单液浆，水灰比 1∶1，注浆控制以压力控制为主，压力控制值为 3.0bar。

3）穿越后加强注浆阶段

盾尾穿越 4 号支墩后 5 环停机，对整个桥体范围 40 环进行二次注浆，以增强成型隧道周边土体和桥体的稳定性。注浆控制点同上，重点是注浆顺序是自 1 号支墩向 4 号支墩方向，以控制支墩的均匀沉降。因盾构机后配套影响，部分管片点位无法开孔，但必须保证 4 个桥墩底部二次注浆。

注浆方式：利用管片预安装注浆头加强注浆。注浆机选用双液注浆机，浆液为水泥单液浆，水灰比 1:1，注浆控制以压力控制为主，压力控制值为 3.0bar。

4）注意事项

① 现场需准备 30 个注浆头（注浆头与注浆机配套）。

② 穿越阶段盾尾油脂注入饱满，同时油脂注入泵需保证正常完好的工作状态。

（3）施工管理措施

1）设备检修。利用盾构机穿越前封堵注浆阶段，设备部对盾构机、门吊等所有机械设备进行彻底检修，以保证盾构机连续推进，并且对一些易损耗型配件采购进场。聘请中铁装备技术服务人员，穿越阶段驻场指导。

2）专人 24h 桥面巡视。工区指定专人在穿越阶段对桥面、水面、桥体、管线进行 24h 巡视，人员交接班现场交接，同时形成完整的巡视记录，并且双方签字。巡视人员配备气体检测仪和手电筒。

3）主驾驶员、值班工程师 24h 在主机室值班，不得离岗，主机室现场交接班。交接班记录完成，双方签字。实时关注土仓压力变化。

4）领导带班制度，工区负责人、班组责任人穿越阶段 24h 在岗。

5）穿越前同步注浆管路进行清洗。在封堵注浆阶段，保证同步注浆机的牢固性和紧密性。

7.3.2 盾构穿越江头桥下管线

盾构机掘进时，容易引起江头桥下管线下沉或变形过大。针对江头桥下管线情况，在盾构施工事前、事中和事后三个阶段分别采取保护措施。

1. 盾构通过前的保护措施

（1）盾构施工前，完成对江头桥下盾构影响范围内地下管线状况的调查、记录，弄清桥下管线分布的准确情况及产权单位保护要求，并对资料进行整理分析、上报。

（2）结合本盖板涵的地质情况和桥下管线情况，分析风险，确定桥下管线危险级别并采取相应措施。

（3）为切实做好盾构施工期间桥下管线的保护工作，以及减少日后沉降管线处理纠纷，在对管线进行详细调查的基础上，结合管线下方地层及隧道穿越地层对其进行综合分析筛选，对于风险较大的管线，施工期间重点监测。

（4）测量人员提前对桥下管线进行详细调查，摸清管线现状，对已有破损及其他重要部位做好标记和记录，同时提前布设沉降监测点，完成初始值的测量。

（5）盾构通过前，必须保证盾构机及运输设备运行正常、物资供应充足，加强对设备的维护。

2. 盾构通过时的保护措施

盾构施工过程中，桥下管线保护原则是保证盾构机快速连续地通过桥下管线，同时保证管片背后注浆。根据此原则，盾构机通过期间采取以下措施：

（1）掘进模式：采取土压平衡的掘进模式，确保开挖掌子面稳定。

（2）根据地层情况、隧道埋深制定合理的掘进参数，时刻注意掘进参数的变化。

（3）严格控制出土量，尽量避免掘进时产生地层损失。通过推进距离和出土量的比例检验出土是否正常,当发生异常情况时,根据实际情况可以采取提高土仓压力、加快推进速度等针对性措施。

(4) 控制好姿态,防止由于盾构机过量超挖引起地层变形挪动。

(5) 做好盾尾同步注浆,及时填充盾壳后面的空隙。做好盾尾同步注浆主要包括两个方面:一是保证每环注浆量满足盾壳后方空隙的填充要求;二是根据推进距离调整注浆速度,保证脱出盾尾的空隙及时填充。必要时进行二次注浆。

(6) 盾构隧道下穿燃气管、给水管等管线时,管片上增设注浆孔,并对隧道顶150°范围土体进行深层加固。

(7) 当盾构机在管线附近因故停机时,采取措施防止水土过量流失。

(8) 值班制度:为使现场问题得到及时处理,保证盾构机安全快速地通过桥下管线,项目员工轮流排班值夜。

(9) 发生管线破坏时,及时联系并协助产权单位进行抢修。

3. 盾构通过后的保护措施

盾构机通过期间,可能会对部分桥下管线产生影响,盾构机通过后仍需对其进行跟踪监测,必要时注浆加固,确保其安全。

7.3.3 穿越段质量控制

在盾构穿越江头桥及箅笆湖过程中,盾构中心严格控制各项掘进参数,严密导线测量,克服盾构法穿越软硬不均地层、盾构法浅埋下穿江头桥和箅笆湖等施工难题。区间左线盾构机自2015年10月21日开始穿越江头桥及箅笆湖施工,于2015年10月23日顺利穿过;区间右线盾构机自2015年12月25日开始穿越江头桥及箅笆湖施工,于2015年12月27日顺利穿过。通过监测左右线地表、管线及建筑物沉降,隧道轴线偏差均满足标准和设计要求。其中成型隧道平面位置偏差值为$-23\sim+36$mm,高程偏差值为$-31\sim+12$mm,满足规范±100mm要求;地面、管线及建筑物沉降值为$-13.01\sim+8.98$mm,满足规范$-30\sim+10$mm要求。

7.4 小结

在盾构机通过期间,主要是预防地下水流失及减小扩大基础附近地层超挖,以减小对扩大基础附近的地层扰动,通过调整盾构掘进参数,加强同步注浆和二次补充注浆,加强施工监测频率,进行变形监测并及时反馈信息,保证桥梁安全。

通过对地铁盾构法下穿建(构)筑物的施工,总结以下施工注意事项:

(1) 盾构机穿越前,在桥梁基础和地面布设监测点,每天安排专人进行监测。对盾构机进行维护,必要时对刀具进行检查及更换。

(2) 盾构掘进通过时,严格控制盾构正面土压力,以理论土压力及试验段获得的参数为依据,以监控量测数据为指导,适时调整,同时避免土压力波动过大。

(3) 掘进期间控制掘进速度,避免出现速度的较大波动,掘进时控制速度为$20\sim30$mm/min,保证下穿时匀速地通过盖板涵,把对地层的扰动降至最小。

(4) 盾构掘进时,严格进行线形控制和姿态控制,姿态调整不宜过大、过频,减少纠偏，特别是较大的纠偏，本段掘进姿态调整控制在±5mm范围内，避免对土体的超挖和扰动。

（5）确保同步注浆质量和数量，使管片衬砌尽早支撑地层，减少施工过程中土体变形，注浆量不得少于原有注浆量的1.5倍。

（6）做好盾尾油脂的压注，确保盾尾油脂密封压力，保证盾尾密封和铰接密封的防渗漏效果，严禁盾尾密封和铰接密封发生渗漏。

（7）盾构机通过江头桥后，仍然需要对盖板涵基础倾斜及沉降进行监测，直至监测数据趋于稳定。

（8）盾构机通过后，对穿越段管片进行二次注浆，防止地表产生后续下沉。

第 8 章 软硬不均复杂地层盾构掘进风险控制技术研究

地铁隧道施工多是在软弱土体中进行，土体是一种成因复杂的天然散粒体，在静力场作用及地质构造作用下处于一种平衡状态。隧道的掘进、开挖不可避免地对土体产生扰动，破坏这种相对平衡的状态，经过一段时间后隧道所在周边土体又相继处于另一平衡状态。由于土体一般为非连续介质，因此难以用连续的力学观点精确计算出施工对周边环境的扰动程度。随着计算机技术等相关理论知识的发展，计算机数值模拟手段已广泛应用于工程实践。它结合经验与理论能更直观地再现地铁隧道整个施工过程，可以获得较好的结果。

本章主要针对深圳地铁 5 号线的盾构法施工及其过平南铁路段施工进行建模，分析研究地铁施工下围岩的变形受力特性和管片的内力状态，进一步分析其影响因素，并研究盾构下穿平南铁路时的铁路安全性及其控制标准与风险评估，以期能进一步优化施工参数设置，并提出相应的风险控制措施。

8.1 盾构施工数值模拟

8.1.1 数值模型的建立

1. 数值模拟软件简介

FLAC 是由美国明尼苏达州 ITASCA 公司编制开发的显式有限差分程序。该程序的基本原理与离散元相似，但它应用了节点位移的连续条件，可以对连续介质进行大变形分析，可以模拟岩土材料或其他类似岩土材料的力学行为。其最大优点是网格能随单元的变形而更新，随着变形的不断变化，不断更新坐标，允许介质有较大的变形。

（1）有限差分方程的推导

在进行结构分析时，有限差分法将结构体划分为四边形单元组成的有限差分网格。为提高求解的精度，一个四边形以左右两条对角线将其分为四个三角形 [图 8-1（a）、(b)]，每个三角形假定为常应变 [图 8-1（c）]，于是四边形的应变为此四个三角形应变的平均值。

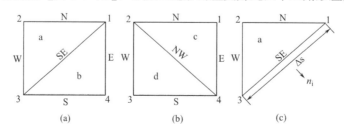

图 8-1 显式拉格朗日差分法的常应变三角形单元

三角形单元的有限差分方程由广义形式的高斯散度定理推导：

$$\int_s n_i f ds = \int_A \frac{\partial f}{\partial x_i} dA \tag{8-1}$$

式中 $\int_s$ ——封闭区域上沿边界的积分；

n_i ——区域 s 的单位法向量；

f ——标量，向量或张量；

x_i ——位置向量；

ds ——弧长增量；

$\int_A$ ——面 A 上的积分。

定义 f 在面 A 上的梯度的平均值为：

$$<\frac{\partial f}{\partial x_i}> = \frac{1}{A}\int_A \frac{\partial f}{\partial x_i} dA \tag{8-2}$$

将公式（8-1）代入公式（8-2），可以得到：

$$<\frac{\partial f}{\partial x_i}> = \frac{1}{A}\int_s n_i f ds \tag{8-3}$$

对于三角形子单元方程公式（8-3）的有限差分形式为：

$$<\frac{\partial f}{\partial x_i}> = \frac{1}{A}\sum_s <f> n_i \Delta s \tag{8-4}$$

式中 Δs ——三角形某一条边的边长，等式右边的求和是在三角形三条边上加总；

$<f>$ ——取相应边上的平均值。

（2）运动方程和位移计算

在连续体内运动方程为：

$$\rho \frac{\partial u}{\partial t} = \frac{\partial \sigma_{ij}}{\partial x_j} + \rho g_i \tag{8-5}$$

式中 ρ ——密度；

u ——速度；

t ——时间；

x_j、g_i ——分别为坐标分量、重力加速度分量；

σ_{ij} ——应力张量分量。

根据牛顿第二运动定律，对于某一个受随时间变化的力 $F(t)$ 作用，质量为 m 的物体，有：

$$\frac{\partial u}{\partial t} = \frac{F(t)}{m} \tag{8-6}$$

$$\frac{\partial u}{\partial t} = \frac{u^{(t+\frac{\Delta t}{2})} - u^{(t-\frac{\Delta t}{2})}}{\Delta t} \tag{8-7}$$

将公式（8-7）代入公式（8-6）得：

$$\dot{u}^{(t+\frac{\Delta t}{2})} = \dot{u}^{(t-\frac{\Delta t}{2})} + \frac{F(t)}{m}\Delta t \tag{8-8}$$

在同样的时间增量 Δt 中，通过图 8-2 所示的计算循环，可求得相应的力。

(3) 应变、应力的求解

快速拉格朗日法由速率求得某一时步的单元应变增量，即：

$$\Delta\varepsilon_{ij} = \frac{1}{2}\left(\frac{\partial u_j}{\partial x_i} + \frac{\partial u_i}{\partial x_j}\right)\Delta t \tag{8-9}$$

由公式（8-2）得：

$$\frac{\partial u_i}{\partial X_i} = \frac{1}{A}\sum_{edges} u_i \varepsilon_{jk} \Delta X_k \tag{8-10}$$

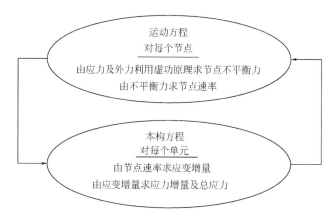

图 8-2　FLAC 计算循环示意

对于三角形单元，公式（8-10）可展开为：

$$\frac{\partial u_i}{\partial X_i} = \frac{1}{2A}[(u_i^{(1)}+u_i^{(2)})\varepsilon_{jk}\Delta X_k^{(N)} + (u_i^{(2)}+u_i^{(3)})\varepsilon_{jk}\Delta X_k^{(W)} + (u_i^{(1)}+u_i^{(3)})\varepsilon_{jk}\Delta X_k^{(SE)}] \tag{8-11}$$

与此相同，可求解 $\frac{\partial u_j}{\partial X_i}$，从而求出 $\Delta\varepsilon_{ij}$。

在确定本构方程后，应力增量可由公式（8-12）求出：

$$\Delta\sigma_{ij} = f(\Delta\varepsilon_{ij}, \sigma_{ij}, \ldots) \tag{8-12}$$

式中　$\Delta\sigma_{ij}$——应力增量张量。

最后，四边形单元的平均应力是由四个三角形应力的加权平均得到。

2. 盾构隧道掘进过程的模拟

（1）开挖的实现

FLAC 3D 中内置一种"零模型"（NULL），通常用来模拟岩土体被开挖或移除。零区域的应力被设置为零，在这些区域中没有体力作用。可以通过单元性质的改变实现后期的回填或支护。

（2）管片安装和围岩模拟

采用零模型模拟开挖时，结合盾构机的施工推进速度，按每环 1.5m 进行开挖。管片采用弹性圆环体模型模拟，节头效应采用乘以折减系数的方法模拟。盾构隧道开挖过程见图 8-3，管片的拼装落后于开挖面 4～6m。

土体采用 Mohr-Coulomb 模型模拟，各层土体物理力学参数按表 8-1 选取。在 FLAC 3D 中，岩土体的力学参数采用体积模量 K 和剪切模量 G，因此须在参数输入前进行转换，

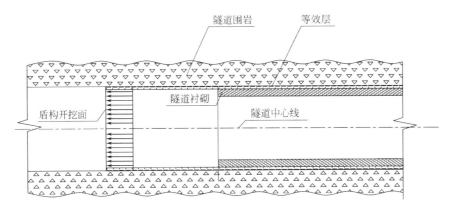

图 8-3 盾构隧道开挖示意图

公式为：

$$K = \frac{1}{3(1-2\mu)}E \tag{8-13}$$

$$G = \frac{1}{2(1+\mu)}E \tag{8-14}$$

式中　　E——土的弹性模量；μ——泊松比。

(3) 工作面支护力施加

开挖面土仓压力作用形式：以法向压力的形式施加到开挖面上，如图 8-4 所示。管片等效层及其周围土体关系见图 8-5。

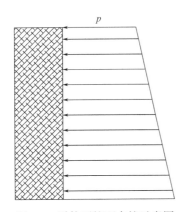

图 8-4　盾构开挖面支护示意图

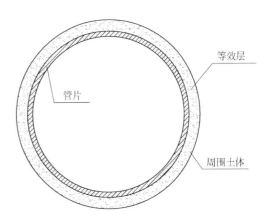

图 8-5　管片安装示意图

(4) 盾尾空隙的模拟

① 盾尾空隙计算：

盾构推进过程产生的土体沉降主要是由地层损失引起，即隧道施工中实际开挖的土体体积与竣工体积之差，横断面的地层损失可以通过空隙厚度 G 表示：

$$G = 2\Delta + \delta + U \tag{8-15}$$

其中，$U = U_{\text{e,p}}^{*} + \omega + \omega_1$。

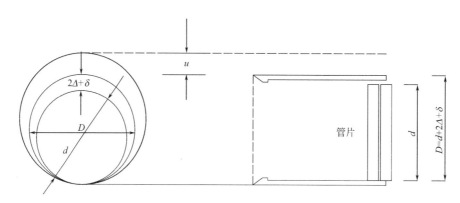

图 8-6　盾构损失参数 G

公式（8-15）中 Δ 为盾尾壳体的厚度，δ 为安装衬砌所需的空隙厚度，$U_{e,p}^*$ 为开挖面应力释放导致开挖面及其前方土体的三维运动，使得土体塌落到开挖面造成的超挖土量，ω 为施工因素（包括盾构的纠偏、叩头、后退）及操作技术的影响产生的土体损失，ω_1 为考虑土体后期固结产生的土体位移，如图 8-6 所示。

$2\Delta+\delta$ 为空隙厚度的主要组成部分，一旦选定盾构机和衬砌类型便可以确定。当盾构机械性能好，由经验丰富的工作人员操作，且盾构机沿正常直线推进时，盾构纠偏、上抛、叩头量很小，由此引起的超挖不做单独考虑，即 $\omega=0$。

此外，认为土压平衡盾构机对土仓压力值控制较好，且计算时不考虑土体的蠕变作用，因此取 $U_{e,p}^*=0$，$\omega_1=0$。

② 等代层模拟：

为合理模拟盾构隧道开挖后，空隙厚度 G 的闭合及注浆填充作用以及盾构机推进对周围土体的扰动作用，在计算中将其简化为一等代层体现。根据施工中注浆情况：若为同步注浆，管片与等代层的施加为同步进行；若注浆落后于管片安装后一段时间，则间隔以一定时步。计算中通过转换单元的性质（单元类型及力学参数）实现。

在确定等效层厚度时，采用张云等人提出的经验公式：

$$\delta = \eta G \tag{8-16}$$

等代层的作用是把施工中难以量化的地层损失用一扰动层定性反映，因此大多参照已有的施工经验及数据选取。根据有关文献中对 150 多例盾构法隧道的地表最大沉降量实测值的整理分析结果，η 值的范围可取为 0.7～2.0，对硬土层可取其下限，对极软的土层可取其上限。对不同土质中的盾构法隧道，其 η 值一般可取为：硬黏土，0.7～0.9；密砂，0.9～1.3；松砂，1.3～1.8；软黏土，1.6～2.0。此处选取弹性模量为 40MPa，泊松比为 0.2，等代层后取 0.15m。

3. 计算模型的建立

计算模型的范围根据力学原理须取为 $3D\sim5D$（D 为隧道直径）才能消除边界的影响。因此按隧道直径 $D=6.0\text{m}$，两隧道中心间距为 10m。选取计算范围为水平 X 向取 60m，沿线路纵向 Y 方向取 45m，向上按埋深取至地表，向下取 20m。计算模型见图 8-7，计算参数见表 8-1。

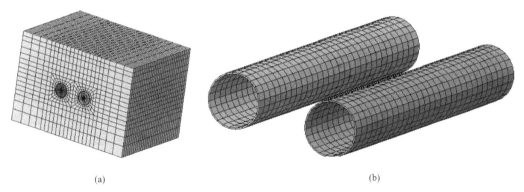

图 8-7　盾构隧道模型
(a) 整体计算模型；(b) 管片衬砌模型

盾构施工地层物理力学参数　　　　　　　　表 8-1

地层	重度(kN/m³)	弹性模量(MPa)	泊松比	黏聚力(kPa)	摩擦角(°)
素填土	18.4	4.68	0.43	30	19.4
黏土	17.8	4.39	0.38	33.5	20.1
砾质黏性土	18.1	4.14	0.35	27.1	23.3
强风化花岗岩	19	4.97	0.32	25.5	25.8
等代层	22	40	0.2	—	—
管片	25	31×10³	0.2	—	—

8.1.2　盾构施工模拟结果分析

1. 围岩竖向位移分析

图 8-8 给出盾构掘进 6m、12m、15m、18m 时的围岩竖向位移分布。从图 8-8 中分析可以看出：整体上拱顶及其上部围岩发生沉降；而仰拱底部发生隆起（即向上的位移），并且随着盾构掘进的增加，沉降范围逐渐加大，最大沉降值也在加大。

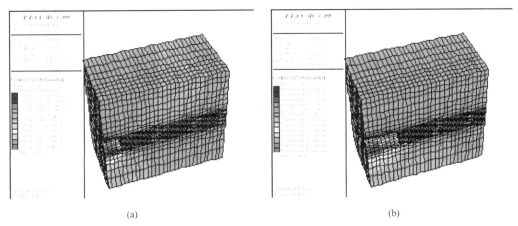

图 8-8　盾构不同掘进距离下围岩竖向位移分布云图
(a) 掘进 6m；(b) 掘进 12m

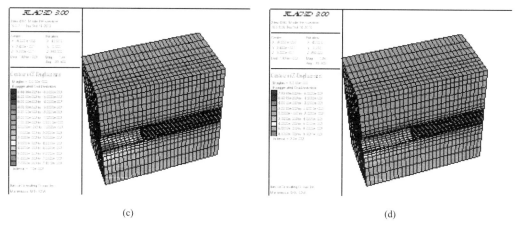

(c) (d)

图 8-8 盾构不同掘进距离下围岩竖向位移分布云图（续）
(c) 掘进 15m；(d) 掘进 18m

2. 地表沉降分析

图 8-9 给出盾构掘进 6m、12m、15m、18m 时的围岩地表沉降变形云图，图 8-10 给出不同掘进距离下拱顶上方地表沉降情况，图 8-11 给出地表的横向沉降分布情况。从图 8-9～图 8-11 中分析可以看出：

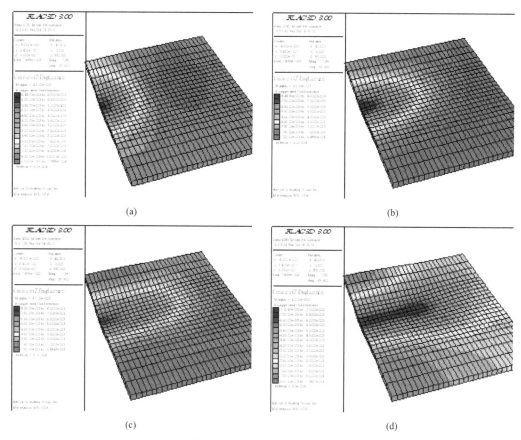

(a) (b)

(c) (d)

图 8-9 盾构不同掘进距离下地表沉降形状情况
(a) 掘进 6m；(b) 掘进 12m；(c) 掘进 15m；(d) 掘进 18m

(1) 随着盾构掘进的推进，地表沉降范围不断扩大，最大沉降值也在提高，例如掘进 6m 时，最大地表沉降为 6.5mm，而掘进 15m 时，最大地表沉降为 8mm。

(2) 值得注意的是，盾构掘进 6m 时，即盾构始发阶段，在其前方发生了略微的隆起，主要是由工作仓支护压力引起的，最大隆起量为 0.2mm，较小。

(3) 由于周围地层很软，使得盾构掘进对其前方地层的影响范围较大，开挖前方的影响范围约 12m，即 2 倍洞径，并且盾构掘进到达前的先期沉降较大。

(4) 盾构掘进引起的地表横向沉降分布与 Peck 统计地表沉降槽形状类似，即洞顶上方沉降最大，而距离隧道中线越远，沉降越小；隧道横向沉降影响范围为距离中线的 10m，即 3 倍洞径。对比拟合的 Peck 沉降曲线和数值分析的沉降曲线可知，在隧道中心位置两者较吻合，而在距离隧道较远处，Peck 沉降曲线的沉降小于数值模拟，即 Peck 曲线的沉降影响范围要小一些。

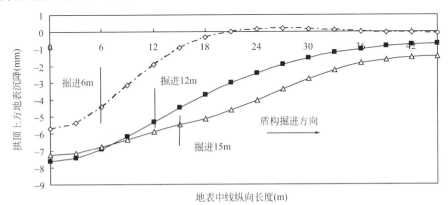

图 8-10 盾构不同掘进距离下拱顶上方地表沉降

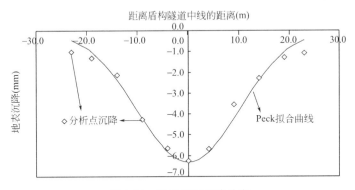

图 8-11 地表横向沉降分布

3. 围岩应力分析

图 8-12、图 8-13 给出盾构掘进 6m、12m、15m、18m 时的围岩最小主应力分布和最大主应力分布。从图 8-12、图 8-13 中分析可以看出：应力基本上呈现水平分布，表明隧道开挖的应力影响范围较小，只在工作面附近变化较大，所以施工中应通过监测调整工作仓中的支护压力大小，以平衡土体压力；盾构掘进 6m 时，洞内未出现拉应力，只在地表出现拉应力；随着盾构的推进，在工作面前方的土体出现拉应力，且拉应力数值增大，但量值较小，最大拉应力为 41kPa。

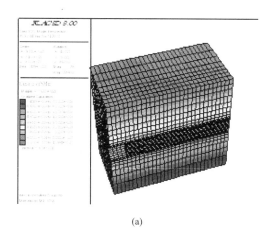
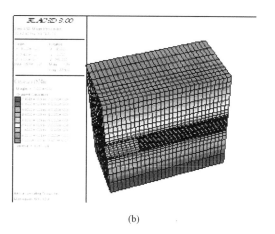

(a)   (b)

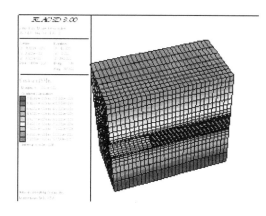
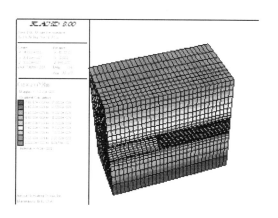

(c)   (d)

图 8-12 盾构不同掘进距离下围岩最大主应力

(a) 掘进 6m；(b) 掘进 12m；(c) 掘进 15m；(d) 掘进 18m

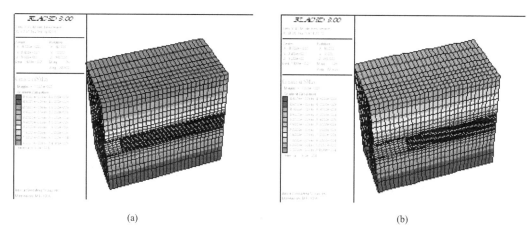

(a)   (b)

图 8-13 盾构不同掘进距离下围岩最小主应力

(a) 掘进 6m；(b) 掘进 12m

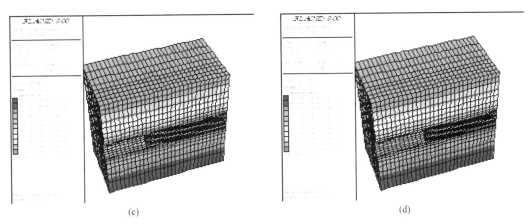

图 8-13 盾构不同掘进距离下围岩最小主应力（续）
(c) 掘进 15m；(d) 掘进 18m

4. 管片内力分析

图 8-14、图 8-15 给出盾构掘进 6m、12m、15m、18m 时的管片轴力和弯矩分布。从图 8-14、图 8-15 中分析可以看出：离工作面位置越近，则内力（轴力和弯矩）越小，这是由于工作面的支撑约束作用；在刚开始掘进 6m 时，盾构出现了拉轴力，最大值为 243kN；最大压轴力为 1200kN，位于拱脚位置；较大弯矩位于拱顶和仰拱，且整体上随着盾构掘进而增大，例如掘进 6m 时，最大弯矩为 212kN·m，掘进到 15m 时，最大弯矩达到 326kN·m。

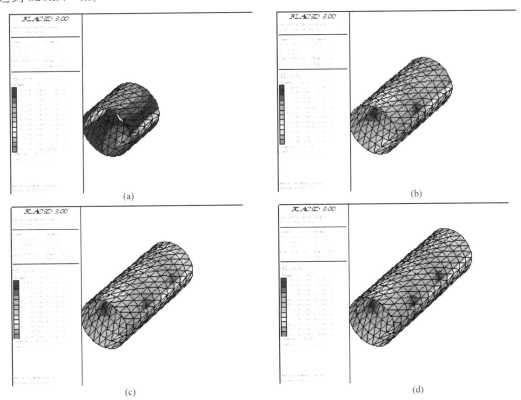

图 8-14 盾构不同掘进距离下管片轴力
(a) 掘进 6m；(b) 掘进 12m；(c) 掘进 15m；(d) 掘进 18m

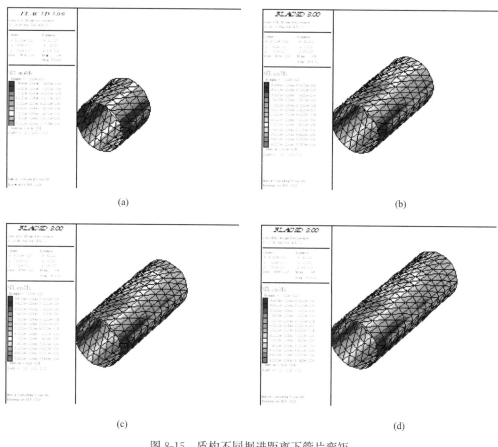

图 8-15　盾构不同掘进距离下管片弯矩

(a) 掘进 6m；(b) 掘进 12m；(c) 掘进 15m；(d) 掘进 18m

8.1.3　盾构施工影响因素分析

1. 土仓压力对地表变形的影响

为研究土仓压力对地表沉降的影响，定义支护压力比 λ，即土仓压力与工作面前方的土压力之比。不同支护压力比的地表沉降分布如图 8-16 所示，从图 8-16 中分析可知：不

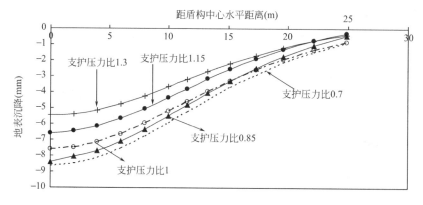

图 8-16　盾构不同支护压力比的地表沉降

同支护压力比下，在地表形成不同深度的沉降槽。土仓压力越大，沉降槽的深度越小。而当土仓压力不足以平衡前方水土压力时，地表沉陷范围扩大，在距离盾构中心 25m 处地表仍有 0.5~1.0mm 的沉降。

2. 注浆效果对地表变形的影响

盾构施工时，由于刀盘切削内轮廓断面大于衬砌管片外轮廓断面，即通常所说的超挖。在施工中通过盾尾处的同步注浆和补充的二次注浆填充超挖产生的空隙。注浆效果不同会引起地表沉降不同。由于还没有公认可靠的计算方法求得注浆效果与地层位移的关系，通常通过记录地表沉降值反映这一效果。一般认为注浆效果的好坏在计算时与隧道周边的应力释放存在关系，即：

$$Q(\%) = 1 - \frac{p_i}{p_0}(\%) \tag{8-17}$$

式中　Q——注浆效果；

　　　p_0——隧道未开挖时初始应力；

　　　p_i——开挖时的释放应力。

在用 FLAC 3D 计算时，开挖后应力释放并非在一瞬间完成，而是分步释放的过程。应力释放系数的确定可以由对计算时步的控制实现。若总计算时步为 N，分步计算时步为 N_1，则可认为 $\dfrac{p_i}{p_0} = \dfrac{N_1}{N}$。

不同注浆效果下地表横向位移曲线见图 8-17。从图 8-17 中分析可看出：注浆效果分别为 90%、60%、30%、10% 时，对应的地表中心最大沉降量分别为 0.98mm、10.23mm、21.48mm、23.10mm。说明注浆越及时，地表沉降值越小。如果地层应力释放系数较大时，即注浆滞后情况下，地表沉降值增大。因此在施工中应注意及时注浆，保证压注工作的及时性，争取做到衬砌环脱出盾尾后就立即压注填充材料，减少盾尾后面地层暴露的时间，以减少地层空隙的膨胀及坍塌。

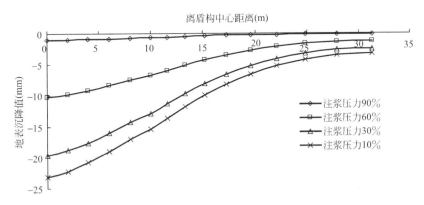

图 8-17　盾构不同注浆效果下地表沉降分析

3. 软硬不均地层对管片内力的影响

采用目前较成熟且常用的修正匀质圆环模型，根据相关工程经验，考虑纵缝刚度折减效应 $\eta=0.75$，同时地层与管片相互作用采用地基抗力系数进行模拟，结构受力体系如图 8-18 所示。不同硬土层深度下隧道内力变化趋势如图 8-19 所示。当硬土层低于 20m，即图 8-18 中 A 区时，随着硬土层面上升，内力呈下降趋势，但趋势并不明显。当硬土层面位于图 8-18 中 B 区时，即弹性抗力区时，随着基岩面上升，内力呈增大趋势，直至 3m 达到峰值，其后内力呈减小趋势。当硬土层面位于图 8-18 中 C 区时，随着硬土层面上升，内力变化不明显。

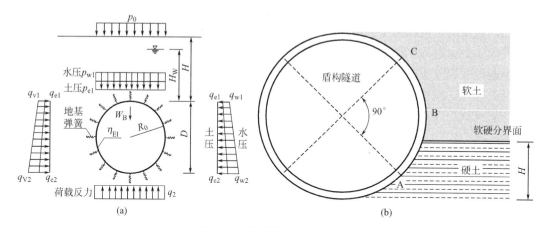

图 8-18 均质圆环模型示意图
(a) 模型受力示意图；(b) 软硬地层分界

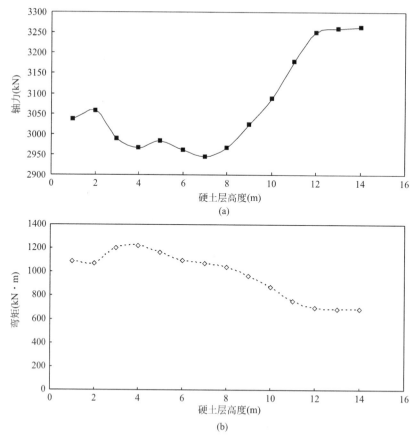

图 8-19 不同硬地层高度下管片最大内力
(a) 轴力随硬土层高度的变化；(b) 弯矩随硬土层高度的变化

8.2 地铁隧道下穿平南铁路施工数值模拟

8.2.1 数值模型的建立

数值模型如图 8-20 所示,为减小有限元模型中边界约束条件对计算结果产生的不利影响,计算域在水平方向上向左、向右各取 25m;在竖直方向上,向下取 25m,向上取至地面;隧道计算长度取 30m。左、右边界设为水平方向的位移约束,上边界设为自由边界,下边界设为竖向位移约束。隧道与轨道的交点在 $Y=10$m(即隧道向前开挖 10m),管片用壳单元模拟。

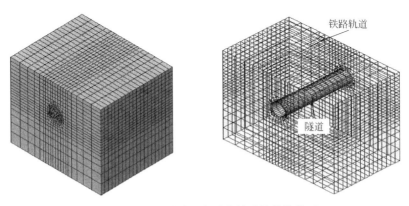

图 8-20 右线隧道下穿平南铁路的数值模型

8.2.2 围岩竖向位移分析

图 8-21 给出盾构不同掘进长度下围岩的竖向位移分布云图,图 8-22 给出隧道与轨道交点位置横断面的竖向位移分布情况。从图 8-21、图 8-22 中分析可知:

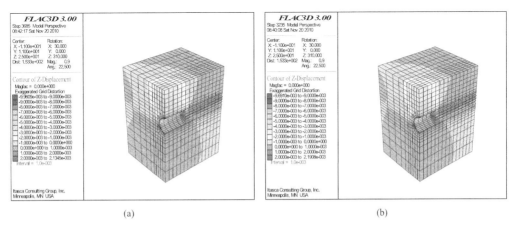

图 8-21 盾构不同掘进长度下围岩竖向位移分布
(a) 掘进 8m;(b) 掘进 10m

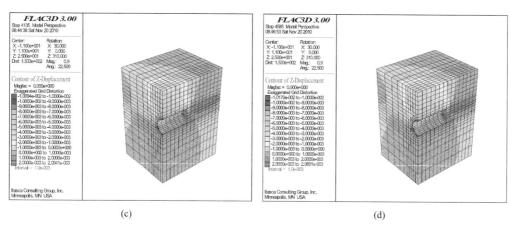

(c)　　　　　　　　　　　　　　　(d)

图 8-21　盾构不同掘进长度下围岩竖向位移分布（续）

(c) 掘进 12m；(d) 掘进 14m

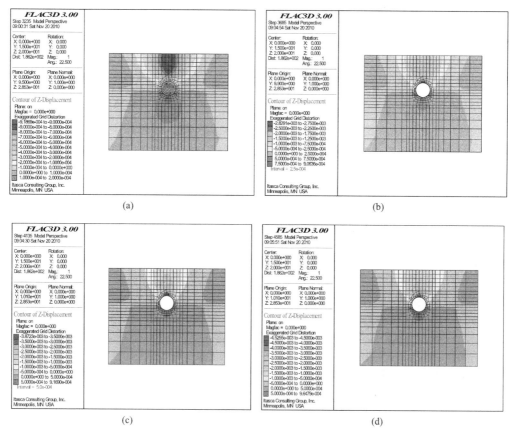

图 8-22　盾构不同掘进长度下隧道与平南铁路交点处横断面竖向位移分布

(a) 掘进 8m；(b) 掘进 10m；(c) 掘进 12m；(d) 掘进 14m

（1）对于围岩的整体位移，拱顶及其上部围岩发生沉降；而仰拱底部发生隆起（即向上的位移）；并且随着盾构向前推进，沉降范围逐渐加大；同时由于工作面的约束效应，在工作面后方距离其较远的地方，围岩沉降大，而距离其较近的地方围岩沉降小。盾构掘进至 8m 时，最大围岩沉降为 9.7mm，盾构掘进至 14m 时，最大围岩沉降为 10.2mm。对于地层中的位移，在拱顶处最大，而向地表则沉降逐渐减小，这是由于开挖卸荷是由洞周向地表逐渐扩展的。同时，由于盾构土仓压力的作用，在工作面前方的土体出现了略微隆起，最大隆起量为 2.1mm，小于地铁规定的 10mm 隆起量标准。

（2）对于隧道与平南铁路交点处横断面的围岩位移，在盾构未掘进至该断面时，围岩已发生沉降，但沉降数值较小，最大沉降为 0.9mm；盾构掘进通至该断面时，最大沉降为 2.8mm，盾构掘进通过该断面 2m 时，围岩最大沉降为 3.9mm，盾构掘进通过该断面 4m 时，围岩最大沉降为 4.5mm。

8.2.3 地表沉降分析

图 8-23 给出盾构不同掘进长度下地表沉降槽形状，图 8-24 给出不同施工时步下隧道与轨道交点位置横断面处地表横向沉降曲线，以及掘进到 10m 位置时的地表中线沉降。从图 8-23、图 8-24 中分析可知：

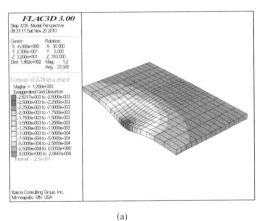

(a)

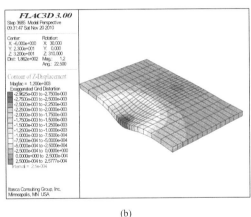

(b)

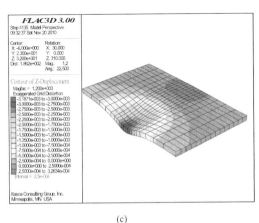

(c)

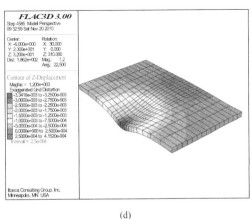

(d)

图 8-23 盾构不同掘进长度下地表沉降槽形状
(a) 掘进 8m；(b) 掘进 10m；(c) 掘进 12m；(d) 掘进 14m

(1) 地表沉降槽基本上关于隧道中线对称，且隧道中线沉降大，离中线越远，沉降越小，主要沉降发生在距离隧道中线 5m（1.5D）；随着开挖的推进，地表沉降范围不断扩大，且沉降值也逐渐加大。在距离隧道轴线 18m 以外，地表发生微小隆起，隆起值为 0.04mm，非常小。

(2) 地表沉降在隧道开挖面到达前已发生一部分前期位移，量值为 1.1mm，在实际施工中应尽量减少这部分前期位移。

(3) 盾构隧道开挖对前方的影响范围为 1D，即在前方 6m 范围内发生沉降，而前方大于 6m 的范围，地表发生略微隆起，主要由于盾构机推力的作用。

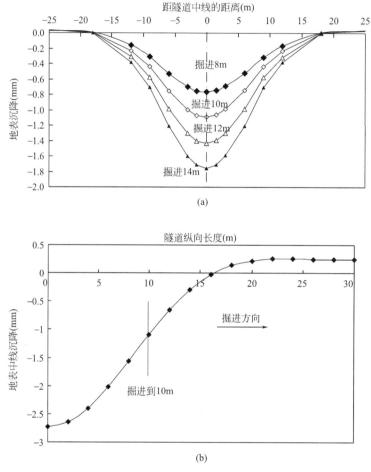

图 8-24 地表横向沉降和地表中线沉降曲线

(a) 盾构不同掘进长度下隧道与平南铁路交点处横断面地表沉降曲线；(b) 盾构掘进 10m 时地表中线沉降

8.2.4 围岩应力分析

图 8-25 和图 8-26 给出盾构不同掘进长度下围岩的最大主应力和最小主应力分布。从图 8-25、图 8-26 中分析可知：

(1) 从应力等值线的弯曲程度可以看出，隧道开挖影响的范围约 1.5D，即距离隧道中线 5m 左右的范围，同时围岩未出现拉应力，周边最大压应力为 337kPa，表明围岩较稳定。

(2) 由于开挖卸荷的作用，在拱顶、底板的应力比初始地应力要低；工作面为压应力，且比附近地层应力要大，主要由于土压平衡仓的压力引起的；隧道的拱腰和墙脚的应力集中程度较大。

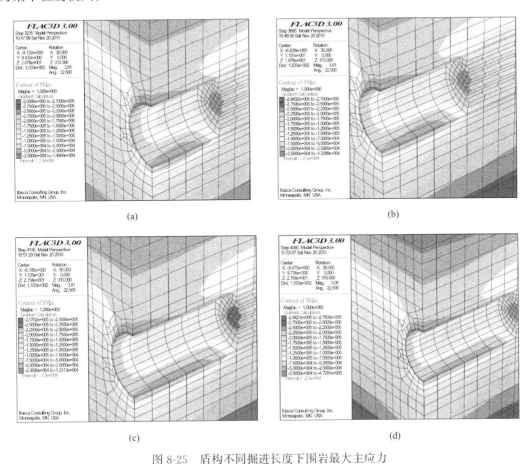

图 8-25　盾构不同掘进长度下围岩最大主应力
(a) 掘进 8m；(b) 掘进 10m；(c) 掘进 12m；(d) 掘进 14m

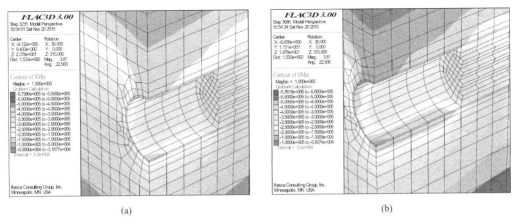

图 8-26　盾构不同掘进长度下围岩最小主应力
(a) 掘进 8m；(b) 掘进 10m

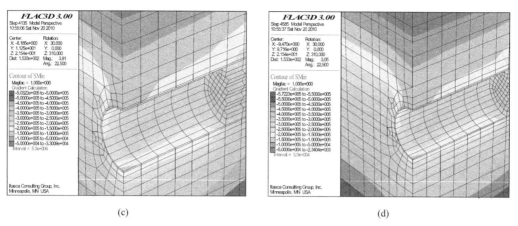

图 8-26 盾构不同掘进长度下围岩最小主应力（续）

(c) 掘进 12m；(d) 掘进 14m

8.2.5 管片内力分析

图 8-27 和图 8-28 给出盾构不同掘进长度下喷射混凝土的轴力和弯矩分布。从图 8-27、图 8-28 中分析可知：

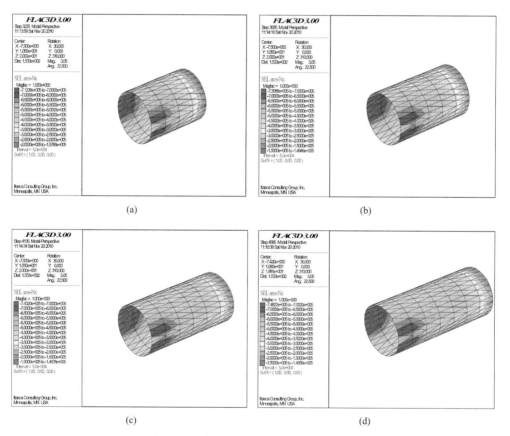

图 8-27 盾构不同掘进长度下初期支护轴力

(a) 掘进 8m；(b) 掘进 10m；(c) 掘进 12m；(d) 掘进 14m

（1）随着隧道开挖的推进，喷射混凝土的最大轴力和弯矩也在增大，例如掘进 8m 时，最大轴力值为 712kN，最大弯矩值达到 58kN·m；掘进 14m 时，最大轴力值为 748kN，最大弯矩值达到 63.9kN·m。

（2）由于掌子面的约束效应，距离掌子面近处的喷层轴力和弯矩较小；在左右墙脚处的轴力最大，而拱顶和仰拱处的弯矩最大。

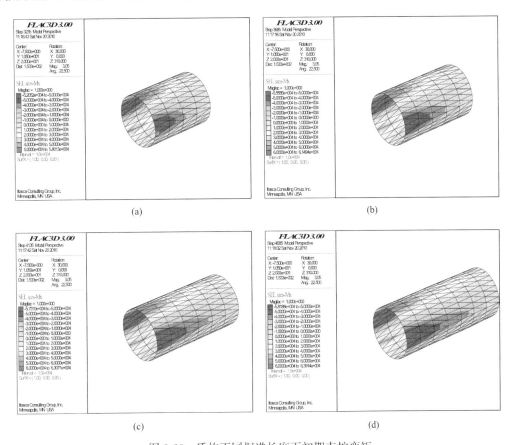

图 8-28　盾构不同掘进长度下初期支护弯矩
(a) 掘进 8m；(b) 掘进 10m；(c) 掘进 12m；(d) 掘进 14m

8.2.6　平南铁路轨道变形分析

图 8-29 给出盾构不同掘进长度下平南铁路的纵向沉降（沿轨道方向）。从图 8-29 中分析可知：

（1）盾构掘进引起轨道最大沉降为 2.6mm，量值较小；由于盾构推力的作用，轨道出现了隆起变形，但隆起值较小，最大隆起量为 0.31mm。

（2）由于平南铁路与隧道为斜交，所以隧道施工引起的轨道后方的沉降比前方的沉降要大，最大沉降位于隧道与轨道交叉点后方 5m 处。

8.2.7　平南铁路轨道受力分析

图 8-30 给出盾构不同掘进长度下平南铁路的轨道弯矩分布情况。从图 8-30 中分析可知：

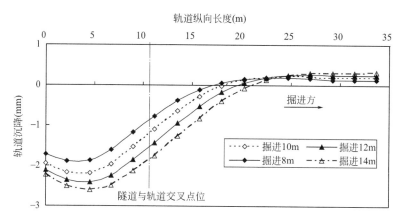

图 8-29　盾构不同掘进长度下平南铁路沉降曲线

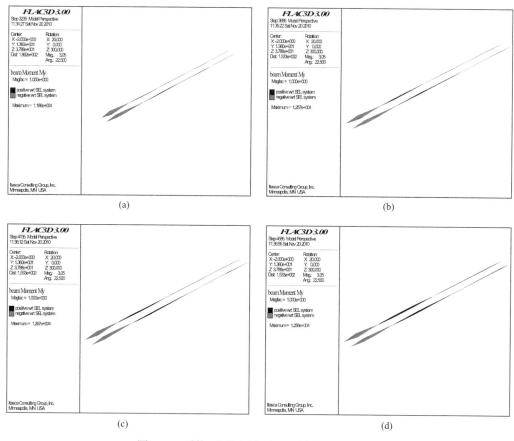

图 8-30　盾构不同掘进长度下平南铁路轨道弯矩
(a) 掘进 8m；(b) 掘进 10m；(c) 掘进 12m；(d) 掘进 14m

（1）整体上轨道最大弯矩随着盾构的推进而增大，盾构推进至 8m 时，最大弯矩为 11.9kN·m，盾构推进至 10m 时（隧道与铁路轨道相交处），最大弯矩为 12.6kN·m，盾构推进至 12m 时，最大弯矩为 12.7kN·m。

（2）根据梁的弯曲理论可知，最大弯矩一般位于曲率最大的地方，对比图 8-30 可以进一步判断在交点后方为最大凹曲率，而在前方为最大凸曲率，并且后方的凹曲率大于前方的凸曲率，因此隧道施工开挖对交点后方影响比前方大。

8.3 地铁隧道邻近建筑物施工变形控制标准与风险评估

本节以隧道下穿平南铁路为例，研究隧道邻近建筑物变形控制基准的步骤及风险管理的过程。

8.3.1 地铁下穿平南铁路变形控制标准及变形安全性分析

隧道开挖引起的地表沉降对既有铁路线路的影响主要表现在两个方面：一方面可能造成水平（指线路两股钢轨顶面的相对高差）超限；另一方面可能造成前后高差（指沿线路方向的竖向平顺性）超限。

《铁路线路修理规则》规定：两股钢轨顶面水平的容许偏差，正线及至发线不得大于 4mm，其他站线不得大于 5mm。一般情况下超过允许限值的水平差，只是引起车辆摇晃和两股钢轨的受力不均，导致钢轨的不均匀磨损。但如果在延长不足 18m 的距离内出现水平差超过 4mm 的三角坑，将导致一个车轮减载或悬空，如果此时出现较大横向力作用，有可能发生脱轨事故。

前后高低不平顺对线路运营危害较大。列车通过这些地方时，冲击动力可能成倍增加，加速道床变形，从而进一步扩大轨道不平顺，加剧机车车辆对轨道的破坏，形成恶性循环。一般情况下，前后高低不平顺的破坏作用同不平顺（坑洼）的长度成反比，而同它的深度成正比。《铁路线路修理规则》规定：线路轨道前后高低差用 $L=10$m 弦量测的最大矢度值不应超过 4mm。

根据隧道施工引起的地表沉降槽规律，地表横向变形要比沿隧道轴线方向的变形显著。当既有线路正交于施工隧道轴线时，既有线路的运营安全主要受控于轨道的前后高低不平顺。

根据 Peck 沉降曲线规律，若已知地表沉降槽的宽度 W，由轨道前后高低不平顺决定的地表允许沉降为：

$$[S_{\max}] = \frac{W}{L}[\delta] \tag{8-18}$$

式中　$[\delta]$——铁路轨道允许 10m 弦量测的最大矢度值，取 4mm；
　　　L——量测弦长，取 10m；
　　　W——沉降槽影响宽度，一般可以按下式计算：

$$W = 5i \tag{8-19}$$

式中　i——沉降槽宽度系数，根据地层参数及相关经验公式求出。

不同学者根据 Peck 沉降曲线规律，提出了沉降槽宽度系数 i 计算公式，如表 8-2 和表 8-3 所示，图 8-31 进一步给出了不同沉降宽度系数对地表弯曲和倾斜的影响。

我国部分地区沉降槽宽度参数的初步建议（R 为隧道半径）　　　表 8-2

地区	地层基本特征	i 的初步建议值
广州	黏性土，砂土，风化岩	$i = 0.76Z$
深圳	黏性土，砂土，风化岩	$i = (0.60 \sim 0.80)Z$
上海	饱和软黏土，粉砂	$i = 0.50Z$
柳州	硬塑状黏土	$i = (0.30 \sim 0.50)Z$
北京	砂土，黏性土互层	$i = (0.30 \sim 0.60)Z$
西北黄土地区	均匀致密黄土	$i = 0.41Z$
台湾	砂砾石	$i = 0.48Z$
香港	冲积层，崩积层	$i = 0.34Z$

地表横向沉降槽　　　表 8-3

提出者		i 的表示公式
Peck(1969)	黏土上限	$i = 1.314R(Z/2R)^{0.73}$
	黏土下限	$i = 1.033R(Z/2R)^{0.57}$
Rankin(1975)		$i = 0.5Z$
Clough 和 Schmidt(1981)		$i = R(Z/2R)^{0.8}$
Attewell(1981)		$i = R(Z/2R)^{0.68}$
O'Reilly New(1982)		黏性地层：$i = 0.43Z + 1.1$
		无黏性地层：$i = 0.28Z - 0.1$
Mair(1985)		对于黏性土：$i = 0.4Z$；
		对于淤泥质黏土：$i = 0.7Z$
		一般情况下：$i = 0.5Z$
Loganathanbe 和 Poulos(1998)		$i = 1.15R(Z/2R)^{0.9}$
刘建航和侯学渊(1991)		$i = Z/[2.5\tan(45° - \varphi/2)]$
赖庆和(1994)		$i = 0.39Z + 3$

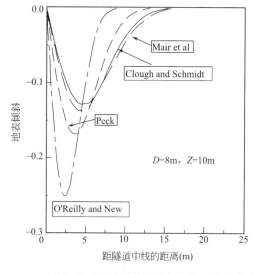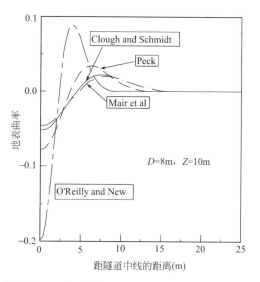

图 8-31　不同沉降槽宽度参数下的地表弯曲和倾斜（D 为隧道直径，Z 为隧道埋深）

对于斜下穿公路,则需要把相应公式中的宽度沉降系数进行修正($i'=i/\sin\theta$,θ 为隧道线路中线与公路线路中线的夹角)。

深圳地铁 5 号线下穿平南铁路时,地铁轴线和隧道轴线是斜交的,斜交的角度约为 27.1°,此处埋深约为 11.5m,取 $i=0.5Z$,则可得沉降槽宽度系数为 5.7m,经过斜交修正后,可得沉降槽宽度系数为 11.4m,带入公式(8-18)和公式(8-19),便可求得允许的最大沉降为 23mm。考虑到此处埋深较浅及轨道的安全,建议变形控制值取 15mm(取安全系数 1.5)。

由上节可知地铁隧道下穿平南铁路时,轨道的最大变形为 4.4mm,远小于控制标准,所以该施工方案是安全可行的。

8.3.2 地铁隧道邻近建筑物的风险评估过程

在地铁施工过程中,地层的扰动必然会对地铁结构周围的建筑物产生一定程度的影响。为了确保地铁施工期间建筑物的安全使用,必须对建筑物的现状进行调查和评估,预测地铁施工对建筑物产生的影响范围和程度,及时采取相应的处理措施,才能使地铁施工在保证建筑物正常运营的前提下得以安全有序地进行。因此,应开展以下 5 个方面的工作:①施工影响分区或邻近程度研究;②邻近建筑物的调查与现状评估;③地铁施工控制标准的制定;④地铁施工对邻近地层和建筑物的影响与风险评估;⑤地铁施工过程风险应对措施。

1. 隧道施工对邻近建筑物影响分区研究

在工程应用中,首先把隧道对周围的影响按范围划分为受影响区域和不受影响区域。对不受影响区域的建筑物认为受施工影响程度可忽略不计;而部分或全部位于受影响区域的建筑物则要进行影响程度的判断,对受影响程度大的建筑物需要采取相应的处理措施。

目前,对影响区域的划分还没有统一的标准,但基本原则是:建筑物基础底部向下卧层地基土扩散附加应力的有效范围,应离开隧道周围和上方土体受扰动后的塑性区,以防止塑性区土体施工沉降和后期固结沉降引起建筑物不能承受的差异沉降。一种简单实用的方法是:假设基底压力按 45°向下扩散,影响范围边线定在隧道扰动区外,并认为隧道扰动区为 2R(R 为隧道等效半径),见图 8-32。

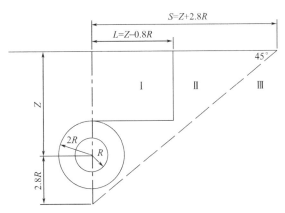

图 8-32 隧道施工的影响范围划分图

其中，Ⅲ区为不受影响区域，而Ⅰ、Ⅱ区为受影响区域，且一般Ⅰ区的建筑需要采取托换、加固等措施保证安全；Ⅱ区的建筑物会受到影响，但一般不会对安全和正常使用造成影响。对于受影响区域的建筑物特别是Ⅰ区的建筑物，为确定其受影响的程度以及是否需要采取措施和采取哪些措施，设计中必须对已有建筑物进行变形等预测分析，定量掌握其受隧道施工的影响程度。主要有两种预测方法：一是将建筑物和地层分开考虑的隔离法（把建筑物和地基分开考虑，首先进行地基变形预测分析，然后将隧道施工引起的地基变化作为建筑物的输入条件进行结构分析）；二是将建筑物和土层作为一个整体考虑的整体分析法（一般需要用有限元等数值方法进行计算分析）。

根据上述影响分区，可以把邻近建筑物分为以下4个评估等级：

(1) 不评估（图8-32中不受影响的Ⅲ区）。根据邻近建筑物的性质、位置、基础形式等，认为施工对建筑物的影响很小，对这类建筑物只调查、不评估。

(2) 初步评估（图8-32中受影响的Ⅱ区）。为了避免大量复杂和不必要的计算，对地铁隧道沿线施工影响范围内大量邻近建筑物进行初步评估。初步评估主要以邻近建筑物处的最大沉降和最大倾斜为基础。根据Rankin的建议，对于最大倾斜小于1/500和最大沉降小于10mm的建筑物没有任何破坏风险。在初步评估中，可沿着规划隧道线路标注地表沉陷的轮廓。对于特别敏感或重要的建筑物，应采用更严格的倾斜和沉降控制基准。在预测初步评估中，可以采用Peck公式法和随机介质理论等方法进行预测变形。

Peck公式法是Peck(1969)在墨西哥国际土力学地基基础会议上，基于当时大量隧道开挖施工引起的地表沉降实测资料，提出的地表下沉预测的实用方法（图8-33）：

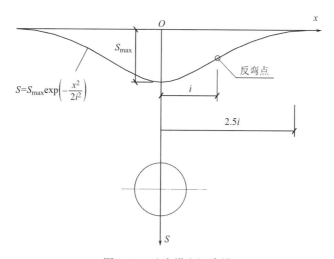

图8-33　地表横向沉降槽

$$S(x) = S_{\max} \exp\left(-\frac{x^2}{2i^2}\right) \tag{8-20}$$

$$S_{\max} = \frac{V_i}{i\sqrt{2\pi}} \approx \frac{V_i}{2.5i} \tag{8-21}$$

式中　$S(x)$——距离隧道中心轴线为x处的地表沉降；

　　　$S_{\max}$——隧道中心线处的地表最大沉降；

i ——沉降槽宽度系数,即隧道中心至反弯点的距离;

V_i ——隧道单位长度的地层损失。

根据 Peck 公式可得隧道施工引起的水平位移分布、地表曲率和沉降槽等,如图 8-34 所示。从图中分析可以看出:

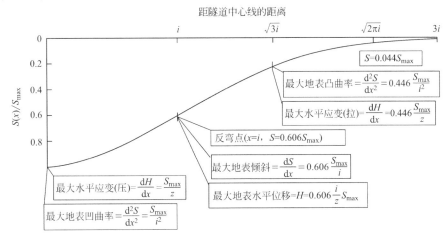

图 8-34 单孔隧道半地表横向沉降槽

① 地表倾斜在隧道中心线处为 0,随着与隧道中心轴线距离的增加,倾斜逐渐增加,在 $x=\pm i$ 最大,随后逐渐减小直至为 0;同时地表曲率在 $x=\pm i$ 处为 0,在隧道中心线处凹曲率最大,在 $\pm\sqrt{3}i$ 凸曲率最大。

② 隧道中心线两侧地表产生了指向隧道中心轴线方向的水平移动。在隧道中心线处水平位移等于 0,随着与隧道中心线距离的增加,地表水平位移逐渐增大,在 $x=\pm i$ 处,地表水平位移达到最大值,随后地表水平位移逐渐减小直至趋近于 0。

③ 地表在 $(-i,i)$ 范围内,地表发生压缩变形,在隧道中心线上方地表产生最大的压缩变形,在区域 $(-\infty,-i)$ 和 $(i,+\infty)$ 内地表产生水平拉伸变形,在 $\pm\sqrt{3}i$ 处水平拉伸变形最大。

(3) 二次评估与详细评估(图 8-32 中受影响的Ⅰ区)。当邻近建筑物超过初步评估认定的范围时,需进行二次评估和详细评估。在此类评估中,要对邻近建筑物、隧道施工方法做详细的考虑。

2. 邻近建筑物调查

资料调查的目的是确切地掌握建筑物的实际数据及其与地铁结构之间的空间位置关系。资料调查包括与邻近建筑物和地铁结构相关的资料。

与邻近建筑物相关的调查资料主要包括:原设计图和竣工图、工程地质报告(对于以前没有或缺少的资料,必要时须进行补勘)、历次加固和改造设计图、事故处理报告、竣工验收文件和检查观测记录;原始施工情况(原始施工资料);建筑物的使用条件;根据已有的资料与实物进行初步核对、检查和分析。

与地铁结构相关的资料调查主要包括:平面布置图;施工区地质资料图;设计资料,包括车站纵横断面形式与尺寸等;与建筑物位置关系图;结构材料性能和几何参数检测和分析,结构构件计算分析、现场实测,必要时进行结构检验。

了解地铁施工前建筑物的当前工作状态,为地铁施工过程中地面沉降(倾斜)控制标准和施工技术方案的制定提供依据,应对工程影响范围内的建筑物进行现状评估。评估的目的在于:①准确判断建筑物的危险程度,及时对建筑物进行治理和加固,确保使用安全;②通过检测及分析,评估建筑物当前的工作状态和抵抗附加变形的能力;③为制定建筑物附加变形(如沉降、差异沉降、水平位移及倾斜等)的极限控制值提供依据。

3. 地铁施工控制标准的制定

对于地表沉降的控制标准,目前国内还没有统一的标准,但无论是设计单位还是施工单位,都有一个不成文的规定,即在浅埋暗挖地铁施工过程中,地表沉降值控制在30mm以内。实际上,通过对北京地铁5号线12个浅埋暗挖区间、7个浅埋暗挖车站的地表沉降值的统计分析,地表沉降值远大于30mm(例如北京地铁5号线蒲黄榆车站,多数地表测点沉降值超过200mm),但周围建筑物均未出现危险。

因此对于地表沉降控制标准的问题,应根据地铁施工范围内的环境进行分析。隧道开挖完全要求建筑物不出现沉降、变形和裂缝等几乎是不可能的,只是其大小而已,问题的关键在于如何将其控制在容许范围之内。对此,有关设计标准做出了具体的规定。以下为收集的国内外一些国家对于控制基准的规定:

(1)法国的相关标准

法国 M. Louis 提出最大容许位移随埋深增大而增加,约为埋深的1/1000。

法国工业部制定的隧道位移基准值如表8-4所示(隧道断面$50\sim100m^2$)。该基准可作为初选位移基准值的参考,重要的是靠工程经验积累。

从表8-4中分析可以看出:①该标准考虑了围岩条件和埋深的影响,而未考虑隧道开挖形状的影响;②在同样埋深下,软岩的允许拱顶沉降大于硬岩的;③在同样围岩条件下,容许拱顶沉降随埋深增加而增大。

法国不同埋深的拱顶和地表容许下沉值 表8-4

隧道埋深(m)	洞内拱顶容许下沉(mm)		地表容许下沉(mm)	
	硬岩	软岩	硬岩	软岩
10~50	10~20	20~50	10~20	20~50
50~100	20~60	100~200	20~60	150~300
100~500	50~100	—	50~100	200~400
500~750	40~120	200~400	40~120	300~600

(2)日本的相关标准

日本某公司提出根据岩石单轴抗压强度确定拱顶下沉临界值,如表8-5所示。

拱顶下沉值(cm) 表8-5

警戒水平	岩石单轴抗压强度(MPa)		
	$R_C>100$	$R_C=5\sim100$	$R_C=0.5\sim5$
Ⅰ	0.3~0.5	0.5~1	1~3
Ⅱ	1~1.5	1.5~4	4~9
Ⅲ	3~4	4~11	11~27

从表 8-5 中分析可以看出：其考虑岩石强度影响及不同警戒水平要求，但未考虑隧道埋深和隧道形状的影响；在同样警戒水平下，抗压强度越低，容许的拱顶沉降越大；而在同一抗压强度下，警戒水平越高，容许的拱顶沉降越小。

日本《新实法设计施工指南》提出按照监测的总位移值（或根据已监测位移预计的最终位移值）给出围岩类别，然后据此确定与围岩类别相应的支护系统。净空变化值与围岩类别的关系如表 8-6 所示。

对表 8-6 的深入分析可知：①其考虑了围岩类别和隧道跨度两个因素的影响，而未考虑埋深的影响；②在同样跨度下，围岩越差，允许的净空变化值越大；③在同样围岩条件下，跨度越大，允许的净空变化值越大。

净空变化值与围岩类别的关系   表 8-6

围岩类别	净空变化值(mm)	
	单线	双线
Ⅰ～Ⅱ	>75	>150
Ⅱ～Ⅲ	25～75	50～150
Ⅲ～Ⅴ	<25	<50

日本根据施工经验和对已建隧道工程的监测资料分析，提出了位移基准值确定的建议，具体为：

① 在硬岩中，最适宜的位移基准值可确定为数毫米，若围岩节理裂隙发育时，最适宜的位移基准值可确定为数十毫米至十毫米的范围。但在施工中应密切注意，当开挖工作面前进到超过监测断面 1～2 倍洞径时，位移速率应有明显的收敛趋势。

② 在没有大塑性流动的软岩中，最适宜的位移基准面可确定为数毫米至十毫米的范围。施工中，当开挖工作面前进到超过监测断面 1～2 倍洞径时，位移速率应有明显的收敛趋势。

③ 在有大塑性流动的地层或膨胀性地层中修建隧道工程时，位移基准值可确定为数十毫米至数十厘米的范围。当开挖工作面前进到超过监测断面 3～4 倍洞径时，位移速率应有明显的收敛趋势。

④ 在土质地层或硬岩中的断层破碎带地层中，位移基准值可确定为数毫米至数十毫米的范围。但在施工中，在施作仰拱使断面闭合后的数天之内，位移速率应有明显的收敛趋势。

⑤ 在上述各种情况下，如果位移速率没有明显的收敛趋势，说明可能会产生超过位移基准值范围的较大位移，甚至造成坍塌事故。

（3）美国的相关标准

美国工程师根据现场监测位移值的大小确定危险控制标准，如表 8-7 所示。

弗郎克林控制标准   表 8-7

等级	标准	措施
三级控制	任一点位移大于 10mm	报告管理人员
二级控制	两个相邻点的位移均大于 15mm，或任一测点的位移速度超过 15mm/月	口头报告，召开会议，写出书面报告和建议
一级控制	位移大于 15mm，并且多处测点的位移均在加速	主管工程师立即进行现场调查，召开现场会议，研究应急措施

(4) 我国国内的相关规定

在参照国外有关资料并在对我国一些工程实测数据进行统计分析的基础上,我国《岩土锚杆与喷射混凝土支护工程技术规范》GB 50086—2015 和《公路隧道设计细则》JTG/T D70—2010 提出采用允许相对位移值的方法,如表 8-7 所示。

隧道周边任意点的实测相对位移值或用回归分析推算的最终位移值均应小于规定值;当位移速率无明显下降时,此时实测相对位移值已接近表 8-7 中规定的数值,或者支护混凝土表面已出现明显裂缝时,必须采取补强措施,并改变施工方法或设计参数;一般收敛监测的基准值根据工程类比法确定,将收敛值管理基准定为:收敛变形速度 3~4mm/d,最大变形值 20~50mm。

对表 8-8 做进一步分析可知:①该表考虑了隧道埋深和围岩类别两项因素,未考虑隧道的跨度或开挖断面的大小;②在同样围岩条件下,埋深越大,允许的相对收敛越大;③在同样埋深下,围岩条件越差,允许的相对收敛越大。

洞周允许相对收敛值(%) 表 8-8

围岩级别	埋深(m)		
	<50	50~300	>300
Ⅱ	0.1~0.3	0.2~0.5	0.4~1.2
Ⅲ	0.15~0.5	0.4~1.2	0.8~2.0
Ⅳ	0.2~0.8	0.6~1.6	1.0~3.0

注:1. 相对位移值是指实测位移值与两测点距离之比,或拱顶位移值与隧道宽度之比;
2. 坚硬围岩取小值,软弱围岩取大值。

我国北京市、广州市根据地区经验,建议地铁工程施工相应的监测控制基准如表 8-9~表 8-11 所示。从表 8-9~表 8-11 中分析可知:区间的变形控制标准要比车站的控制标准严格;北京的控制标准要比广州的严格;盾构的要比暗挖法的严格。

北京地铁盾构法施工监测控制基准 表 8-9

监测项目	基准值(mm)	位移平均值和最大速度控制值(mm/d)
地表沉降	20	平均值为 1;最大值为 3
拱顶下沉	20	平均值为 1;最大值为 3

北京地铁浅埋暗挖法施工监测控制基准 表 8-10

监测项目		基准值(mm)	位移平均值和最大速度控制值(mm/d)
地表沉降	区间	30	平均值为 2;最大值为 5
	车站	60	
拱底隆起	区间	10	—
	车站	10	
拱顶下沉	区间	60	平均值为 2;最大值为 5
	车站	120	
水平收敛	区间	20	平均值为 2;最大值为 3
	车站	20	

广州地铁施工监测控制基准　　　　　　　　　　表 8-11

监测项目	基准值(mm)	控制基准
地表沉降	Ⅰ、Ⅱ类围岩	30mm
	Ⅲ、Ⅳ类围岩	19mm
拱顶下沉	Ⅰ类围岩	50mm
	Ⅱ类围岩	30mm
	Ⅲ、Ⅳ类围岩	19mm
变形速度	Ⅰ、Ⅱ类围岩	5mm/d
	Ⅲ、Ⅳ类围岩	3mm/d
建筑物倾斜	全线	3‰

(5) 国内外地铁工程相关规定的对比

表 8-12 给出国内外地铁工程变形监测基准的对比。从表 8-12 中可以看出，我国的变形控制标准比国外的变形控制标准要严格一些。

国内外地铁工程变形监测基准对比　　　　　　表 8-12

标准	地面最大沉降(mm)	地面沉降槽拐点曲率	地层损失系数(%)	洞内边墙水平收敛(mm)	洞内拱顶下沉(mm)
日本、法国、德国标准	50	1/300	5	20～40	75～229
我国管理标准	30	1/500	5	20	50

4. 地铁施工对邻近建筑物影响的风险评估

结合上述邻近建筑物调查现状、隧道控制基准等，采用模糊评价法对盾构隧道邻近建筑物施工进行风险评估。

结合模糊评价法，从风险发生概率和风险损失角度对隧道邻近建筑物的风险进行评估。隧道施工阶段存在各种风险因素，且大部分很难用准确的数字进行量化，一方面由于隧道本身存在众多的不确定性，例如地质情况，另一方面缺乏隧道各种风险发生概率和风险潜在损失的相关数据的统计分析；即使是在有统计数据的情况下，同一风险事件在不同隧道工程中，其造成的风险损伤也不完全相同。因此，隧道风险的评价不能用确定的方法进行精确评估，但可以根据工程经验和专家知识采用语言生动地描述出它们的性质及其可能产生的风险损伤，因此，用模糊评价法理论度量风险更具有现实意义。模糊评价法是美国学者 L. A. Zadeh 在 1965 年提出的，是利用模糊集理论评价工程项目风险的一种方法。模糊评价法的一个重要概念就是隶属度函数，其定义为：设模糊论域为 u，u 到 $[0，1]$ 闭区间的任一映射 μ_A 都确定 u 的一个模糊子集 A。

(1) 模糊隶属度函数的选取

采用"接近于"隶属度函数描述专家对估计值的确切程度，见公式 (8-22)，其首先由 Baldwin (1979 年) 提出，随后 Hyo-Nam Cho (2002 年) 对其做了改进。

$$f(u) = \begin{cases} (2u^{1/a})^{a^n}, & 0.0^a < u < 0.5^a \\ (2-2u^{1/a})^{a^n}, & 0.5^a < u < 1.0^a \end{cases} \tag{8-22}$$

式中　　n 取 4、2、1、0.5 和 0.25 时，$f(u)$ 分别描述"极接近 (VVC)""非常接近

(VC)""接近(C)""有点接近(FC)""略接近(FFC)";

u——隶属度函数曲线的横坐标;

a 的确定方法——根据专家经验和相关工程实例,估计某一风险事件发生的概率和损失,例如 0.3,令 $u=0.5^a=0.3$,则得 $a=1.737$。

描述接近 0.3、0.5 和 0.7 的隶属度函数曲线如图 8-35 所示。

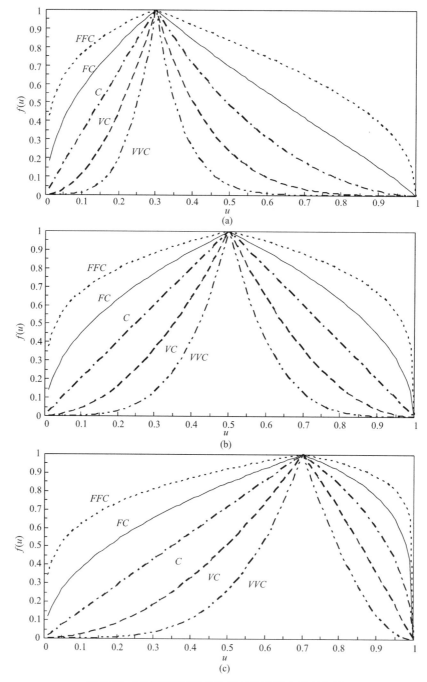

图 8-35 描述接近不同估计值时的模糊隶属度曲线

(a) 描述接近 0.3 时模糊隶属度曲线;(b) 描述接近 0.5 时模糊隶属度曲线;(c) 描述接近 0.7 时模糊隶属度曲线

(2) 风险估计

根据工程相关实例、专家经验法，并结合上述"接近于"隶属度函数对风险发生概率和发生后果损失进行估计。影响专家主观判断的因素有风险事件的复杂程度、专家自身受教育的程度和经验等；影响概率参数估计效果的因素有数据的可靠性、完整性和概率分析方法的适用性。

首先根据表 8-13 判断专家确信程度的描述类型，然后根据图 8-35 选择合适的隶属度函数曲线，取置信水平 λ，根据隶属度曲线与直线 $f(u)=\lambda$ 的两个交点的横坐标即为模糊估计的最大值和最小值。

专家估值确信程度的判断准则　　　　表 8-13

来自主观判断的不准确性		来自概率参数估计的不确定性		对专家估值确信程度的描述
工程的复杂性对结果的影响	专家受教育程度及经验对结果的影响	数据的可靠性及充分性对结果的影响	数据分析方法的适用性对结果的影响	
很小	很小	很小	很小	VVC
很小	小	很小	小	
小	很小	小	很小	
很小	一般	很小	一般	VC
一般	很小	一般	很小	
小	小	小	小	
小	一般	小	一般	C
一般	小	一般	小	
很小	大	很小	大	
大	很小	大	很小	
一般	一般	一般	一般	FC
小	大	小	大	
大	小	大	小	
一般	大	一般	大	FFC
大	一般	大	一般	
大	大	大	大	

风险度 r 取决于风险事件发生概率 P_f 和风险发生损失 C_f，按事件和表示为：

$$r = P_f + C_f - P_f C_f \qquad (8-23)$$

$$P_f = \sum_{i=1}^{n} w_i P_{fi} \qquad (8-24)$$

$$C_f = \sum_{j=1}^{m} w_j C_{fj} \qquad (8-25)$$

式中　　P_{fi}——第 i 个风险事件发生的概率；

w_i——第 i 个风险事件发生的权重；

C_{fj}——第 j 个风险事件发生的损失；

w_j——第 j 个风险事件发生损失的权重。

风险度 r 的模糊区间为 $[r_{\min}, r_{\max}]$，其中：

$$r_{\min} = P_{f\min} + C_{f\min} - P_{f\min} C_{f\min} \tag{8-26}$$

$$r_{\max} = P_{f\max} + C_{f\max} - P_{f\max} C_{f\max} \tag{8-27}$$

在多个专家对同一个风险事件进行评价时，需要对多个专家的估计结果进行综合分析。可综合考虑专家的职称、从事隧道工程时间、对隧道风险相关理论的掌握及对本隧道的了解程度等确定专家自身权重，根据下式计算风险事件：

$$P_i = \sum_{k=1}^{s}(w_{ik} \cdot E_{ik}) \tag{8-28}$$

式中　　P_i——专家对第 i 个风险事件评价；

w_{ik}——第 k 个专家在对评价第 i 个风险事件时权重，其中 $\sum_{k=1}^{s} w_{ik} = 1$；

E_{ik}——第 k 个专家对第 i 个风险事件的评价结果。

(3) 风险评价等级

风险事件概率等级、损失等级和风险评价等级如表 8-14 所示。

风险评价等级表　　　　　　　　　　表 8-14

概率		损失		风险评价	
描述	估值	描述	估值	风险度	等级
频繁发生	0.9	灾难性的	0.9	[0.95,1)	极高
可能发生	0.7	非常严重的	0.7	[0.8,0.95)	高度
偶尔发生	0.5	严重的	0.5	[0.5,0.8)	中度
很少发生	0.3	较大的	0.3	[0,0.5)	低度
不可能	0.1	轻微的	0.1	—	—

8.3.3　地铁隧道过平南铁路的风险评估实例

采用模糊评价法进行评估，盾构隧道下穿平南铁路的风险发生概率估值为 0.8，确信程度为 VVC，取置信水平 $\lambda = 0.9$，则可得风险发生的概率范围为 [0.779, 0.820]，风险损失的估值如表 8-15 所示（考虑各风险损失权重相等，取置信水平 $\lambda = 0.9$）。考虑各子风险损失权重，可得综合风险损失值为 0.438，范围为 [0.385, 0.490]；考虑风险发生概率，可得风险评价值为 0.888，范围为 [0.864, 0.908]，所以由模糊评价法评估结果为高度风险，在施工中应采取风险应对措施。

盾构隧道下穿平南铁路损失估计　　　　　　　　表 8-15

风险损失	权重	确信程度	损失估计值	模糊损失范围
经济损失	0.25	VC	0.4	[0.379,0.421]
工期损失	0.25	FC	0.4	[0.324,0.480]
人员伤亡	0.25	FC	0.2	[0.162,0.243]
环境损失	0.25	C	0.75	[0.675,0.816]

8.3.4 地铁隧道过平南铁路的风险应对措施

1. 风险应对措施

盾构隧道下穿铁路的控制措施，根据作用对象不同分为以下三种：

(1) 既有铁路的保护对策。盾构掘进前对线路进行加固，例如扣轨、便梁托换等；盾构掘进中对线路进行维修调整，例如通过起道换碴、跪下垫钢片等方式调整轨道和线路，同时对列车进行限速。

(2) 中间地层加固对策。在施工前对中间地层加固，能起到很好的土体改良效果，可以有效地降低盾构掘进施工期间对周边土体的扰动作用。

(3) 隧道施工对策。主要有严格控制土仓推力、顶进速度及隧道偏移量，尽可能减少对周围土体的扰动，确保盾构开挖面的稳定，并在管片脱出盾尾时及时采用同步注浆、二次注浆填充盾尾建筑空隙。对同步注浆的浆液质量、注浆量、注浆压力严格控制。

2. 风险应急预案

盾构穿越既有铁路存在一定的施工风险，针对有可能发生的一些突发事件，从管理、技术和组织等方面分析，制定相应的应急预案。

(1) 工程施工前成立由铁路局、建设方、监理方、施工方、设计方等组成的现场指挥部，并认真做好施工管理及操作人员安全技术交底工作。

(2) 盾构下穿铁路前 30m，做好机械设备的检修及各项施工材料准备，并在指挥部、施工现场、项目部建立信息化施工。

(3) 建立风险管理及应急事件处理机构，从组织、方案、人员、设备物资等全方位予以保证，编制应急预案并进行多次演习，准备好各种应急物资。

(4) 加大铁路线路监护：下穿铁路时，在平南铁路运营部门和养护部门设联络员和现场防护员，密切查看线路状况，安排铁路专业人员定时检查线路轨矩、方向、水平、高低等几何状态，出现异常时立即采取相应措施。

(5) 加强施工管理，严格执行各项任务落实制度，并邀请铁路及地铁盾构专家进行现场指导。

8.4 小结

地铁隧道施工多是在软弱土体中进行，土体是一种成因复杂的天然散粒体，在静力场作用及地质构造作用下处于一种平衡状态。隧道的掘进、开挖不可避免地对土体产生扰动，破坏了这种相对的平衡状态，经过一段时间后隧道所在周边土体又相继处于另一种平衡状态。由于土体一般为非连续介质，因此难以用连续的力学观点精确计算出施工对周边环境的扰动程度。随着计算机技术等相关理论知识的发展，计算机数值模拟技术已广泛应用于工程实践中，结合经验与理论能更直观地再现地铁隧道整个施工过程，可以获得较好的结果。

本章主要针对深圳地铁 5 号线的盾构法施工及其过南平铁路段施工进行建模，分析研究地铁施工下围岩的变形受力特性和管片的内力状态，进一步分析其影响因素，并研究盾构下穿南平铁路时的铁路安全性及其控制标准与风险评估，以期能进一步优化施工参数设置，并提出相应的风险控制措施。

（1）对于围岩竖向位移，整体上拱顶及其上部围岩发生沉降，而仰拱底部发生隆起（即向上的位移），并且随着盾构掘进的增加，沉降范围逐渐加大，最大沉降值也在加大。

（2）掘进 6m 时最大地表沉降为 6.5mm，而掘进 15m 时最大地表沉降为 8mm。值得注意的是，盾构掘进 6m 时，即盾构始发阶段，在其前方发生了略微的隆起，主要由于工作仓支护压力引起的，最大隆起量为 0.2mm，较小。

（3）盾构掘进引起的地表横向沉降，在洞顶上方沉降最大，而距离隧道中线越远，沉降越小；隧道横向沉降影响范围为距离中线 10m 处，即 3 倍洞径。

（4）从计算结果分析可以看出：应力基本上呈现水平分布，表明隧道开挖的应力影响范围较小，只是在工作面附近变化较大，所以在施工中应通过监测调整工作仓中的支护压力大小，以平衡土体压力。

（5）平南铁路变形分析：①盾构掘进引起轨道最大沉降为 2.6mm，量值较小；由于盾构推力的作用，轨道出现了隆起变形，但隆起值较小，最大隆起量为 0.31mm。②由于平南铁路与隧道为斜交，所以隧道施工引起的轨道后方的沉降比前方的沉降要大，最大沉降位于隧道与轨道交叉点后方 5m 处。

（6）平南铁路轨道受力分析：①整体上轨道最大弯矩随着盾构推进而增大，盾构推进至 8m 时，最大弯矩为 11.9kN·m，盾构推进至 10m 时（隧道与铁路轨道相交处），最大弯矩为 12.6kN·m，盾构推进至 12m 时，最大弯矩为 12.7kN·m。②根据梁的弯曲理论可知，最大弯矩一般位于曲率最大的地方，对比图 8-32 可进一步判断在交点后方为最大凹曲率，而在其前方为最大凸曲率，并且后方的凹曲率大于前方的凸曲率，因此隧道施工开挖对交点后方影响比前方大。

（7）地铁隧道下穿南平铁路时，轨道的最大变形为 4.4mm，远小于控制标准，所以该施工方案是安全可行的。

第 9 章 软硬不均地层盾构施工风险防控技术研究

9.1 研究背景及意义

地铁已成为城市公共交通的重要手段，起到越来越大的作用。具有代表性的地下铁道施工方法有明挖法和盾构法，其中盾构法施工是软弱地层中最好的施工方法之一。盾构施工法快速发展和普及的主要背景：一是城市建设急速发展造成环境破坏，交通拥堵，占用人类正常生活的土地，因此人们对地下空间开发、利用的需求越来越大；二是开发地下空间时，由于明挖施工造成对地上交通的影响以及施工时的噪声、振动、空气污染等对环境的影响和带来的公害，人们要求更加环保的施工方法；三是由于盾构施工法除竖井以外，几乎没有地面上的作业，不受地面交通、建筑物、河流等条件的影响，可实现全天候施工。近年来随着盾构机械设备和施工工艺的不断发展，适应大范围的工程地质和水文地质条件的能力大大提高，各种断面形式的盾构机械和特殊功能的盾构机械相继出现，为城市地下空间的发展提供有力的技术支持。盾构具有金属外壳，壳内装有整机及辅助设备，用于土体开挖、土渣排运，整机推进和管片安装等作业。

随着城市经济的高速发展，越来越多的城市都将地下交通网线作为解决交通拥挤的最有效的手段，这亦使地铁盾构法施工在不断普及和高速发展的同时面临更大的挑战。盾构法施工将向大深度、急曲线、长距离、大直径的趋势发展，尤其是对含有较大漂石、砂卵石、砾石和上软下硬交互地层中的盾构隧道施工，将带来盾构机压力平衡、壁后注浆及纠偏、土体位移及地表沉降控制等困难，以及刀具磨损快等一系列技术和理论问题。

针对以上问题，提出合理经济的盾构掘进施工关键技术、指导现场施工是本章的主要内容。本章结合深圳地铁 5 号线工程民治站～五和站工程勘察结果及厦门地铁 1 号线岛内段和岛外段现场实际情况，从现场实际施工的角度出发，提出盾构掘进关键技术，为盾构掘进施工技术做了大量的补充，可为工程施工提供参考。

9.2 盾构掘进关键技术研究

9.2.1 上软下硬不均匀地层分布情况

民治站～五和站区间隧道项目在工程实施前及实施中，先后进行 1 次物探、2 次地质补勘工作，尤其是对硬岩地段、上软下硬地段的地质状况进行重点勘察，对全线工程地质及水文地质情况有了系统的认识，为盾构机掘进参数选择奠定基础。

一般情况下，初步地质勘探时的地质钻孔间距较远，不能满足经常存在侵入体、岩脉、花岗石残留体和大量夹杂物的海相洪积地层、花岗石等侵入岩地层中的施工需要。本项目在施工前进行了详细的补充地质勘探，基本查明了隧道范围内的一些地质情况：

① 软硬不均地段的硬岩分布位置和占开挖面积，软土的类别和相应参数；
② 硬岩侵入隧道的高度和走势；
③ 硬岩的风化状况、裂隙发育情况、强度和整体性；
④ 是否有孤石或其他硬质夹杂体存在；
⑤ 软硬不均地段的上方覆土类别。

区段地质构造主要表现为燕山期花岗石岩浆侵入作用，花岗石在风化作用下形成残积层，其上为坡积层、冲洪积层、地表为人工填土层。场地地质构造简单，勘察未发现断层，基岩中发育有构造节理，构造稳定性较好。

拟建区间范围内上覆第四系人工堆积层（Q_4^{ml}）、冲洪积层（Q_4^{al+pl}）、坡积层（Q_3^{dl}）、残积层（Q^{el}），下伏燕山期花岗石（γ_5^3），主要地层概述为：

第四系人工堆积素填土，杂填土，冲洪积淤泥质黏土，黏土，粉质黏土，粉砂，砾砂，圆砾，坡积黏土，残积砾质黏性土、砂质黏性土。

燕山期花岗石：中粗粒结构，块状构造，主要成分为石英、长石、云母，按风化程度可分为全风化岩、强风化岩、中等风化岩、微风化岩。

区间隧道左线围岩性质、分布特征为：

左线底板：

DK21+822.591～DK22+075 围岩主要为花岗石残积土、全风化花岗石，围岩分级为Ⅴ级。

DK22+075～DK22+110 围岩主要为中等风化花岗石，围岩分级为Ⅲ级。

DK22+110～DK22+155 围岩主要为花岗石残积土、全风化花岗石，围岩分级为Ⅴ级。

DK22+155～DK22+195 围岩主要为风化成砂土状的强风化花岗石，围岩分级为Ⅳ级。

DK22+195～DK22+270 围岩主要为中等风化花岗石，围岩分级为Ⅲ级。

DK22+270～DK23+819.487 围岩主要为花岗石残积土、全风化花岗石，局部为强风化花岗石，在 DK22+440 附近的隧道底板下有微风化花岗石风化球揭露，围岩分级为Ⅴ级。

左线边墙：

DK21+822.591～DK23+080 围岩主要为花岗石残积土、全风化花岗石，局部为强风化～中等风化花岗石，围岩分级为Ⅴ级。

DK23+080～DK23+235 围岩主要为人工填土①$_1$、冲洪积粉质黏土、砾砂及花岗石残积土，结构松散，围岩分级为Ⅵ级。

DK23+235～DK23+340 围岩主要为坡积黏土、花岗石残积土，围岩分级为Ⅴ级。

DK23+340～DK23+415 围岩主要为人工填土①$_1$、坡积黏土，局部为花岗石残积土，结构松散，围岩分级为Ⅵ级。

DK23+415～DK23+780 围岩主要为坡积黏土、花岗石残积土，围岩分级为Ⅴ级。

DK23+780～DK23+819.487 围岩主要为冲洪积砾砂、花岗石残积土，结构松散，围岩分级为Ⅵ级。

左线拱顶：

DK21+822.591～DK21+875 拱顶及以上围岩主要为人工填土、冲洪积砾砂、花岗石残积土，结构松散，围岩分级为Ⅵ级。

DK21+875～DK23+060 围岩主要为坡积黏土、花岗石残积土、全风化花岗石，围岩分级为Ⅴ级。

DK23+060～DK23+620 围岩主要为人工填土①$_1$、坡积黏土，结构松散，围岩分级为Ⅵ级。

DK23+620～DK23+760 围岩主要为坡积黏土、花岗石残积土，围岩分级为Ⅴ级。

DK23+760～DK23+819.487 围岩主要为人工填土①$_1$、冲洪积黏土、砾砂，结构松散，围岩分级为Ⅵ级。

在场地中下的伏花岗石区，花岗石残积层和风化岩中偶尔存在差异风化现象。表现为残积层中存在中等～微风化花岗石；全风化、强风化花岗石地层中存在中等～微风化花岗石，在钻孔 ZD-mw-11、ZD-mw-29、ZD-mw-44、ZD-mw-61、ZD-mw-87、ZD-mw-96 揭露有球状中等风化岩体；在钻孔 ZD-mw-31、ZD-mw-44、ZD-mw-61、ZD-mw-94、ZD-mw-99、ZD-WH-01 揭露有球微风化岩体。

花岗石的主要矿物成分为石英、长石及少量的黑云母、角闪石。花岗石残积土中的长石、云母、角闪石已完全风化，只有石英矿物残留成石英角砾。花岗石残积土存在一个上部硬壳层和下部相对软弱层，主要是因为深圳地区气候高温湿润，接近地表的残积土因受水淋滤作用，氧化铁富集，并稍具胶结状态，形成网纹结构，土质较坚硬；其强度低于上部土段，再往下由于风化程度减弱，强度逐渐增加。因此，残积土强度从地面向下呈现硬—软—硬的现象。由于盾构一般穿越深度较大，穿越残积土软硬土层的分界层，因此呈现上软下硬的土层特征，见图 9-1。

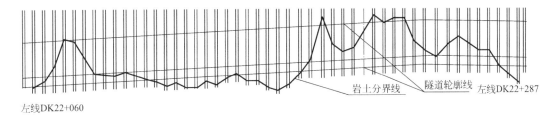

图 9-1　左线软弱不均匀地层分布

9.2.2　民五隧道盾构施工关键技术

盾构法在软硬复合地层施工中存在着诸多问题，例如刀具磨损严重、不正常损坏多、更换困难等造成掘进受阻，刀盘磨损致使刀盘强度和刚度降低而无法掘进，刀盘受力不均致使主轴承受损或主轴承密封被破坏等。

上软下硬地层是一种特殊的地质，既有软岩地层的不稳定性，又有硬岩的强度。在这类地层施工，由于盾构机推进过程中刀盘切削工作面土体上部软地层较易进入密封土仓，而下部较硬岩体不易破碎，盾构机的姿态比较难控制。上软下硬地层中掘进工艺流程见图 9-2。

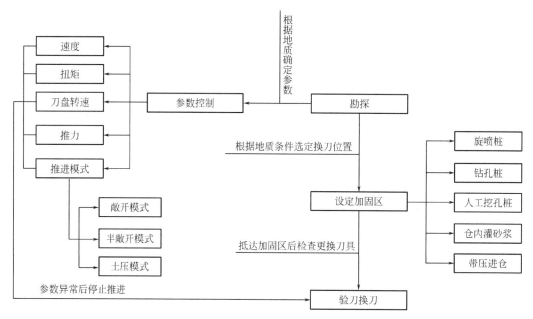

图 9-2　上软下硬地层中掘进工艺流程图

1. 盾构机掘进技术

（1）刀盘转速的选择

硬岩硬度较高，盾构掘进中滚压破岩时刀具受到的压力较大。为确保刀具瞬时冲击力不超过安全荷载，应适当控制刀盘转速，不宜采用较快刀盘转动速度掘进。

在上软下硬地层中掘进，软岩部分只需对掌子面进行切削即可破坏土层，而局部岩石硬度较高，硬岩处刀盘的滚刀受力较大，局部硬岩对刀具即刀盘的损伤较大，应适当降低刀盘转速，使刀具受到的瞬时冲击小于安全荷载 25t。刀盘的转速要控制在 1.3～1.5r/min，见图 9-3。

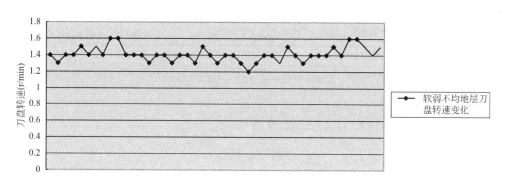

图 9-3　软弱不均地层刀盘转速

根据实际地质条件，在刀具的选型及布置上着重增强其对地质的适应性。在掘进中加强对刀具的管理，制定详细的刀具管理计划以及刀具监控检查和更新方法，严格按计划换刀。

(2) 土仓压力的选择

在软硬兼有的地质下，如果只考虑保护刀盘，单纯按硬岩方式掘进，势必造成超挖和地表沉降。掘进时应保持较高的土仓压力与掌子面压力平衡，即在全土压平衡模式下掘进。土仓上部压力保持 0.16～0.2MPa，土仓底部压力保持 0.24～0.28MPa。

(3) 油缸推力的选择

在上软下硬地质下掘进，必须降低推力，调整掘进参数，以求在现有刀具条件下的最佳掘进效果。由于局部存在的硬岩对刀具的磨损严重，应减少刀具在连续工作时受到的冲击力以保护刀具。刀盘扭矩是刀具在受到冲击力后的直接体现，降低刀盘扭矩实际就是减少刀具所受的冲击力。在软硬不均的上软下硬地层中，刀盘扭矩的最大值应保持在 1.5MN·m 以下，掘进速度控制在 3～5mm/min，推力在 1000～1600t。根据实际情况各参数值可进行适当的调节，见图 9-4。

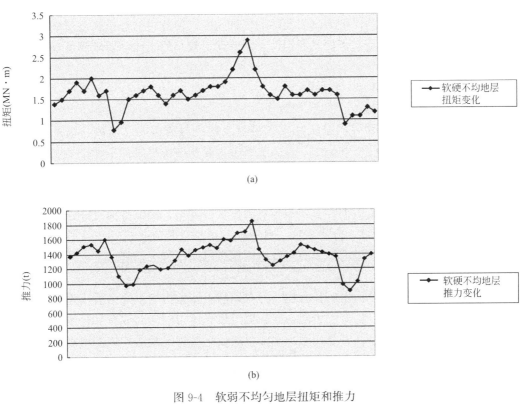

图 9-4　软弱不均匀地层扭矩和推力
(a) 扭矩；(b) 推力

(4) 渣土改良技术

根据国内外工程经验，在软硬不均地层的盾构施工中，渣土改良是保证盾构施工安全、顺利、快速的一项不可或缺的重要技术手段。渣土改良具有较好的土压平衡效果，有利于开挖面的稳定从而控制地表沉降；使渣土具有较好的止水性，可防止地下水流失；使渣土具有较好的和易性，切削下来的渣土易于快速进入土仓并顺利排土，可有效防止土渣粘结刀盘而产生泥饼；可有效降低刀盘扭矩，改善土体对刀盘、刀具和螺旋输送机的磨损。

在软硬岩中使用渣土改良技术的主要作用是降低对刀具和螺旋输送机的磨损，防止涌水。一般采取向刀盘前和土仓内及螺旋输送机内注入含水量较大的泡沫，注入泡沫剂和水能冷却刀具，又能改良渣土，使渣土具有良好的流动性。硬岩中注入的泡沫量一般为 35L/m，并视渣土情况加少量水或不加水。在泡沫剂作用下，刀盘作用在掌子面上的有效扭矩得以增加，同时可以减少刀具连续工作状态下的磨损量。

泡沫通过盾构机上的泡沫系统注入。泡沫的组成比例一般为：泡沫溶液的组成为泡沫添加剂 3%、水 97%。泡沫组成为 90%~95% 压缩空气和 5%~10% 泡沫溶液混合而成。泡沫的注入量按开挖方量及渣土实际情况计算，一般为 $300～600L/m^3$。膨润土泥浆的配合比为水∶膨润土∶粉煤灰∶添加剂＝4∶1∶1∶0.11，加泥量为 5%~20% 出土量。注入压力比盾构的土仓压力略高。

(5) 螺旋输送机转速

在上软下硬地层中，土压的保持是非常重要的。由于软岩部分非常容易坍塌，而硬岩部分硬度较高不易切削，为保护刀具需要降低掘进速度，但此时的掘进速度对软岩部分的稳定非常不利。因此要保证掌子面的稳定性，需要保持较高的土压，要求螺旋输送机的出渣量，转速一般保持在 2~4r/min。

2. 姿态控制技术

(1) 盾构机的姿态控制

盾构姿态监控通过自动导向系统和人工测量复核进行盾构姿态监测。该系统配置导向、自动定位、掘进程序软件和显示器等，能够全天候在盾构机主控室动态显示盾构机当前位置与隧道设计轴线的偏差及趋势。随着盾构推进导向系统后视基准点前移，通过人工测量进行精确定位。为保证推进方向的准确可靠，计划每 30~50m 进行一次人工测量，以校核自动导向系统的测量数据并复核盾构机的位置、姿态，确保盾构掘进方向的正确。

盾构机共 24 组推进油缸，分为六区，每区油缸可独立控制推进油压。盾构姿态调整与控制可以通过分区调整推进油缸压力进行盾构掘进方向调整与控制。

1) 滚动偏差

开挖掌子面推进的支反力由管片提供，刀盘切削土体的扭矩主要由盾构壳体与洞壁间形成的摩擦力矩平衡。稳定性好的岩层，盾构掘进机壳体与洞壁间只有部分摩擦提供摩擦力矩。当摩擦力矩无法平衡刀盘切削土体产生的扭矩时将引起盾构体的滚动，过大的滚动会影响管片的拼装，也会引起隧道轴线的偏斜。

因此，在盾构支承环处增设一对横向撑靴，必要时可以使用撑靴提高盾构抵抗扭转的能力。特别是在硬岩地段，为保持较高的掘进速度，使用横向撑靴对限制盾构体的滚动有较大的作用。

2) 方向偏差

在盾构推进过程中，不同部位推进千斤顶参数设定的偏差容易引起掘进方向的偏差。盾构表面与地层间的摩擦阻力不均衡，开挖掌子面上的土压力以及切口环切削欠挖地层引起的阻力不均衡，也会引起一定的偏差。开挖掌子面岩层分界面起伏较大，掌子面软硬不均，也容易引起方向偏差。即使是在开挖掌子面土体的力学性质十分均衡的情况下，受盾构刀盘自重影响，盾构也有低头的趋势。

因此在掘进过程中，应对竖直方向的误差进行监测与控制。

3) 方向控制及纠偏注意事项

① 在切换刀盘转动方向时，保留适当的时间间隔，切换速度进行控制，切换速度过快可能造成管片受力状态突变而使管片损坏。

② 根据掌子面地层情况及时调整掘进参数，调整掘进方向时设置警戒值与限制值。当盾构姿态达到警戒值时实行纠偏程序。

③ 蛇形修正及纠偏时缓慢进行，如果修正过程过急，蛇形反而更加明显。在直线推进的情况下，选取盾构机当前所在位置点与设计线上远方的一点作一直线，然后再以这条线为新的基准进行线形管理。在曲线推进的情况下，使盾构当前所在位置点与远方点的连线同设计曲线相切。

④ 推进油缸油压调整加强控制管理，否则可能造成管片局部破损甚至开裂。

⑤ 正确进行管片选型，确保拼装质量与精度，以使管片端面尽可能与计划的掘进方向垂直。

⑥ 盾构始发、到达时的方向控制极其重要，按照始发、到达掘进的有关技术要求，做好测量定位工作。

(2) 管片姿态控制及防破碎

1) 影响因素为

① 在上软下硬地层中，管片受力不均，超出其抗压强度破损；

② 由于软硬不均造成盾构机姿态偏离轴线，造成挤压破碎。

2) 采取的措施为

① 控制盾构的扭转，选择合理的推力；

② 严格管片选型，确保盾尾间隙均匀；

③ 提高管片的安装精度；

④ 正确控制好转弯地段的盾构姿态，缓慢掘进，慎重纠偏；

⑤ 控制注浆压力，确保填充质量。

3. 换刀加固区技术

(1) 加固区位置选定

换刀加固区选定原则为：

1) 在上软下硬地层中，20～25m 需要设定加固区；

2) 穿越建（构）筑物等地质不明段时，穿越前应设定加固区，防止被动换刀，对地面建（构）筑物造成严重影响；

3) 在含有孤石地层中，对孤石处理位置进行相应加固区设置。

根据勘察情况，以民治站～五和站区间为例，选定 DK22+060 旋喷桩加固区，DK22+188 旋喷桩加固区，DK22+424 仓内注浆换刀，DK22+475 带压进仓检查刀具，DK22+485 冲击钻回填加固区，DK22+525 风井换刀，DK22+840 冲击钻回填加固区，DK23+030 冲击钻回填加固区，DK23+235 竖井换刀，DK23+527 注浆加固区换刀。

根据实际施工效果，加固区位置选择基本合理，在磨损超限之前完成更换。

(2) 换刀加固区方法概述及比选

一般情况下，掌子面加固分为仓外和仓内，仓外包括旋喷桩加固、钻孔桩回填、挖孔桩加固、注浆加固等；仓内主要有气压平衡和仓内注浆加固。

1）旋喷桩加固

本区间旋喷桩加固区有 3 处，分别为左线 DK22+220、右线 DK22+066、DK22+188，加固区长度为 3~4m，宽度为 9~11m，隧道范围内上下各 3m，加固示意图见图 9-5。根据加固区开仓换刀来看，效果并不理想，几个加固区均出现掌子面不稳定的情况，给正常施工带来严重的危害，也对施工进度造成严重滞后。

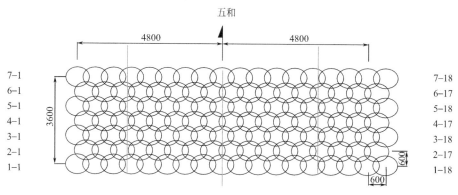

图 9-5　旋喷桩加固（单位：mm）

加固效果不理想的原因主要有以下几方面：

① 地质原因：隧道掘进范围内多为硬塑状砾质黏土，旋喷范围不能满足桩桩交圈的条件；

② 旋喷参数：水压、气压、浆液压力没有达到，水泥的使用量，提升速度的控制等。

旋喷桩加固区成本分析：旋喷桩施工单价为实桩 90~110 元/m，空桩 45~55 元/m，水泥 P·O 42.5 单价 440 元/t，水电费不计。按每个旋喷桩加固区 120 根桩、隧道底部埋深 24m、每根桩 25m 深、实桩每米水泥量 500kg/m 计算，一个旋喷桩加固区的成本约为：$100×9×120+50×16×120+0.5×9×120×440=441600$（元）。

2）钻孔桩加固区

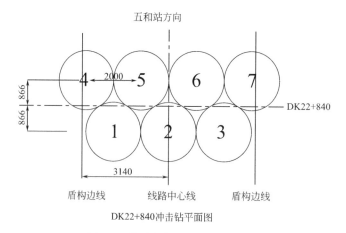

DK22+840 冲击钻平面图

图 9-6　钻孔桩加固（单位：mm）

本区间有 4 处采用钻孔桩施工方法设置的加固区（图 9-6），分别为左线 DK22+485、右线 DK22+485、右线 DK22+840、右线 DK23+030。总体设计 2 排钻孔桩，前 3 后 4，盾构机停机位置在第一排中间与第二排桩开始之间的位置。钻孔桩操作方便，成本较低，施工中往往和处理孤石结合在一起，但场地有一定限制要求。

钻孔桩加固区施工分析：

钻孔桩施工单价 230 元/m，包括埋设护筒、冲孔桩成孔、泥浆制作等全部工作内容，按照每根桩 25m 深制作，回填 9m 高 C15 混凝土，混凝土单价 240 元/m^3，机械倒运 7500 元/次，水电费不计。

一个钻孔桩加固区成本约为：$25×7×230+9×3.14×0.5×0.5×7×240+7500×2=67120$（元）。

3）注浆加固

本区间共 1 处采用注浆法设置加固区，位置为右线里程 DK23+527 处，采用二重管无收缩双液 WSS 工法注浆技术；桩有效深度 9m（盾构底部以下 3m 至顶部以上 3m）；桩中至中间距离 1m，钻头定位误差小于 20mm，垂直度小于 1°；水泥水玻璃配合比为 1∶1，水泥用量 200～300kg/m；梅花布置，7 排共 67 根，实际注浆 27 根，注浆 904.5m^3，水泥使用 185t。

根据开仓换刀过程来看，本加固区稳定，掌子面无漏水、坍塌情况未出现。

注浆加固采用总价包干的方式，不计水泥消耗，包干费 48 万元，水泥 400 元/t，注浆加固区成本为：$480000+185×400=554000$（元）。

4）带压换刀

本区间共使用带压开仓一次，位置为右线里程 DK22+475，只进行检查，没有换刀，带压开仓使用有一定局限性，不仅对地质有一定的要求、时间有限制，而且要求进行作业的施工人员是专业人员。一般来说，只适合检查刀具，不适合大量换刀和需要气割、电焊作业配合作业的情况。

根据带压作业的实际情况来看，掌子面稳定，但作业空间条件差、压力大、温度高、声音吵，易疲劳，工作效率低。

带压进仓成本预估：$7000×2+6×200=15200$（元）。

操仓台班费 7000 元/台班，人工费 200 元/次，刀具检查过程共计耗时 2 个台班，进仓 2 次，计 6 人。

5）仓内注浆

本区间使用仓内加固方法累计共 6 次，有 4 次是被动换刀，2 次是加固区无法从地面施工。

此种方法适用于不稳定土层、无法保证长时间气压稳定、地面无法进行预加固，或者地面有建（构）筑物等的情况。优点：投资较少，适用广泛，安全性高，砂浆达到强度后，前方土体能够稳定，可以在同一平面多作业面同时工作。缺点：比其他开仓方式多一道清土程序；浆土凝固拆装刀比较麻烦；盾构机在换刀结束后需要脱困，有一定风险，如果注浆效果不好，达不到前方稳定的效果，且此时土仓又被浆体所困，影响无法预估。

(3) 开仓换刀作业

1）开仓前工具物资准备

通风设备：用一台口径为 ϕ30 风机通过送浆管向土仓内送风。

照明设备：准备低压防爆灯及手提充电灯照明，应急灯作备用。

工具准备：准备安全带、麻绳、尼龙绳、踏板、气动扳手、手动葫芦、铁锹、铁铲、电焊机、氧气乙炔、风炮、照相机、吹风筒、对讲机等。

2) 开仓作业程序（图 9-7）

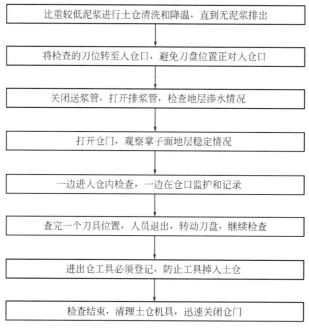

图 9-7 开仓作业程序

(4) 开仓换刀情况

在上软下硬地层中采用盾构施工，很容易造成局部刀具受力超载，刀盘和轴承受偏心荷载作用，对盾构工作状态非常不利。因此，需要进入渣仓内了解工作面软硬不均程度，以确定掘进推力的大小，避免刀具超载工作而受破坏。为保护盾构机，掘进时需要经常有计划地检查刀具状况。检查刀盘及换刀的位置，一般应选择在稳定地层中进行。在上软下硬地层中检查刀盘刀具时，必须进行地层稳定性的评估。土压平衡盾构机上配备有带压进仓系统，可以在确保掌子面稳定的前提下，安全进入土仓进行刀盘检查工作。在无法实现带压进仓的情况下，必须对掌子面地层进行辅助加固。

为确保刀具磨损达到极限值时能够及时换刀，应注意总结刀具在类似地层中的磨损规律，超前制定刀具配件计划，并结合工程地质及地面环境等因素，提前确定开仓检查刀具位置，做到开仓的计划性、可控性。在软硬不均及硬岩地层中施工时，一般中心双刃滚刀磨损达到 20mm、正滚刀磨损达到 17mm、边滚刀磨损达到 15mm 时，即进行刀具的更换。更换下来的刀具可以应用在强风化及以下地层施工中。

1) DK22+065 全断面换刀

根据地质勘探，左线盾构里程从 DK22+058（156 环）～DK22+103（186 环）、DK22+183（240 环）～DK22+244（281 环）存在强度在 100MPa 左右的花岗岩，其中盾构穿越范围全为花岗岩。

清仓后，加气推刀盘 5cm。仓门打开后，刀盘前方掌子面为全断面花岗岩，该次换刀为主动换刀，实际开仓后掌子面情况与地质勘探吻合。人员进入仓内开始换刀，此次共换单刀 31 把、中心刀 4 把、齿刀 31 把，边缘刮刀未换，刀具磨损严重，大部分刀具报废。此次换刀历经时间为 2009 年 4 月 30 日～5 月 7 日。由于刀盘推后 5cm，刀与掌子面分离，第一次换刀过程顺利。

2) DK22+068 全断面换刀

为总结在全断面推进中刀具的磨损情况，决定以盾构机在全断面推进 2 环后再次开仓。

根据出土情况判断可以开仓。仓门打开后，前方掌子面仍为全断面，然后检查刀具，滚刀有 1/3 有均磨，均磨在 15mm 之内。最后决定将均磨刀具全部换掉，此次换单刀 15 把。

3) DK22+220 旋喷桩加固区换刀

这次总共换了 33 把单刀、4 把中心刀，其中 13 号、15 号刀在盾构推进 80cm 后再次更换，由于岩石突出部分为刀盘中心区域，故中心区域刀偏磨损比较严重，其他周边刀磨损主要表现为均匀磨损。

换刀原则：先易后难，前方掌子面虽然进行多次加固，但渗漏水情况始终没有间断，风险依然存在，为了尽可能多的换刀，先把比较容易拆出的刀换掉，然后根据掌子面稳定情况，集中人员抢拆比较难拆的刀（每班分为 2 个小组，每个小组 3 人）。

换刀过程：在整个换刀过程中，影响换刀进度的因素有三个：第一为物资准备不足，第二为刀具拆除困难，第三为作业人员刀具拆除不熟练。其中拆除比较困难及耽误时间最长的刀有 6 号、8 号、9 号、10 号、11 号。6 号、8 号刀的装拆过程使用膨胀剂将周边岩石破裂，9 号刀使用氧气乙炔烧割完成，10 号、11 号使用风镐凿除突出岩石使其装上。这些刀在盾构机刀盘刀座上已严重变形。其他刀在装拆过程中也遇到一些问题，例如：17 号刀在拆除中，矿灯没电，仓内作业人员看不清刀具磨损状况，无法确定是否需要更换刀具。14 号刀在拆除中，2t 手动葫芦坏了，库房没有库存只能现买，足足耽误 2h 等。

4) DK22+238 全断面换刀

2009 年 6 月 29 日，左线盾构推进至 274 环，里程为 DK22+238，在出土中，石头含量较多没有土，根据以往经验，前方掌子面应为全断面。全断面为开仓换刀最佳地层。

经研究决定，在该里程开仓。开仓后，刀盘前方为全断面，9 点位有轻微渗漏清水，掌子面稳定适宜换刀。

经检查，刀具有 8 把均磨，均磨在 6～10mm，该次换刀共换单滚刀 7 把。

5) DK22+390 旋喷桩加固区换刀

开仓后，由于前方掌子面加固效果不理想，掌子面为土层，并有漏泥沙且不断塌陷，根据土质情况分析，认为该土质自立性在 4h，决定换刀时间为 3h。3h 换了三把刀，分别是 28 号（均磨 15mm）、27 号（均磨 17mm）、38 号（偏磨 30mm）。

6) DK22+485 挖孔桩加固区换刀

此次共更换单滚刀 17 把、中心刀 1 把、边刮刀 6 把、齿刀 28 把。由于加固区加固效果较好，刀盘可以转至任意位置，刀具可以在最佳角度、人员可以在最佳位置更换。更换刀具时间为 2009 年 7 月 21 日～23 日。

7) DK22+943 仓内灌浆换刀

2009 年 9 月 12 日～14 日等砂浆强度灌浆，2009 年 9 月 14 日 9：00 打开仓门，砂浆已凝固，强度满足清仓换刀要求。

2009 年 9 月 14 日～26 日，该期间一直在换刀，共换单滚刀 29 把、双刃刀 4 把，齿刀及边缘刮刀未换。在换中心刀时由于刀盘停机位置不利于更换刀，中心刀放在最后更换。在换 6 号、8 号双刃滚刀时，由于有 4 个螺杆断在里面，很难取出，最后使用烧割作业 3h 才取出。

在关闭仓门前检查刀螺栓复紧情况，发现 2 号、4 号双刃滚刀有 2 个螺杆未安装。经详细检查发现，是有 2 个螺杆断在里面，经过 2 个班组连续加班的烧割，才将这 2 个螺杆取出。

8) DK23+192 仓内灌浆换刀

仓门打开后，砂浆强度较高、掌子面较稳定、仓内温度高、人员在仓内作业时间短、人员易疲劳等导致清土缓慢。采取向舱内通风、放置冰块等方法降低仓内温度，起到很好的效果。

在拆除刀具的过程中，由于刀具磨损总体上不严重，大部分为均磨，所以刀具拆除比较容易。

9) DK23+757 仓内灌浆换刀

2009 年 12 月 25 日 11：00 仓门打开，砂浆强度满足更换刀具要求。此次换刀原则上边单滚刀全换，中心刀偏磨即换，边缘刮刀及齿刀不换。清土每日约 4m³，换单刀每日 6～7 把，此次换刀总体比较顺利，只有第 35 号刀拆除较难。

35 号刀偏磨严重、呈不规则形状，其前方掌子面有花岗岩，因刀具严重变形且刀在刀盘最底部，刀盘底部又存在水、空间狭小、风镐使用困难、人员站立处无支撑等一系列问题，使该刀无法拆除。但是该刀是边缘单滚刀，必须更换。

在技术会上，部分人员建议转动刀盘，将该刀转至合适位置，避开花岗岩层，同时有利于人员站立及工具使用。但是转动刀盘会对土体有扰动，存在安全问题。

2009 年 1 月 2 日，经研究决定转动刀盘。刀盘转至合适位置后，观察前方掌子面，出现轻微土体塌落，5min 后土体不再塌落，并趋于稳定。10min 后仍未见土体塌落。人员进入仓内只用了 20min 将 35 号刀更换完毕。

10) 换刀数量汇总（表 9-1）

左线换刀数量汇总表　　　　表 9-1

换刀次数	换刀里程	单刀(把)	双刀(把)	边刮刀(把)	齿刀(把)	加固类型
1	DK22+065	31	4	—	31	全断面
2	DK22+068	15	—	12	13	全断面
3	DK22+220	33	4	9	27	旋喷桩
4	DK22+238	7	—	—	—	全断面
5	DK22+390	3	—	—	—	旋喷桩
6	DK22+485	17	1	6	28	挖孔桩
7	DK22+525	18	1	7	34	风井

续表

换刀次数	换刀里程	单刀(把)	双刀(把)	边刮刀(把)	齿刀(把)	加固类型
8	DK22+943	29	4	—	—	仓内灌浆
9	DK23+192	29	3	—	—	仓内灌浆
10	DK23+757	31	1	—	—	仓内灌浆
累计换刀个数		213	18	34	133	—

4. 安全保证措施及应急措施

（1）安全保证措施

1）地质资料是提供给主驾驶员的第一手资料。即将进入上软下硬地层时，必须对地质做出准确的判断。如果刀盘扭矩的变化范围突然加大，但油缸推力又极不均衡，那么刀盘前方土体一定软硬不均，此时必须减小油缸推力，同时降低刀盘旋转速度。

2）在上软下硬地层中掘进，必须降低推力，调整掘进参数，以求在现有刀具条件下的最佳掘进效果。因刀具和软硬不均岩面作周期性碰撞，刀盘振动很大，主驾驶员必须仔细聆听刀盘内的声音，观察刀盘扭矩的变化，防止刀盘被卡死。

3）掘进速度很低、扭矩变化减小、渣土温度变高，说明刀盘磨损严重，应及时对刀具进行检查并合理换刀，保护刀盘不受损伤。

4）掘进时必须加强渣土改良，采取向土仓内加入泥浆（或膨润土）的方式，对砂层或其他软弱地层起泥模作用，使土仓内高压空气不易逸出，可有效防止软弱地层坍塌。

5）所有进仓人员，必须经过体检并培训，达到要求后才能允许进仓，并佩戴安全帽、穿防滑鞋。

6）打开仓门后，安全员检测仓内气体是否有害，确认无害后人员方可进入。

7）人员进仓后，如果发现周围有任何异常，立刻撤离。

8）使用安全电压，仓内照明采用36V防爆灯；必须使用电焊设备时，需做好监控措施。

9）土建工程师确定开挖面的稳定性，确认安全后方可进土仓工作；当开挖面有异常情况时，应立即组织工作人员退出土仓，关好仓门；拆除及更换刀具时，仓内最多不超过3人同时作业，仓门口有1人。

10）人员在仓内时，仓门口必须有一人时刻观察掌子面及水位变化状况，若有异常，组织仓内作业人员迅速撤离，并关上仓门。

11）人仓范围及土仓内作业人员严禁烟火

12）无压开仓时，工作人员在工作时，仓门常开不得关闭，出仓道路畅通。

13）盾构操作室内及中央控制室各设一名专职信息联络员，设置2条以上通信线路，保持压力仓内仓外、地面及外界相关单位、部门联系畅通，如有异常，及时联系；

14）开仓过程中设专人24h对地面房屋及地下管线进行监控和巡视，及时对监测数据进行评估，及时判断换刀施工是否安全、能否继续进行，发现异常及时请示处理。如沉降达到10mm，则需人员撤离。

15）带压开仓安全措施：

① 必须严格控制土仓与人员仓的压力，一般控制在0.8～1.6bar，仓内工作时间严格

控制在 2~4h。

② 在有压状态下进入土仓内作业前，土仓内的渣土排至仓高的 1/5 以下。

③ 在有压状态下进入土仓内的工作人员必须经过体检并具有相应的作业资质，在工作前要进行严格的技术交底。

④ 严格控制减压监视。

⑤ 开仓处理要注意安全，预先对洞内进行注浆加固，防止塌方，注浆浆液流动性要好、有较好的强度。必要时注浆可采用水泥—水玻璃双液浆。

(2) 应急措施

1) 出土量偏多造成地面塌陷

在上软下硬地层推进过程中，需严格控制出土量，需要注意以下几点：

① 根据油缸实际行程换算出土量，时时监控；

② 保证土压推进，控制螺旋机转速；

③ 如果螺旋机发生喷涌，含水量大，出土不受控，需保压停机；

④ 拼装管片或停机时间段，务必保证土仓压力。

在施工过程中，一旦出土量超出实际出土量时，需采取以下措施：

① 要立刻停机，土仓内带满气压；

② 根据掌子面里程，对地面相应位置进行封锁，如果地面是建（构）筑物，需要及时进行加固；

③ 在不会对地面造成安全隐患的前提下，方可继续推进。

2) 未抵达加固区刀具损坏严重

在上软下硬地层的推进中刀具易磨损，在一定间隔需要设定加固区，对刀具做必要的检查和更换。若未到加固区，刀具磨损严重，导致无法进行推进，带来严重的经济损失。为防止出现类似情况，推进过程中需注意以下几个问题：

① 严格控制掘进参数；

② 泡沫剂的用量以保护刀具为原则；

③ 推进过程要观察参数、出土、声音等判断刀具磨损情况，根据刀具磨损情况选定方案。

如果发生未到加固区盾构机无法行进或者判断盾构机无法穿越此段地层的情况下，采取以下措施：

① 选择带压进仓的方法，对刀具进行检查，能更换的刀具选择更换；

② 可以选择对前方的基岩进行地面预处理，以满足盾构机直接推进过去；

③ 如果距离加固区较远，可选用仓内注浆的加固方法进行进仓换刀。

3) 换刀过程中掌子面不稳定

在换刀过程中，要时刻观察掌子面变化，如果发现不稳定的现象，应立即停止作业，采取以下措施进行加固，防止对仓内工作人员造成人身伤害：

① 将挡板安装在开口处，并用钢筋将其焊接牢固；

② 切口处填堵棉絮，进行隔离；

③ 对坍塌位置处理后，增加作业人员，缩短时间，加快刀具更换；

④ 对地面相应位置进行隔离，防止地面塌陷。

9.3 盾构掘进施工方法

9.3.1 概述

在建设地铁的城市中,部分城市地质情况比较简单,地层地质比较均匀,以性质比较接近的土质为盾构主要掘进通过地质,例如北京市、上海市、杭州市等。更多的城市地质呈现多样化,例如深圳市、福州市、广州市等地,有富水易液化的砂层,也有易振陷的软弱淤泥,有中风化岩突起,也有风化未完全的球状风化体,大多为复合地层。

厦门市地处东南沿海,部分区域为大陆,部分区域为海岛,厦门地铁1号线横跨大陆与海岛,地铁敷设地层情况复杂,地质勘探表明其穿越淤泥、砂层、球状风化体区域、基岩突起段等各种复杂地质,是典型的复合地层。国内地铁领域复合地层盾构掘进施工仅发展几十年,尚未形成成熟的施工技术。因复合地层产生的事故频发,路面开裂、地面沉陷、管道损坏等事故时有发生。

园博苑站—杏锦路站区间位于岛外,整条线路最小转弯半径为330m,为小半径曲线掘进,受小半径曲线影响,盾构掘进姿态不易控制,管片选型极为重要,稍一疏忽管片立即出现破损渗水情况。吕厝站—城市广场站区间位于岛内,区间线路穿越孤石(球状风化体)群、筼筜内湖,在筼筜内湖区域最小覆土深度仅4.8m,更有穿越中粗砂层等软弱地层,是典型的复合地层。受复合地层的影响,盾构施工参数如土压、盾构机姿态等极易产生变化,为盾构顺利施工提出极大的挑战。

9.3.2 盾构掘进总体施工工序

盾构掘进总体施工工序见图9-8。

9.3.3 盾构掘进施工方法

1. 盾构掘进

(1) 掘进速度控制

推进速度的快慢直接影响土仓压力的高低与同步注浆质量的好坏,因此在掘进模式选定的情况下,掘进速度必须与螺旋输送机转速相匹配,并同时兼顾注浆以确保浆液对管片壁后孔隙充分填充,这就要求在整个掘进施工过程中,掘进速度要做到可控,尽量保持匀速、快速。

(2) 土仓压力控制

P值与地层土压力和静水压力相平衡,设刀盘中心地层静水压力、土压力之和为土仓压力:

$$P = (\gamma_土 h_1 + \sigma_外)\xi + \gamma_水 h \tag{9-1}$$

式中 γ——土体的平均重度;

h——刀盘中心至地表的垂直距离;

ξ——土的侧向静止土压力系数;ξ取0.5。

盾构在掘进过程中据此取得平衡压力设定值,在具体施工时,根据盾构所在位置的埋

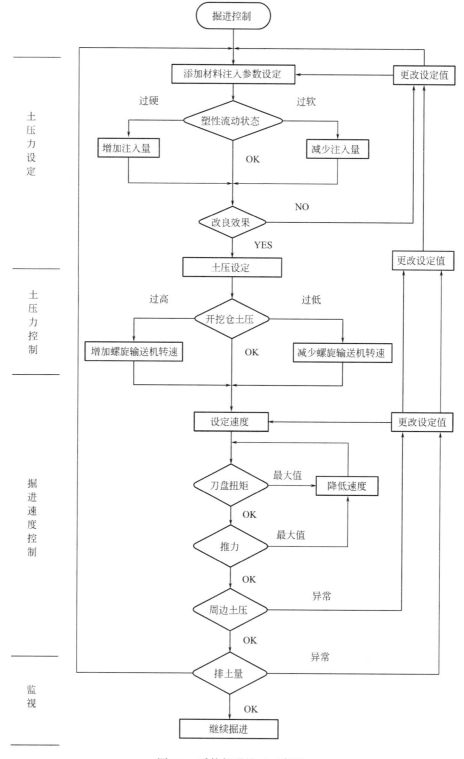

图 9-8 盾构掘进施工工序图

深、土层状况及地表监测结果进行调整,一般调整范围在 0.2bar 上下浮动。

(3) 出渣量控制

出渣量根据土仓压力以及地表监测情况适时进行调整,避免多出和堵仓现象的发生,实现区间全程的土压平衡的掘进模式,调整可经由控制掘进速度和螺旋输送机转速完成。

(4) 姿态控制

姿态监控系统：盾构姿态监控通过 SLS-T 自动导向系统和人工测量复核进行盾构姿态监测。随着盾构推进导向系统后视基准点需要前移,必须通过人工测量进行精确定位。为保证推进方向的准确可靠,拟每 5～10 环进行一次人工测量,以校核自动导向系统的测量数据并复核盾构机的位置、姿态,确保盾构掘进方向的正确。

(5) 纠偏措施

滚动纠偏：刀盘切削土体的扭矩主要是由盾构壳体与洞壁之间形成的摩擦力矩平衡,当摩擦力矩无法平衡刀盘切削土体产生的扭矩时,将引起盾构本体的滚动。盾构滚动偏差可以通过转换刀盘旋转方向实现。

方向纠偏：控制盾构机方向的主要方法为调整各分组油缸推力。当盾构机出现下俯时,可加大下侧千斤顶的推力；当盾构机出现上仰时,可加大上侧千斤顶的推力进行纠偏。左右偏向时也是同样的原理,同时还必须考虑刀盘前面地质因素的影响综合调节,从而达到一个比较理想的控制效果。

在盾构掘进中应严格控制中线平面和高程,将其允许偏差控制在 ±50mm 以内。

2. 管片注浆

(1) 同步注浆施工工艺

同步注浆与盾构掘进同时进行,通过同步注浆系统及盾尾的内置注浆管、盾构向前推进盾尾空隙形成的同时进行,采用双泵四管路对称同时注浆,见图 9-9。注浆可根据需要采用自动控制或手动控制方式：自动控制方式即预先设定注浆压力,由控制程序自动调整注浆速度,当注浆压力达到设定值时,自行停止注浆；手动控制方式则由人工根据掘进情况随时调整注浆流量、速度、压力。

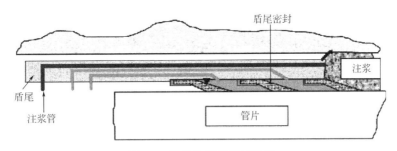

图 9-9 同步注浆系统示意图

同步注浆施工工艺及管理程序见图 9-10。

同步注浆时要求在地层中的浆液压力大于该点的静止水压及土压力之和,做到尽量填补的同时又不产生劈裂。注浆压力过大,管片周围土层将会被浆液扰动而造成后期地层沉降及隧道本身的沉降,并易造成跑浆；而注浆压力过小,浆液填充速度过慢,填充不充足,会使地表变形增大。通常同步注浆压力一般为 1.1～1.2 倍的静止土压力,本标段为

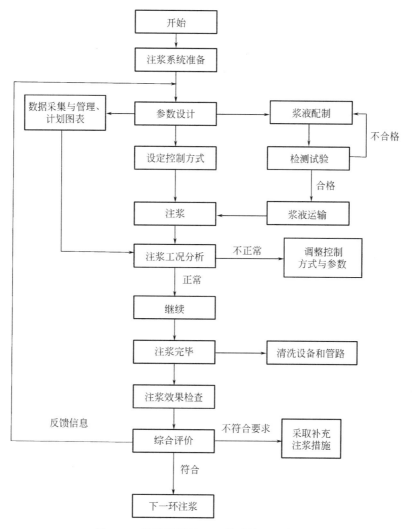

图 9-10 同步注浆施工工艺及管理程序图

0.1~0.4MPa，二次注浆压力为 0.2~0.6MPa。

同步注浆量理论上是填充盾尾建筑空隙，但同时要考虑盾构推进过程中的纠偏、浆液渗透（与地质情况有关）及注浆材料固结收缩等因素。根据本标段的地质及线路情况，注浆量一般为理论注浆量的 1.5~2.0 倍，并应通过地面变形观测调节。注浆量按下式进行计算：

$$Q = V \cdot \lambda \tag{9-2}$$

式中　　Q——注入量（m^3）；

λ——注浆率（取 1.5~2.0，曲线地段及沙性地层段取较大值，其他地段根据实际情况选定）；

V——盾尾建筑空隙（m^3）。

$$V = \pi(D^2 - d^2)L/4 \tag{9-3}$$

式中　　D——盾构切削土体直径（即为刀盘直径 6.48m）；

d——管片外径（6.2m）（园博苑站～杏锦站盾构区间）；

L——管片宽度（1.2m）。

即：$V = \pi\left[(6.48 - 6.20) \times 1.2\right] \div 4 = 3.34 \ (m^3)$。

则：$Q = 5.01 \sim 6.68 \ m^3/环$（系数考虑 1.5～2.0）。

二次补强注浆量根据地质情况及注浆记录情况，分析注浆效果，结合监测情况，由注浆压力控制。根据盾构机推进速度，同步注浆以每循环达到总注浆量而均匀注入，盾构机推进开始则注浆开始，推进完毕则注浆结束。

（2）二次注浆

二次注浆一般在管片与岩壁之间的空隙填充密实性差，致使地表沉降得不到有效控制或管片衬砌出现较严重渗漏的情况下实施；同时根据盾构区间设计，通过二次注浆对砂层进行压密处理以及通过浆液的渗透固结作用，提高砂层的抗液化强度。二次注浆在同步注浆后具备条件时及时进行。

二次注浆采用自备的 KBY-50/70 双液注浆泵。二次注浆管及孔口管自制，其加工应具有与管片吊装孔的配套能力，能够实现快速接卸以及密封不漏浆的功能，并配备泄浆阀。注浆要点为：

① 注浆压力控制为 0.3～0.5MPa；

② 二次补强注浆量根据地质情况及注浆记录情况，分析注浆效果，结合监测情况，由注浆压力控制；

③ 二次注浆应先压注可能存在较大空隙的一侧；

④ 二次注浆一般情况下以压力控制，达到设计注浆压力则结束注浆，视注浆效果可再次进行注浆；

⑤ 受地层固结沉降影响，软土地层区间局部地段在盾构通过时有可能发生较大的后期沉降，在施工过程中应结合监测数据采取洞内补浆措施进行补强处理，施工方式与二次注浆相同。

3. 管片拼装

厦门市轨道交通 1 号线盾构区间管片形式如图 9-11 所示，盾构隧道采用平板型单层钢筋混凝土管片衬砌，衬砌环外径为 6200mm，内径为 5500mm，衬砌厚度为 350mm，环宽为 1200mm，衬砌环采用通用楔形环，楔形量为 40mm（双面楔形），管片为 C50 钢筋混凝土，抗渗等级为 P12。采用 1 块封顶块（F 块）＋2 块邻接块（L 块）＋3 块标准块（B 块）的形式。管片衬砌环采用弯螺栓连接，包括 16 个环缝连接螺栓（M30）和 12 个纵缝连接螺栓（M30）。管片的环缝、纵缝设一道弹性密封垫槽及嵌缝槽，采用水膨胀橡胶密封圈作为螺栓孔、注浆孔密封圈，加强螺孔防水。管片角部采用未硫化的丁基胶薄片加强角部防水。每块管片中央均设有吊装孔，吊装孔兼作注浆孔，内装止回阀。

管片拼装流程如图 9-12 所示。

（1）管片进场。管片除进行出场质量控制外，还需由专人进行进场管片质量验收。

（2）防水材料粘贴。由管片供应组人员进行衬垫、止水条粘贴。采用垂直和水平运输系统进行管片运输。

（3）安装区清理。清理管片安装区内的水及渣土等。

（4）缩回安装部位置油缸。管片安装需收回油缸，以满足安装一块管片为准。

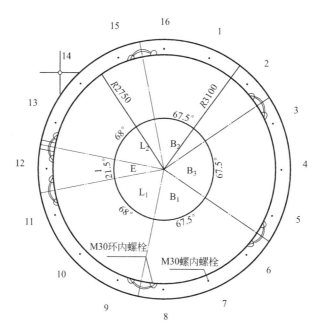

图 9-11 管片纵断面示意图（单位：mm）

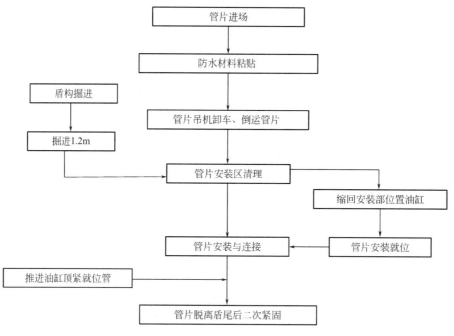

图 9-12 管片安装流程示意图

(5) 管片安装。安装区域油缸全部到位后，可进行管片就位、安装。管片安装顺序为先拼标准块，然后拼装邻接块，最后安装封顶块，管片安装时由下至上。

(6) 推进油缸顶紧就位管。管片就位后，将油缸以低油压顶推支撑在管片上。

(7) 螺栓紧固。每块管片安装就位后，立即进行环纵向螺栓连接，并进行初紧。

(8) 管片二次紧固。管片脱离盾尾后进行二次紧固。

4. 管片防水

管片防水分为管片自防水、管片接缝防水、管片外防水、隧道接口防水四类。

(1) 管片自防水

管片混凝土结构自防水采用耐久性好的高性能混凝土，通过掺加外掺剂提高混凝土的抗渗性，混凝土管片抗渗等级≥S10，在中等腐蚀性介质的地层中，管片外弧面涂刷环氧聚氨酯防水层，管片混凝土渗透系数≤8×10^{-14} m/s，氯离子扩散系数≤2×10^{-9} m/s。

(2) 管片接缝防水

① 密封垫防水：在管片密封垫沟槽内粘贴三元乙丙橡胶弹性密封垫，通过压缩挤密防水。

② 节点防水采用水膨胀橡胶密封圈作为螺栓孔密封圈，加强螺孔防水；管片角部采用未硫化的丁基橡胶薄片加强角部防水；采用水膨胀橡胶止水圈，加强注浆孔与管片混凝土间的密封防水。

(3) 管片外防水

管片壁后注浆采用同步注浆技术及时填充管片与围岩之间的空隙，以达到防水及控制地层沉降的效果；根据管片裂缝、接缝渗漏水的情况，利用管片吊装孔强化二次注浆。本项目所有管片外弧面涂刷环氧聚氨酯外防水涂料。

(4) 隧道接口防水

联络通道与盾构管片之间的过渡处理采用自粘式卷材进行封闭，同时在钢管片表面收口部位的端部，设置二道水膨胀嵌缝胶。

在盾构隧道与联络通道接口处初衬中预埋一圈环向小导管注射，并在初衬和二衬之间设置 $\phi 50$ 环向软式透水管，二衬与管片之间设置缓膨型遇水膨胀缝胶。

9.3.4 出土方案及土方运输

盾构掘进施工出土流程如图 9-13 所示。

1. 每环渣土量估算

已知：盾构开挖直径约为 $\Phi 6480$ mm，循环长度为 1200mm；

则每环松方渣量：$G = \pi \times R^2 \times B \times \mu = 3.14 \times 3.24^2 \times 1.2 \times 1.1 = 43.5$ (m³)。

式中　R——开挖半径；

　　　B——循环长度；

　　　μ——松方系数（根据实际施工情况取 1.1）。

2. 渣土坑设计

根据上述可知每环进出土约为 43m³，盾构掘进施工进度最高峰时每天挖土量为 870m³（20 环），在车站出土口靠小里程侧设置渣土坑，车站标准段宽约为 19m，顶板距离地面高度 3m，为保证渣土坑内至少能

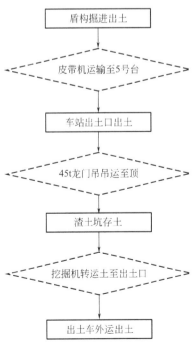

图 9-13　盾构掘进施工出土流程图

存 1 天的土,将渣土坑长度设为 15m,计算渣土坑存土能力为 855m³。

取详勘报告中最大天然密度的地质,即中等风化花岗石密度为 2.65g/cm³,共计 2265.75t,集土坑所占面积为 $19×15=285m^2$,则顶板受力荷载为 2265.75t/285m² = 7.95kPa,小于 20kPa(施工设计图 XMM1I-S-04-Z16-JG-02-002 中要求施工荷载不超过 20kPa),符合设计要求。

3. 水平运输安全验算

区间右线最大线路纵坡为 4.01‰、左线最大线路纵坡为 3.99‰(初步考虑重载上坡)。盾构机刀盘开挖直径为 6480mm;管片外径为 6200mm,管片内径为 5500mm,环宽为 1200mm。

(1)渣车容量确定:渣车容量大小成为制约运输能力的因素,渣车容量越大则运输能力越大,渣车容量越小则运输能力越小。因此采用容量为 18m³ 的渣车。

(2)每列车的渣车数量:根据每循环渣量估算,同时考虑部分余量,则一列车应满足每循环渣量运出,一列编组运 4 辆渣车,运载能力达 72m³ 渣土,大于 43.5m³,满足要求。

(3)门吊每工作日卸渣车次:根据实际经验,重物在自由状态下提升的速度一般不超过 20m/min,小车运行速度一般为 20~30m/min,由于隧道标高与地面标高差约为 19m,根据门吊提升速度、大车小车运行速度计算以及已经实际测试的数据,每台门吊每天的极限提升循环车数约为 120 车次。

(4)按门吊计算每工作日理论极限运输能力:

18m³ 渣车:120 车 × 18m³/43.5m³ = 50(环);

每循环渣重量:43.5×2=87(t)(渣土相对密度取 2);

运输车辆自重:4 辆 18m³ 渣车 = 4×10 = 40(t)(驶出时为重车);

1 砂浆车为 6t(驶出时为空车);

2 辆管片车为 5t(驶出时为空车);

重载列车牵引总重:$G2=87+40+6+5=138$(t);

机车黏着牵引力≥坡道阻力+列车综合运行阻力+加速惯性力。

$$G1\mu \geqslant (G1+G2)(\mu1+\mu2+a/g) \tag{9-4}$$

得:$G1 \geqslant G2(\mu1+\mu2+a/g)/[\mu-(\mu1+\mu2+a/g)]$
=138(0.004+0.005+0.05/9.8)/[0.26-(0.004+0.005+0.05/9.8)]
=138×0.014/(0.26-0.014)=7.85(t)。

式中　　a——加速度取 0.05;

　　　　$G2$——重载列车牵引总重 138t;

　　　　$\mu1$——隧道坡度(4.01‰);

　　　　$\mu2$——隧道坡道综合阻力系数(0.05~0.08)。

根据上述计算结果,在 4.01‰坡度下至少需要 11t 机车可以牵引,考虑适量冗余,可以选用机车 45t,在坡度小于 30‰时可以适应。根据计算,本工区配置 45t 机车合理。

45t 机车牵引力:$F=9549×N×i×0.96/n/R=92$(kN)。

实际牵引重量:$G=F/(\mu1+\mu2)-45=225$(t)。

由上述结果可知,满足重载时牵引力要求,在 4.01‰坡度上实际牵引重量 225t 大于负载牵引重量 138t。

4. 门吊提升重量

已知：渣土重量 18×2＝36（t）；渣车车厢重量：6t；

因此：门吊吊重至少为 42t。最终采用门吊吊重为 45t。

5. 制动距离计算

已知：隧道轨线坡度为 4.01‰，列车编组牵引重量为 189t，初速度为 8km/h。

根据牵规有效制动距离的一次简化计算：

$$s_e = \frac{4.17v_0^2}{1000\varphi_h \vartheta_h \beta_c + w_0 + i} \tag{9-5}$$

式中　　s_e——有效制动距离；

　　　　v_0——制动初速度；

　　　　φ_h——换算摩擦系数 0.2～0.3；

　　　　β_c——制动系数取；

　　　　w_0——列车基本阻力系数取 2；

　　　　i——加算坡度千分数取 0.005。

单个气缸制动力：$F_{气缸} = Lk = 260 \times 36.64 = 9.5 \times 10^3 \text{N}$。

式中　　L 为标准制动气缸弹簧压缩量，260mm；

　　　　k 为弹簧刚度，36.64N/mm。

单个车轮刹车力：$F_{刹} = nF_{气缸} = 8.8 \times 9.5 \times 10^3 = 8.4 \times 10^4$（N）。

式中　　n 为制动倍率，8.8。

$\sum k = 84000 \times 4 = 336000(\text{N})$。

$\sum k$ 为机车总的最大制动力。

列车换算制动率 ϑ_h：$\frac{\sum k}{(P+G) \times 10} = \frac{84000 \times 4}{2690000} = 0.125$。

$s_e = \frac{4.17 \times 8^2}{1000 \times 0.25 \times 0.125 \times 1 + 2 + 0.005} = 8.02$（m）。

在 8km/h 的速度时有效制动距离为 8.02m。

空走时间按 3s 计算：

$S_2 = \frac{1}{2} \times 3 \times \frac{8000}{3600} = 3.33\text{m}$。

总制动距离 S：$s = s_e + s_2 = 8.02 + 3.33 \approx 11.35$（m）。

总制动距离为 12m。此计算的前提条件为机车在坡度 4.01‰ 以 8km/h 的速度行驶时实行紧急制动（制动气压为 0.55MPa）时的制动距离。若存在钢轨有泥水等恶劣条件，制动距离将适当延长，但根据试验结果一般不超过 17m。

从计算结果来看，一般需要制动时提前减速，速度在 2 档左右时刹车，制动距离将明显缩小，从而满足使用要求。

9.4　小半径曲线盾构掘进关键施工技术

小半径曲线是指设计隧道轴线采用标准的最小值或接近于最小值的曲线。小半径曲线掘进一直是盾构法施工中的难点，主要表现为：

（1）小半径曲线隧道的轴线比较难控制。

盾构机作为直线刚体，无法与曲线型隧道设计轴线完全拟合，在小半径曲线段中，盾构掘进形成的曲线必然是一段段连续的曲线，为了将实际掘进的隧道轴线与设计轴线相拟合，需要进行连续的纠偏。在盾构法中，曲线半径越小、盾构机越长，则相应的纠偏量就越大，必然导致掘进轴线与设计轴线的拟合度更容易出现偏差，因此轴线就比较难控制。

（2）掘进成型隧道受侧向分力作用向弧线外侧偏移。

受小半径曲线的影响，盾构机的掘进方向将与管片端面产生一定的角度，推进过程中产生一个侧向分力使管片向圆弧外侧偏移，如图 9-14 所示。

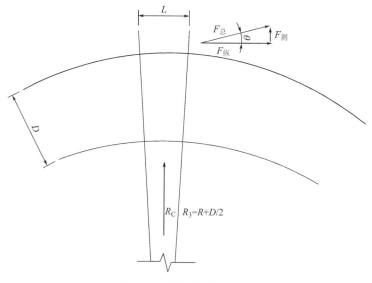

图 9-14　管片偏移示意图

$$\theta = \arctan R_D^{-1} = \arctan(R_C + D/2)^{-1} \tag{9-6}$$

$$F_{侧} = F_{总} \sin\theta \tag{9-7}$$

式中　　$F_{总}$——盾构千斤顶作用力；

　　　　$F_{侧}$——平行于管片环面的反作用力；

　　　　R_C——圆曲线半径；

　　　　D——管片外径。

通过公式（9-6）、公式（9-7）可知，侧向压力的大小受 $F_{总}$ 和 θ 大小的影响，而 θ 的大小又受 R_C 和 D 的影响。在实际施工过程中，圆曲线半径越大、盾构千斤顶作用力越大，则平行于管片环面的反作用力会越大。为了确保管片不受过大侧向应力作用而被破坏，在实际施工过程中，在确保掘进施工的前提下尽量减小盾构千斤顶的作用力。

（3）在掘进施工时，若对盾构机纠偏量过大或过度，容易对土体产生扰动，从而造成较大的地面沉降。相较于直线段隧道施工，小半径曲线隧道对地层变形的影响存在以下 3 个因素：

① 在小曲线掘进中，经常会采用仿形刀（超挖刀）进行掘进施工，掘进隧道的断面

为椭圆形，实际挖掘土方比设计挖掘量要大；

② 由于纠偏次数及纠偏量的增加，土体所受的扰动也更大，因此隧道后期沉降时间较长；

③ 根据以往盾构施工经验，在正常情况下小半径曲线掘进必然增加地层损失，地层损失约为：

$$(0.5\% \sim 1\%)8L^2\pi R/(R+R_C) \tag{9-8}$$

式中　　L——盾构机长度；

　　　　R——盾构机外径；

　　　　R_C——曲线隧道半径。

小半径曲线盾构掘进措施：

1. 盾构机选型

为保证盾构机在土层内转弯掘进，要求盾构机增加铰接部分及刀盘超挖刀。

盾构机铰接设在盾构机切口环与支撑环之间，使盾构机支撑环有一定的转动能力，增加盾构机的方向灵敏性，在确保盾构机沿设计轴线掘进的基础上，减少小半径曲线上隧道的超挖量，从而减少区间管片的质量问题。

盾构机在小半径曲线的理论铰接角度为：

$$\alpha = (L_1 + L_2) \times 180/(\pi \times R) \tag{9-9}$$

式中　　L_1、L_2——铰接盾构的前体和后体；

　　　　R——曲线半径；

　　　　α——盾构机在小半径曲线上的铰接角度。

在实际施工过程中，通过设置盾构机的铰接千斤顶行程差固定盾构机的铰接角度，从而使盾构机适应隧道设计轴线。

盾构机刀盘配置超挖刀，在小半径曲线施工时，对曲线外侧土体进行超挖，使盾构机更容易曲线转弯。盾构机超挖刀的超挖范围以刀盘旋转角度范围0~359°进行设置，超挖量通过超挖刀的伸缩量进行控制。虽然超挖量越大，曲线施工的难度越低，但也意味着管片与地层之间的空隙越大，更容易使隧道产生变形破坏等问题。因此，在保证盾构机小半径转弯的前提下，将超挖量控制在最小限度内。

2. 隧道管片衬砌壁后注浆

在盾构机掘进过程中，壁后注浆不仅为管片迎水侧形成一道防水层，还将管片与土层之间的空隙进行填充，固定已拼装成型的管片，使管片与土层连结为一体，在盾构掘进时为管片提供更大的刚度，避免盾构机的油缸推力使管片产生位移，造成破损及渗水。

理论上的壁后注浆量为$(\pi \times R_1^2 - \pi \times R_2^2) \times 1.2 + D$，其中$R_1$、$R_2$分别为盾构机刀盘外径及管片外径，$D$为盾构机超挖量。在实际注浆过程中，浆液会渗透进土层中，或者通过土层裂缝流失。因此，在实际注浆施工过程中需采用理论计算注浆量和注浆压力2种参数组合对壁后注浆进行控制，以保证注浆量。

在厦门轨道交通工程施工过程中，实际注浆量在5~6m³，注浆压力控制在2~3bar时，能确保已成型拼装管片在盾构小半径掘进时不发生较大的移动。

3. 管片纵向刚度加强设置

在小半径曲线隧道掘进过程中，管片纵向位移较大，为限制管片的纵向位移，在小半径曲线范围内、隧道开挖面后 50～60m 范围内，对管片设置纵向加强肋，对已成型管片进行约束，增加管片的整体纵向刚度，控制其纵向位移。

加强肋采用双拼 18a 槽钢加钢板焊接成型，然后用螺栓将其与管片的吊装孔进行连接，将管片纵向连接起来，从而加强隧道的纵向刚度。加强肋长 2.4m，为 2 个管片的宽度，位于隧道管片的左右侧，加强肋与管片连接采用 M56 螺栓，加强肋之间的连接采用 M30 螺栓，在远离开挖面 50m 后拆除加强肋，并随着掘进增加前部的加强肋，保持加强肋长度处于恒定范围内。

4. 螺栓紧固

每 1.2m（一环管片长度）掘进完成后，需要对当前环的连接螺栓进行紧固，并在下一次掘进时进行复紧，从而克服盾构机作用在管片上的推力形成的垂直分力，减少成型管片的隧道浮动。每掘进完成 3 环，对最近 10 环以内的管片连接螺栓进行二次复紧。

5. 推进线路预偏

在小半径曲线盾构掘进时，受线路线型影响，不可避免地使管片承受一定的侧向压力，导致管片向线路外侧偏移。为了使成型隧道轴线偏差符合标准及设计要求，在小半径曲线盾构掘进时，给隧道预留一定的偏移值。根据施工实践经验，首先设置预偏量 20mm，在实际掘进过程中，通过对成型管片的隧道偏移监测，适当地对预偏量进行调整。

6. 盾构机姿态控制

在小半径曲线盾构掘进时，适当增加成型隧道测量的频率，通过更加密集的测量确保盾构数据的准确性。同时，测量数据也可以用来反馈盾构机的推进和纠偏。由于小半径曲线隧道中隧道的转弯半径小，隧道内的通视条件差，因此需要及时更新测量点及后视点。新的测量点更新后，需严格进行复测，确保测量点的准确性。又因为小半径掘进时成型管片的水平位移较大，因此必须定期对后视点进行复测，保证后视点的准确性。

隧道内每隔××m 布置一个测量吊篮，每推进 10 环复测一次导线点。盾构机掘进采用 VMT 自动测量系统，掘进施工过程中每××min 自动测量一次盾构姿态。

7. 二次注浆

因盾构为固定长度的刚体，在小半径曲线掘进过程中得到的掘进轴线必然为多段折线组成的线段，又因为曲线外侧出土量大，早期曲线外侧的土体损失增加。因此在同步注浆的基础上，必须加强对测线外侧的压浆量，通过早凝浆液进行二次注浆，加固隧道外侧土体，从而保证盾构机顺利地沿轴线推进。

浆液配比为水泥：氯化钙：水玻璃＝30：1：1，水灰比为 0.6，二次注浆压力控制在 3bar 以下，注浆流量控制在 10～15L/min。

8. 纠偏量及纠偏次数控制

在小半径曲线掘进过程中，盾构机实际上环环处于纠偏状态，故必须做到勤测勤纠，控制每次纠偏量，使其尽量小。控制管片的位移量可采用楔形低压棉胶板或软木衬垫，贴于管片的环面位置，从而达到右线控制轴线和底层变形的目的，盾构推进纠偏量一般控制在 2～3mm/m。

通过计算得出盾构机左右千斤顶油缸行程差控制纠偏量，同时分析管片的选型，针对不同楔形量管片及不同曲线半径，计算得出不同的千斤顶油缸行程差。

9. 间隙控制

在小半径曲线段管片拼装作业中，影响其质量的一个重要因素在于管片与盾尾之间的间隙，合理的周边间隙便于管片拼装及盾构机纠偏。在施工过程中间隙控制措施主要有以下两点：

(1) 在管片推进过程中持续关注盾尾与管片之间的间隙，若发现某一点位处的间隙变小，应及时通过盾构推进方向进行调整，尽量使四周间隙基本相同。

(2) 管片拼装时，受管片楔形量的影响，会重新分配各个点位的盾尾间隙，拼装选型时需考虑下一环管片的拼装，并为下一环管片的推进留有足够的间隙进行纠偏。

9.5 盾构管片缺陷治理

9.5.1 圆环管片环面不平整

(1) 现象

同一环管片在拼装完成后千斤顶一侧环面不在同一平面上，同一环不同块之间存在凹凸现象，给下一环的拼装带来影响，使管片螺栓穿进困难，造成管片碎裂等问题。

(2) 原因分析

① 管片制作误差累积到一定程度；
② 拼装时前后两环管片之间夹有杂物；
③ 直线两端千斤顶顶力不均匀，使环缝间的止水条压缩量不同；
④ 止水材料粘贴不牢，拼装时翻出管片凹槽，夹在前一环与拼装环之间的界面；
⑤ 成环管片螺栓未技术拧紧及复紧。

(3) 预防措施

① 拼装前检查前一环圆环平整度，确定本环拼装时纠偏量及措施；
② 拼装前清除环面存在的杂物；
③ 掘进时控制油缸千斤顶顶力均匀；
④ 检查止水材料粘贴情况，保证止水材料粘贴密实牢靠；
⑤ 推进时骑缝千斤顶应开启，保证环面平整。

(4) 治理方法

对于已成型的环面不平整管片，通过加贴楔子于凹面纠正环面，使下一环环面平整。

9.5.2 管片环面与隧道设计轴线不垂直

(1) 现象

拼装完成后的管片迎千斤顶的一侧整环环面与盾构推进轴线垂直度偏差超出允许范围，造成下一环管片拼装困难，并影响到盾构推进轴线控制，如图 9-15 所示。

(2) 原因分析

① 拼装时前后两环管片之间存在杂物，使相邻管片间的环缝张开量不均匀；
② 千斤顶顶力不均，使止水条压缩量不同，累积后导致环面与轴线夹角越来越大；
③ 前一环管片环面与设计轴线存在夹角，未及时纠正。

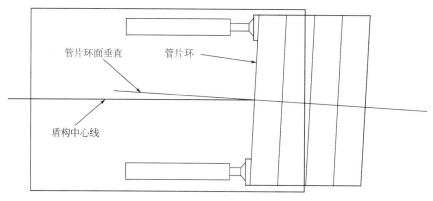

图 9-15 管片环面偏差示意图

（3）预防措施

① 拼装前做好清理工作，将杂物清理干净；

② 掘进过程中时刻关注千斤顶顶力，尽量使顶力保持均匀；

③ 加强管片的测量工作，对发现的问题及时纠偏。

（4）治理方法

加贴传力垫片，人工增大或减小管片的楔形量，使管片环面与隧道轴线重合，传力垫片每环厚度不能超过 6mm。

9.5.3 纵缝质量不符合要求

（1）现象

纵缝质量差主要表现在同一环相邻两块管片相互位置发生变动，导致纵缝出现前后喇叭、内外张角、背水侧产生错台，纵缝过宽等质量问题，对隧道的防渗水、管片的均匀受力造成了极大的危害。

（2）原因分析

① 拼装时管片未放正，盾壳内有杂物，使管片产生上翘或下翻；环面有杂物，使纵缝产生前后喇叭现象；

② 拼装时管片未能形成正圆，造成内外张角现象；

③ 前一环管片拼装位置失准，造成误差累积；

④ 成型隧道轴线与盾构机中心线不符，造成盾体压迫管片，使管片只能拼装成椭圆形，导致无法保证纵缝质量。

（3）预防措施

① 拼装时做好杂物清理工作；

② 推进时及时进行纠偏，防止盾构姿态与管片姿态的偏差过大，保证管片能拼装成正圆；

③ 保证盾尾间隙，使管片和盾体之间留有拼装间隙；

④ 管片就位后，确定位置正确，千斤顶靠拢管片时要加力均匀，除 F 块外，其余块须至少由两个千斤顶顶住；

⑤ 骑缝千斤顶在盾构推进时须打开以保证环面平整。

（4）治理方法

首先利用整圆器进行正圆以改善纵缝偏差，其次在管片脱出盾尾后对环向螺栓进行复紧以改善纵缝变形。

9.5.4 圆环整环旋转

（1）现象

拼装完后管片与设计要求拼装位置相比较旋转了一定的角度，使盾构机后部配套设备及电瓶车铺设不平整，影响设备的运行，增加后续管片拼装的难度。

（2）原因分析

① 千斤顶编组不合理导致管片受力不均，从而产生相对转动；

② 千斤顶与管片环面不垂直，导致盾构机掘进时对管片施加一个转动力矩，导致管片旋转；

③ 拼装时管片位置放置不准确；

④ 由于拼装的需要，两环管片之间的螺栓和螺栓孔存在5～8mm的间隙，如果在拼装时随意操作，可能使管片之间产生相互错动，导致旋转偏差；

⑤ 拼装管片与前一环管片相互碰撞，导致前一环管片发生较小位移，若管片按照相同拼装位置进行拼装，误差量累积，直至超限。

（3）预防措施

① 值班工程师严格控制盾构姿态，确保油缸千斤顶顶力均匀，适当调整管片环面角度，减少推进过程中受到的转动力矩；

② 拼装手严格按照值班工程师指定拼装点进行拼装，使管片位置放置正确；

③ 加强监控量测，及时对已成型管片进行监测，及时纠正管片旋转；

④ 经常变换管片拼装顺序。

（4）治理方法

拱底块拼装时，管片螺栓穿进后，将拱底块沿着要纠正的方向旋转一个较小的角度，然后以拱底块为基准，正确拼装剩余块，连续几环后就可以达到旋转纠偏，可使旋转误差得到纠正。

9.5.5 连接螺栓拧紧程度未达到要求

（1）现象

螺栓拧紧力矩未达到要求，有些螺母用手就能拧动，严重时甚至未穿进螺栓。

（2）原因分析

① 拼装质量不好，导致相邻管片之间存在错位，个别螺栓无法穿进；

② 螺栓质量差，造成螺母松动无法拧紧；

③ 施工时忽略螺栓拧紧工作，有时甚至出现螺栓未拧现象；

④ 未及时进行复紧。

（3）预防措施

① 提高管片拼装质量，使每个螺栓顺利穿进；

② 加强管片螺栓质量检查，定期抽检，及时更换不符合质量要求的管片螺栓；

③ 加强施工管理，做好三检工作，保证螺栓复紧。
(4) 治理方法
① 未穿入螺栓的管片，采用特殊扩孔工具进行扩孔，使螺栓穿进；
② 对不能穿过的孔采用小直径、等强度的螺栓进行穿入；
③ 加工专用平台供螺栓检查及复紧工作使用。

9.5.6 管片碎裂

(1) 现象

管片在拼装和盾构推进过程中产生裂缝甚至断裂现象。

(2) 原因分析

① 管片环面不平整，相邻管片迎千斤的顶面有交错现象，使后拼上的管片受力不均匀，造成管片表面出现裂缝，在盾构推进过程中推力过大时造成管片断裂；
② 拼装时前后两环管片环面之间存在杂物；
③ 管片拼装时存在上翘或下翻，使管片局部受力造成破裂；
④ 封顶块拼装时，因管片开口度不够造成封顶块插入时挤压管片，产生破裂。

(3) 预防措施

① 拼装时对管片环面平整情况进行检查，发现环面不平时，及时加贴衬垫纠正，使拼装后管片受力均匀；
② 调整管片环面与盾构机轴线的垂直度，使管片在盾尾居中拼装；
③ 拼装前做好杂物清理工作；
④ 对于管片存在上翘或下翻的情况，局部加贴衬垫纠正；
⑤ 封顶块拼装前，调整好开口尺寸，使封顶块顺利插入到位。

(4) 治理方法

对产生裂缝的管片进行修补，将损伤混凝土凿除后再进行修补。对已经断裂的管片，根据情况采取特殊措施或更换断裂管片。

9.5.7 管片错台过大

(1) 现象

拼装完后管片内弧面不平整，存在错台现象，见图9-16。

(2) 原因分析

① 盾尾间隙过小，为了将管片拼装在盾尾内，将管片横向内移产生管片错台；
② 管片拼装完成后椭圆度过大，造成错台；
③ 盾构机掘进时，因盾尾施加的压力过大，导致其整体下落，造成错台；
④ 管片脱出盾尾后未及时注浆或注浆量不够，导致管片下沉，产生错台。

(3) 预防措施

① 将管片在盾构内居中拼装，避免管片与盾构

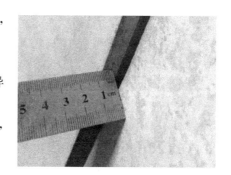

图 9-16 管片错台

相碰;

② 保证管片拼装的整圆度;

③ 纠正管片环面与隧道轴线的不垂直度;

④ 及时进行同步注浆;

⑤ 严格控制盾构机姿态。

(4) 治理方法

在拼装过程中若发现错台过大,可拧松螺栓,逐块调整管片位置。

9.6 应急措施

9.6.1 建筑物(房屋等)变形过大

(1) 变形可控状态

① 对建筑物进行结构加固;

② 根据地面监测情况,及时调整盾构施工参数,例如推进速度、平衡压力、出土量等;

③ 根据建筑物及周边地面变形情况及时调整注浆量、注浆部位,对沉降部位可采用补压浆的措施;

④ 及时更换损坏的盾尾,或者在盾尾内垫海绵,对盾尾进行堵漏;

⑤ 布置地面注浆管及时进行地面跟踪注浆;

⑥ 从管片上进行壁后注浆,减少盾尾漏浆;

⑦ 加强监测频率,落实监测要求,成立项目部现场指挥小组进行现场施工管理。

(2) 变形非可控状态

① 停止盾构推进,根据地面变形情况及时调整注浆量、注浆部位,对沉降大的部位进一步加强补压浆措施,减缓或控制地层的进一步变形;

② 紧急组织所有应急人员到位,调集足够的应急物资到场;

③ 经总指挥指令,紧急联系所有相关部门(街道、道路、管线、派出所等相关部门),并及时撤离建筑物内人员及贵重物品,疏散周边人员,实施交通管制;

④ 协助相关部门建立安全隔离区,并参与警戒和巡逻工作;

⑤ 配合相关部门进行抢救工作。

9.6.2 管线变形过大

(1) 变形可控状态

① 开挖并暴露管线,并对其进行悬吊等方式加以保护;

② 根据地面监测情况,及时调整盾构施工参数,例如推进速度、平衡压力、出土量等;

③ 根据建筑物及周边地面变形情况及时调整注浆量、注浆部位,对沉降大的部位可采用补压浆的措施;

④ 及时更换损坏的盾尾,或者在盾尾内垫海绵,对盾尾进行堵漏;

⑤ 根据管线及周边地面状况,在管线与隧道或管线(箱涵)底部基础之间,采取钢板桩及注浆加固等形式,隔断或减小盾构施工对其的影响;

⑥ 从管片上进行壁后注浆,减少盾尾漏浆;

⑦ 联系管线部门,并配合管线部门对局部已产生变形但还不影响周边环境的管线进行修补;

⑧ 加强施工监测,实施动态信息化施工管理,成立项目部现场指挥小组进行现场施工管理。

(2) 变形非可控状态

① 停止盾构推进,同时根据地面变形情况及时调整注浆量、注浆部位,对沉降大的部位进一步加强补压浆措施,减缓或控制地层和管线的进一步变形;

② 紧急组织所有应急人员到位,调集足够的应急物资到场;

③ 经总指挥指令,紧急联系所有相关部门(街道、道路、管线、派出所等相关部门),并及时撤离,疏散附近人员,搬移贵重物品,实施交通管制;

④ 管线内渗漏物对周边环境有害的,应协助相关部门及时建立安全隔离区,并参与警戒和巡逻工作;

⑤ 配合相关部门进行抢救工作。

9.6.3 突发盾构机进出洞事故

(1) 事故发生后,应急抢险人员赶赴现场,成立应急指挥和抢险机构,投入抢险救援工作。

(2) 应立即组织隔离、疏散交通和保护现场,组织人员从安全通道向安全出口方向迅速疏散、撤离;遇有人员受伤,立即通知"120""999"急救中心,并派人至路口接应,在急救中心赶到之前应及时对伤员采取必要的救治措施。

(3) 应立即通知相关单位(例如管线单位等)人员到场监护,抢险中应对周边环境进行监控,有可能造成破坏时,及时采取安全措施。与应急救援物资供应单位联络,保证物资供应渠道畅通。

(4) 做好前来指挥抢险的各级领导及专家的接待工作,安排好办公、生活、住宿、车辆等后勤保障工作;及时提供所需的技术资料,做好联络工作,确保信息传递畅通。

(5) 立即组织技术人员查明现场实际情况(例如事故发生的时间、地点、部位、原因、过程、已采取的措施及可能的发展趋势、后果等),在确保安全的前提下采用拍照、录像等手段取得现场第一手资料,为现场抢险、事故调查和分析提供相关资料。

(6) 应根据现场提供的各种资料,通过简短的会议决定应采取的应急措施(例如临时围护、支护、注浆加固等)。

(7) 有可能危及周围居民安全时,根据总指挥指令立即通知居委会等相关部门组织居民安全撤离,实施交通管制。

(8) 做好事故现场的警戒工作,设立警戒线,对现场通道进行封锁,疏散围观人员,无关人员不得进入事故现场。配合指挥部做好媒体接待工作,并根据实际情况及时向周边居民发布安民告示。

9.6.4 突发隧道进水事故

（1）事故发生后，应急抢险人员赶赴现场，成立应急指挥和抢险机构，投入抢险救援工作。

（2）应立即组织隔离、疏散交通和保护现场，组织人员从安全通道向安全出口方向迅速疏散、撤离；遇有人员受伤，立即通知"120""999"急救中心，并派人至路口接应，在急救中心赶到之前应及时对伤员采取必要的救治措施。

（3）应立即通知相关单位（例如管线单位等）人员到场监护，抢险中应对周边环境进行监控，有可能造成破坏时，及时采取安全措施。与应急救援物资供应单位联络，保证物资供应渠道畅通。

（4）做好前来指挥抢险各级领导及专家的接待工作，安排好办公、生活等后勤保障工作，及时提供所需技术资料，做好联络，确保信息传递畅通。

（5）立即组织技术人员查明现场实际情况（例如隧道进水发生时间、地点、部位、原因、过程、已采取措施及可能的发展趋势、后果等），在确保安全的前提下采用拍照、录像等手段取得现场第一手资料，为现场抢险、事故调查和分析提供资料。

（6）应根据现场提供的各种资料，通过简短的会议决定应采取的应急措施（如临时排水、抽水、封堵、注浆等）。

（7）有可能危及周围居民安全时，根据总指挥指令立即通知居委会等相关部门组织居民安全撤离，实施交通管制。

（8）做好事故现场警戒工作，设立警戒线，对现场通道进行封锁，疏散围观人员，无关人员不得进入事故现场。配合指挥部做好媒体接待工作，并根据实际情况及时向周边居民发布安民告示。

9.6.5 高架桩基或承台变形过大

（1）变形可控状态

① 在高架底部紧急附加临时支撑，确保高架结构安全及其交通的安全；

② 对高架桩基（承台）进行紧急注浆加固，固化桩基（承台）下部及周边土体，增加桩基（承台）的基础承载力和桩基的摩阻力；

③ 根据高架及桩基变形监测情况及时调整盾构施工参数，例如推进速度、平衡压力、出土量等；同时及时调整隧道注浆量、注浆部位，对沉降大的部位可采取进一步加强补压浆的措施；

④ 及时更换损坏的盾尾，或者在盾尾内垫海绵，对盾尾进行堵漏；

⑤ 从管片上进行壁后注浆，减少盾尾漏浆；

⑥ 加强监测频率和要求，成立项目部现场工作小组进行现场施工管理；

⑦ 联系高架及道路等管理部门，进一步做好相关交通组织及其他预防工作。

（2）变形非可控状态

① 停止盾构推进；

② 紧急组织所有应急人员到位，调集足够的应急物资到场；

③ 根据总指挥的指令，紧急联系所有相关部门（例如高架及道路等管理部门），并及

时协助交警组织地面交通疏散；

④ 协助交警等部门封闭该段高架道路；

⑤ 协助相关部门及时建立安全隔离区，及时撤离危险区内人员，并参与警戒和巡逻工作；

⑥ 在专业部门的指导下，配合进行抢救工作。

9.6.6 区间隧道有害气体中毒

(1) 硫化氢（H_2S）

毒作用机理：硫化氢对眼和呼吸道黏膜产生强烈的刺激作用。硫化氢吸收后主要影响细胞氧化过程，造成组织缺氧。

中毒表现：按吸入硫化氢浓度及时间不同，临床表现轻重不一。轻者主要是刺激症状，表现为流泪、眼刺痛、流涕、咽喉部灼热感，或伴有头痛、头晕、乏力、恶心等症状。检查可见眼结膜充血，肺部可有干啰音，脱离接触后短期内可恢复；中度中毒者黏膜刺激症状加重，出现咳嗽、胸闷、视物模糊、眼结膜水肿及角膜溃疡；有明显头痛、头晕等症状，并出现轻度意识障碍，肺部闻及干性或湿性啰音。重度中毒出现昏迷、肺水肿、呼吸循环衰竭，吸入极高浓度（$1000mg/m$ 以上）时，可出现"闪电型死亡"。严重中毒可留有神经、精神后遗症。

紧急处理：吸氧，糖皮质激素。

(2) 甲烷（CH_4）

中毒表现：接触高浓度天然气后可出现头昏、头痛、恶心、呕吐、乏力等症状。疾病过程中尚可出现精神症状、步态不稳、昏迷、运动性失语及偏瘫。长期接触低浓度天然气者可出现头痛、头昏、失眠等症状。

紧急处理：出现症状后要尽快脱离接触并转移到新鲜空气处。有不适者要注意保暖、休息。出现中毒症状者及时到医院就诊。

(3) 一氧化碳（CO）

毒性：吸入的一氧化碳与血中的血红蛋白结合形成碳氧血红蛋白，失去携带氧的能力，造成组织缺氧，引起一系列中毒表现。

中毒表现：主要有头晕、头痛、耳鸣、心悸、恶心、呕吐、无力有面色潮红、口唇樱桃红色、心率快、烦躁、步态不稳、短暂昏迷；重患者昏迷、瞳孔缩小、肌张力增加、频繁抽搐、大小便失禁等。

紧急处理：迅速将患者转移到新鲜空气处，解开中毒者的领口、裤带，使他呼吸不受阻碍。但也要注意保暖，以免发生肺炎。如果中毒者已失去知觉，可针刺人中、十宣等穴位，刺激其呼吸，醒后给其喝大量的浓茶。如果中毒者迅速陷入昏迷，面色苍白、四肢冰凉、大汗淋漓、瞳孔缩小或散大、血压下降、呼吸浅而快、心跳过速、体温升高，可判断为重度煤气中毒，当务之急为立即做口对口的人工呼吸，不能间断，同时由他人去叫救护车，紧急送医院抢救。

此时隧道内严禁使用明火。

(4) 氮氧化物（NOX）

急性中毒：吸入气体当时可无明显症状或有眼及上呼吸道刺激症状，例如咽部不适、干咳等。一般经 6~7h 潜伏期后出现迟发性肺水肿、成人呼吸窘迫综合征，可并发气胸及纵隔气肿。肺水肿消退后 2 周左右出现迟发性阻塞性细支气管炎而发生咳嗽、进行性胸闷、呼吸窘迫及紫绀。少数患者在吸入气体后无明显中毒症状而在 2 周后发生以上病变。

紧急处理：①急性中毒后应迅速脱离接触并转移到新鲜空气处，立即吸氧。对密切接触者观察 24~72h。肺水肿发生时给去泡沫剂（例如消泡净），早期、适量、短程应用糖皮质激素，例如可以按病情轻重程度，给地塞米松 10~60mg/日，分次给药，待病情好转后即减量。②一旦发现有害气体中毒，应立即安排工作人员沿既定通道紧急疏散，同时将隧道内直流风机开启，做好通风工作，稀释有害气体浓度。③被抢救人员以就近医院救治为原则，同时送专科及特色医院，应急预案中提供急救特色医院清单，以备急用。④根据灾情制定现场紧急措施，立即在现场布置警戒线并维护现场秩序，组织做好人员疏散工作。

第 10 章 总结与展望

10.1 结论

10.1.1 厦门隧道

本书通过对盾构机的选型、始发、掘进、接收、穿越建筑物及穿越孤石等关键施工技术的控制，在考虑盾构施工安全与经济的同时，结合现场实际工况，重点研究了盾构掘进关键技术和盾构遇球状风化体施工技术措施，通过研究得到以下结论：

（1）针对不同的地层地质条件，盾构机选型的重点亦有所不同。以厦门市典型地层——孤石、上软下硬等复杂地质为例，分析得出盾构机选型的重点在于对刀盘扭矩、螺旋输送机功率、油缸千斤顶、刀盘刀具、泡沫剂注入口数量、搅拌棒长度等相关数据的计算。通过计算进行盾构机的科学选型，使出厂盾构机能顺利完成掘进施工任务。

（2）盾构区间端头加固设计范围一般采用经验取值，通过三维有限元模拟，对端头加固范围进行模拟计算，在保证盾构机安全顺利始发的前提下，对端头加固范围进行大幅度优化，从而降低施工成本，获得较大的经济效益。

（3）盾构机上、下井吊装是盾构隧道施工的一大风险源，具有超大、超重等特点，吊装过程中严格遵守吊装过程"十不准"原则，落实安全措施，做到安全吊装。

（4）盾构始发是盾构隧道最关键的一步，小半径曲线始发更使施工难上加难，通过理论计算及分析，采用割线始发进行 350m 小半径始发，能使成型隧道曲线从始发就能有效拟合隧道设计轴线，确保小半径曲线隧道掘进的施工质量。

（5）盾构隧道质量关键在于盾构掘进施工，采用数字化选型进行管片拼装，提升管片拼装施工质量；通过合理设置掘进参数，确保盾构机在复合地层及小半径曲线段中的施工质量，使盾构隧道施工质量得到较大的提升。

（6）针对盾构机下穿邻近建筑物，通过理论计算分析、数值模拟计算及现场袖阀管注浆加固，理论结合实际，确保邻近建筑物的安全。

（7）采用孤石复合探测处理技术并结合深孔爆破方法对孤石群进行处理。通过微动探测法确定孤石群范围，利用地质钻孔法对孤石区进行加密钻孔勘探，确定孤石大小及分布情况，借助现有的钻探孔进行爆破施工处理孤石，爆破后孤石<300mm，满足盾构掘进条件，通过调整盾构施工参数掘进孤石区，顺利圆满地完成盾构穿越孤石群区域掘进任务，同时确保盾构成型隧道的施工质量，取得极大的品牌效益及经济效益。

综上所述，通过理论分析、数值模拟和监测反馈分析，及时优化设计，调整施工方法和采取合理的施工关键技术措施，从而保证工程安全和既有建筑物的安全，节约造价，方便施工，缩短工期，使盾构施工水平有较大的进步。

10.1.2 深圳隧道

通过原位和室内试验、理论分析、数值模拟相结合的方法对深圳地铁5号线相关施工关键技术和风险管理研究，研究技术路线采用对比分析研究、理论分析、数值模拟、原位监测等多种研究方法相结合、相互验证的技术路线。

（1）通过对冻结法洞门加固技术的研究，得到以下结论：

1）结合盾构始发的地质特点和在现场的具体操作情况，采取冻结法加固地层适应于本工程，并考虑到大口径盾构始发的工程特点，提出冻结板块＋门形棚拱综合冻结方案。

2）根据理论分析，确定洞口的冻土板块厚度取3.0m，封头冻土墙与盾构始发洞口四周的工作井地下连续墙搭接宽度取3.0m。

3）经过数值模拟计算，指导整个洞口法施工，保证冻结壁在施工过程中的安全。

（2）通过对深圳花岗岩球状风化体探测技术及处理施工技术的研究，得到以下结论：

1）通过科学模拟比较，给出深圳地区最佳探测频率与分辨率关系，为探地雷达实地探测提供理论基础和选型依据。

2）通过深圳地铁5号线民治站～五和站区间进行雷达探测获得该区间的地下雷达图像，解释结果表明：探地雷达技术具有高分辨率、无损性、高效率、设备轻便，操作简单、抗干扰能力强等优点，对地下风化球位置的推断准确率高，首次推断风化球地面水平位置准确率高达90%以上。

3）根据风化球强度、位置选用特定施工方法（包括挖孔破碎法、冲击破碎法、直接切削法、带压开舱法、爆破法）对风化球进行超前处理，取得良好效果，从而保证盾构机正常施工，隧道左、右线均提前竣工。

（3）通过现场施工和多次实践，提出盾构机在不均匀地层掘进基本参数：

1）在推进全断面时，掘进参数：推进速度10mm/min，土压0bar，刀盘转速1.8rpm，扭矩1.2MN·m，总推力900t。

2）在推进半断面时，掘进参数：推进速度15mm/min，土压1.2～2.6bar，刀盘转速1.3～1.6rpm，扭矩0.7～3.5MN·m，总推力1100～200t。

3）在推进孤石时，掘进参数：推进速度20mm/min，土压1.2～2.6bar，刀盘转速1.1～1.9rpm，扭矩0.7～4.0MN·m，总推力1500t。

4）在推进砾质黏土时，掘进参数：推进速度35～60mm/min，土压1.3～2.4bar，刀盘转速1.5rpm，扭矩1.6MN·m，总推力1500～2000t。

（4）通过对深圳地铁盾构法隧道施工的风险分析研究得出以下结论：

1）对于围岩竖向位移，整体上拱顶及其上部围岩发生沉降，而仰拱底部发生隆起（即向上的位移）。并且随着盾构掘进的增加，沉降范围逐渐加大，最大沉降值也在加大。

2）掘进6m时最大地表沉降为6.5mm，而掘进15m时最大地表沉降为8mm。值得注意的是，盾构掘进6m时，即盾构始发阶段，在其前方发生略微的隆起，主要由于工作仓支护压力引起的，最大隆起量为0.2mm，较小。

3）盾构掘进引起的地表横向沉降，在洞顶上方沉降最大，而距离隧道中线越远，则沉降越小；隧道横向沉降影响范围为距离中线10m，即3倍洞径。

4) 从计算结果分析可以看出：应力基本上呈现水平分布，表明隧道开挖的应力影响范围较小，只在工作面附近变化较大，所以施工中应通过监测调整工作仓中的支护压力大小，以平衡土体压力。

5) 平南铁路变形分析：①盾构掘进引起轨道最大沉降为 2.6mm，量值较小；由于盾构推力的作用，轨道出现了隆起变形，但隆起值较小，最大隆起量为 0.31mm。②由于平南铁路与隧道为斜交，所以隧道施工引起的轨道后方的沉降比前方的沉降要大，最大沉降位于隧道与轨道交叉点后方 5m 处。

6) 平南铁路轨道受力分析：①在整体上，轨道最大弯矩随着盾构的推进而增大，盾构推进至 8m 时最大弯矩为 11.9kN·m，盾构推进至 10m 时（隧道与铁路轨道相交处）最大弯矩为 12.6kN·m，盾构推进至 12m 时最大弯矩为 12.7kN·m。②根据梁的弯曲理论可知，最大弯矩一般位于曲率最大的地方，对比图 8-29 可进一步判断，在交点后方为最大凹曲率，而在其前方为最大凸曲率，并且后方的凹曲率大于前方的凸曲率，所以隧道施工开挖对交点后方影响比前方大。

7) 地铁隧道下穿南平铁路时，轨道的最大变形为 4.4mm，远小于控制标准，所以该施工方案是安全可行的。

10.2 经济社会效益

10.2.1 经济效益

通过厦门地铁盾构法隧道施工关键技术系统的研究，为项目节约直接经济费用达 875.0041 万元，经济效益明显。产生的直接经济效益详见表 10-1。

经济效益分析一览表　　　表 10-1

编号	项目	采取措施	节约费用（万元）	备注
1	园博苑站～杏锦路站区间端头加固优化	在保证安全施工的前提下优化缩小加固范围	132.7503	
2	盾构机自主拆装机及调试	学习中铁装备公司拆装机技术，自主进行盾构机拆装机及调试施工	188	
3	管片拼装优化	对管片防水设计进行优化，采用数字化管片选型，减少管片破损及渗水，减少了管片修补及堵漏费用	49.909	
4	盾构穿越园博佳苑、杏林北环桥，穿越筼筜湖及江头桥	通过控制掘进参数，对筼筜湖及江头桥围堰施工进行优化，并将袖阀管注浆加固改为跟踪注浆，顺利通过建筑物，节省围堰及注浆施工费用	317.576	
5	盾构遇球状风化体	复合探测技术，优化孤石爆破工艺	186.7688	
		合计	875.0041	

本项目产生的直接经济效益详细计算过程为：

1. 端头加固

始发端头加固设计优化后，共节约旋喷桩 462 根，每根旋喷桩长 19m，强加固区为

12m，弱加固区为7m。泥浆外运共882m³。

施工费（强加固区，含人工费、水电费）为95元/m；

施工费（弱加固区，含人工费、水电费）为45元/m；

水泥费（强加固区）为90.4元/m；

水泥费（弱加固区）为36.2元/m；

泥浆外运量为42元/m³。

合计节约成本：

$462×95×12+462×45×7+462×90.4×12+462×36.2×7+42×882=1327503$（元）。

2. 盾构机自主拆装机及调试

项目部第一次外包盾构机拆装机过程中要求盾构团队全员参与，重点要求实践盾构机拆装机工作。经过团队在过程中不断总结和实践，后续全部盾构机拆装机工作均由项目盾构团队自主完成。团队既增长了技能，又缩短了施工周期和转场施工周期，降低了施工成本。

盾构机组装外包费用260000元/台/次，拆机外包费用210000元/台/次。

本工程园博苑站～杏锦路站区间、吕厝站～城市广场站区间、高崎站～集美学村站区间，共有5次盾构机组装及5次盾构机拆机，其中第1次盾构机组装及拆机外包，剩余4次组装及拆机均由盾构团队完成，节约费用为$(260000+210000)×(5-1)=1880000$（元）。

3. 管片拼装优化

（1）园博苑站～杏锦路站区间

管片破损按照管理人员200元/天、工人280元/天计算，修补材料费按照1环500元计算，每天可修补5环。

按照原先管片破损率9.9%计算：

费用为$200×553×9.9\%/5+280×553×9.9\%/5+496×9.9\%×500=32629$（元）。

按照采用新技术后管片破损率2%计算：

费用为$200×553×1\%/5+280×553×1\%/5+496×1\%×500=6592$（元）。

管片渗水按照管理人员200元/天、渗水堵漏2500元/环计算，堵漏材料费按照1环2000元计算，每天可堵漏5环。

按照原先管片破损率19.4%计算：

费用为$200×553×19.4\%/5+280×553×19.4\%/5+553×19.4\%×(2500+2000)=493069$（元）。

按照采用新技术后管片渗水率1%计算：

费用为$200×553×1\%/5+280×553×1\%/5+553×1\%×(2500+2000)=25415$（元）。

活动费用5000元；材料费用（缓膨胀型橡胶止水条）110000元。

合计节约成本：$32629-6592+493069-25415-5000-110000=378691$（元）。

（2）吕厝站～城市广场站区间

管片破损按照管理人员200元/天、工人280元/天计算，修补材料费按照1环500元计算，每天可修补5环。

按照原先管片破损率 6.6% 计算：

费用为 $200\times496\times6.6\%/5+280\times496\times6.6\%/5+496\times6.6\%\times500=19511$（元）。

按照采用新技术后管片破损率 1% 计算：

费用为 $200\times496\times1\%/5+280\times496\times1\%/5+496\times1\%\times500=2956$（元）。

管片渗水按照管理人员 200 元/天、渗水堵漏 2500 元/环计算，堵漏材料费按照 1 环 2000 元计算，每天可堵漏 5 环。

按照原先管片破损率 9.8% 计算：

费用为 $200\times496\times9.8\%/5+280\times496\times9.8\%/5+496\times9.8\%\times(2500+2000)=223403$（元）。

按照采用新技术后管片渗水率 0.2% 计算：

费用为 $200\times496\times0.2\%/5+280\times496\times0.2\%/5+496\times0.2\%\times(2500+2000)=4559$（元）。

活动费用 5000 元；材料费用（缓膨胀型橡胶止水条）110000 元。

合计节约成本：$19511-2956+223403-4559-5000-110000=120399$（元）。

4. 盾构穿越杏林北环桥、穿越簰笃湖及江头桥

（1）园博苑站～杏锦路站区间

原设计采用袖阀管注浆加固，优化工艺后，共节约袖阀管注浆加固 3750m³。

节约成本：$(20\times3\times25+30\times3\times25)\times235=881250$（元）。

（2）吕厝站～城市广场站区间

原设计采用围堰防护＋袖阀管注浆，优化工艺后，共节约围堰防护施工 63 延米，袖阀管注浆加固 6624m³。

围堰抛石棱体 400～450kg：$63\times15\times2\times50=94500$（元）；

围堰土工织物袋充砂：$63\times10\times60=37800$（元）；

围堰回填中粗砂：$(33+30)\times21\times105=138915$（元）；

围堰碎石垫层：$63\times10\times0.3\times75=14175$（元）；

400g 土工布：$(63\times10+63\times4)\times15=13230$（元）；

沙袋反压：$40\times25\times3\times135=405000$（元）；

高压旋喷桩防渗帷幕：$63\times1.6\times25\times350=882000$（元）；

基坑初期排水：$40\times80\times2\times5=32000$（元）；

袖阀管注浆：$6\times30\times1.6\times23\times235=1556640$（元）；

围堰监测：$15000\times1=15000$（元）。

合计节约成本：$94500+37800+138915+14175+13230+405000+882000+32000+1556640+15000=3175760$（元）。

5. 盾构遇球状风化体

本工程吕厝站～城市广场站存在孤石群，根据岩样强度可以选择盾构直推或预爆破处理方式。项目部进场后研究招标文件并及时与业主沟通，使盾构预爆破处理费用得到业主重新开项变更，减少项目部刀具受损更换费用。

相邻标段同类型地质，未提前对孤石进行处理，导致刀具受损严重，平均刀具损坏率 67.3%，费用为：

基本进仓费：300×238＝71400（元）；
操舱费：3000×36＝108000（元）；
滚刀维修更换费用：(2000×41＋3800×6＋19000×35)×0.673＝518075（元）；
刮刀维修更换费用：(500×67＋8400×43＋11160×24)×0.673＝445889（元）。
单台盾构机单个区间刀具维修费用：71400＋108000＋518075＋445889＝1143364（元）。

项目部在吕厝站~城市广场站区间盾构施工时统筹考虑，提前对孤石进行预处理，刀具维修更换费用：

挡圈：65×170＝11050（元）；
轴承：30×3180＝95400（元）；
浮动密封：94×790＝74260（元）；
单刃刀具维修费用：35×350＝12250（元）；
双刃刀具维修费用：6×700＝4200（元）；
其他维修费用：12360元。
单台盾构机单个区间刀具维修费用：11050＋95400＋74260＋12250＋4200＋12360＝209520（元）。

合计吕厝站~城市广场站区间刀具节约成本(1143364－209520)×2＝1867688（元）。

10.2.2 社会效益

(1) 通过系统的研究，据此制定了经济、科学、合理的施工技术方案，减小施工对周边环境影响引起的相关经济损失，降低该类复杂环境下城市建设的风险。

(2) 通过系统的研究，为本标段盾构工程顺利安全地完成起了关键性作用，本工程得到业主单位和城市居民的高度认可，增强了参加单位在以后类似工程中的竞争力，起了较好的社会效益。

10.3 展望

(1) 盾构施工与地质条件息息相关，本书基于厦门市及深圳市典型花岗岩地层进行研究，因此各项工程实践参数在不同地层中需要调整，还需要进一步对部分参数进行研究，获取通用于不同地层的施工参数。

(2) 在盾构遇球状风化体施工技术措施研究中，为确保详细掌握区间孤石情况，在区间布双排钻孔，每排钻孔按2m间距施工1个地质钻探孔，地质钻探结果与微动探测显示的孤石区基本吻合。因此未来在区间孤石勘探中，先利用微动探测确定孤石区和安全区域，孤石区加密勘探，非孤石区可5m或10m乃至20m施工1个地质钻探孔进行勘探，从而减少地质勘探施工数量，降低孤石勘探成本及路面破坏。在既有建（构）筑物及管线正下方如何进行孤石预先探测及处理技术措施有待研究。

参考文献

[1] Forth R A. Thorley C B B Hong Kong Island Line Predictions and performance [M]. 1996.
[2] 张成. 地铁工程土压平衡式盾构施工技术研究 [D]. 成都：西南交通大学，2002.
[3] Chen L T. Poulos H G. Loganathan N. Pile response caused by tunneling. 1999（3）：157-162.
[4] 曾小清. 地铁工程双线盾构平行推进的相互作用 [J]. 同济大学学报（自然科学版），1997（4）：386-389.
[5] 李强，曾德顺. 盾构施工中垂直交叉隧道变形的三维有限元分析 [J]. 岩土力学 2001（3）：334-338.
[6] 徐前卫，朱合华，刘学增. 盾构法隧道施工的成本缩减探讨 [J]. 地下空间与工程学报，2005（3）：470-473.
[7] Kuwahara H. Yamazaki T. Kusakabe O. Ground deformation mechanism of shield tunneling due to tail void formation in soft clay [J]. International Society for Soil Mechanics and Geotechnical Engineering，1997（1）：1457-1460.
[8] Peck R B. Deep Excavations and Tunneling in Soft Ground [J]. Proc. of 7th ICSMFE，Mexico，1969.
[9] 张庆贺，柏炯. 上海软土盾构法隧道的理论和实践 [J]. 同济大学学报：自然科学版，1998（3）：387-392.
[10] 孙吉堂. 隧道施工专家系统的构思和总体设计 [J]. 铁道建筑技术，1997（5）：28-31.
[11] 刘洪洲，孙钧. 软土隧道盾构推进中地面沉降影响因素的数值法研究 [J]. 现代隧道技术，2001（6）：24-28.
[12] 施建勇，张静，佘才高，樊有维. 隧道施工引起土体变形的半解析分析 [J]. 河海大学学报（自然科学版），2002（6）：48-51.
[13] 王穗辉，潘国荣. 人工神经网络在隧道地表变形预测中的应用 [J]. 同济大学学报（自然科学版），2001（10）：1147-1151.
[14] 朱忠隆，张庆贺，易宏传. 软土隧道纵向地表沉降的随机预测方法 [J]. 岩土力学，2001（1）：56-59.
[15] 周文波. 盾构法隧道施工技术及应用 [M]. 北京：中国建筑工业出版社，2004.